즉석에서 가장 많이 활용하는
프리토킹 영어회화 완전정복

저 자 이원준
발행인 고본화
발 행 반석출판사
2025년 1월 10일 초판 7쇄 인쇄
2025년 1월 15일 초판 7쇄 발행
홈페이지 www.bansok.co.kr
이메일 bansok@bansok.co.kr
블로그 blog.naver.com/bansokbooks

07547 서울시 강서구 양천로 583. B동 1007호
(서울시 강서구 염창동 240-21번지 우림블루나인 비즈니스센터 B동 1007호)
대표전화 02) 2093-3399 **팩 스** 02) 2093-3393
출 판 부 02) 2093-3395 **영업부** 02) 2093-3396
등록번호 제315-2008-000033호

Copyright ⓒ 이원준

ISBN 978-89-7172-845-1 (13740)

■ 교재 관련 문의: bansok@bansok.co.kr을 이용해 주시기 바랍니다.
■ 이 책에 게재된 내용의 일부 또는 전체를 무단으로 복제 및 발췌하는 것을 금합니다.
■ 파본 및 잘못된 제품은 구입처에서 교환해 드립니다.

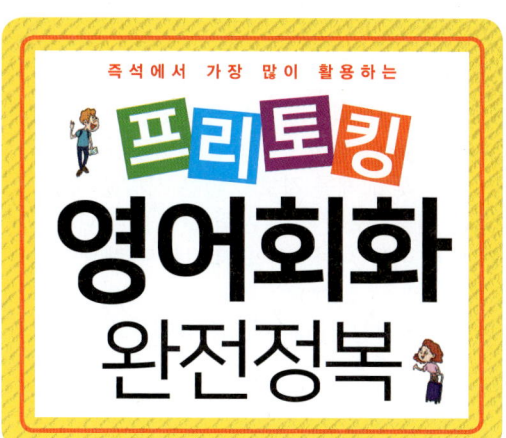

머리말

인터넷 시대를 맞이하여 영어의 영향력은 가속도가 붙었습니다. 영어의 전성시대를 살아가는 우리에게 영어회화는 운전면허와 같이 필수적인 자격증처럼 인식되고 있습니다. 영어회화를 유창하게 하고 싶어서 온갖 교재를 사보지 않은 사람은 없을 것입니다. 자막이 있는 영어 영화에 매달려 수없이 되돌려보지 않은 사람도 드물 겁니다. 하지만 어떤 이는 유창하게 회화를 구사하고 또 다른 이들은 여전히 그저 그런 실력에 머물러 있습니다.

결국 본질적인 문제는 본인의 끈기일 것입니다. 영어회화 고급자로 가는 단계를 보면 혼자 교재를 갖고 따라 하기, 그리고 서툴지만 비슷한 사람들끼리 프리토킹해보기 그리고 최종적으로 원어민과 대화하기 순서가 일반적입니다. 그 단계에서 원어민에게 모르는 것도 물어보고 발음도 세련되게 바로잡고 다양한 표현도 익혀야 하는데, 막상 원어민 앞에 서면 주눅이 들어 잘 알고 있는 기본동사조차 잘 떠오르지 않습니다.

그래서 필요한 것이 다양한 상황과 다양한 표현을 담은 이 책, 『프리토킹 영어회화 완전정복』입니다. 온갖 상황에 따른 대화가 나오는 회화사전을 가지고 다니면서 하고 싶은 말을 미리 책을 뒤적이며 찾다 보면 의외로 기억이 오래갑니다.

사실 현지에서 태어나거나 어린 시절을 거기에서 보낸 적이 없는 사람이 현지인과 차이 없이 회화를 구사하기는 힘듭니다. 따라서 우리의 목표를 너무 높이 두지 말고 전달하고 싶은 의미만 오류 없이 전달할 수 있는 수준으로 생각하면 프리토킹의 벽은 한결 낮아 보일 겁니다.

혼자서 이 책을 볼 때는 영어 부분을 가리고 우리말만 보고 영어 문장을 추측해보는 훈련이 필요합니다. 이런 식의 훈련을 통해 이 책을 전부 소화한다면 기본적인 표현들은 거의 모두 머릿속에서 자유자재로 꺼내 쓸 수 있을 겁니다.

독자 여러분, 인생은 어차피 혼자 개척해가야 하는 외로운 길입니다. 앞으로 인생에서 큰 성취를 이루시길 바라며 교훈이 되는 속담을 드립니다.

Little drops of water make the mighty ocean.
작은 물방울들이 거대한 바다를 이룬다.

2017년 6월
이원준

목차

Part 1 인사 표현

Chapter 01 일상적인 인사 표현
- Unit 1 아침·낮·저녁에 만났을 때 ▶ 13
- Unit 2 근황을 물을 때 ▶ 13
- Unit 3 안색을 살필 때 ▶ 15
- Unit 4 처음 만났을 때의 인사 ▶ 15
- Unit 5 이름과 명함을 주고받을 때 ▶ 16
- Unit 6 이야기를 들었거나 낯익은 사람을 만났을 때 ▶ 17
- Unit 7 오랜만에 만났을 때 ▶ 18

Chapter 02 소개할 때의 표현
- Unit 1 자신을 상대방에게 소개할 때 ▶ 20
- Unit 2 자신에 대해 구체적으로 소개할 때 ▶ 20
- Unit 3 다른 사람을 소개할 때의 기본 표현 ▶ 21
- Unit 4 상대방에 대해 소개할 때 ▶ 22
- Unit 5 상대방을 알기 위한 질문 표현 ▶ 22

Chapter 03 오랜만에 만났을 때
- Unit 1 오랜만의 만남일 때 ▶ 26
- Unit 2 우연히 만났을 때 ▶ 27
- Unit 3 상대방의 안부를 물을 때 ▶ 27
- Unit 4 타인의 안부를 물을 때 ▶ 28

Chapter 04 작별의 인사 표현
- Unit 1 헤어질 때 ▶ 30
- Unit 2 밤에 헤어질 때 ▶ 31
- Unit 3 다시 만날 약속을 할 때 ▶ 31
- Unit 4 연락을 바랄 때 ▶ 32
- Unit 5 안부를 전할 때 ▶ 32
- Unit 6 배웅할 때 ▶ 33

Chapter 05 감사의 표현
- Unit 1 고마울 때 ▶ 35
- Unit 2 친절과 수고에 대해 감사할 때 ▶ 35
- Unit 3 도움이나 행동에 대해 감사할 때 ▶ 36
- Unit 4 감사의 선물을 줄 때 ▶ 37
- Unit 5 감사의 선물을 받았을 때 ▶ 37
- Unit 6 감사에 대해 응답할 때 ▶ 38

Chapter 06 사죄·사과의 표현
- Unit 1 미안함을 표시할 때 ▶ 41
- Unit 2 실례를 구할 때 ▶ 41
- Unit 3 사과의 이유를 말할 때 ▶ 42
- Unit 4 실수를 했을 때 ▶ 43
- Unit 5 잘못을 인정할 때 ▶ 43
- Unit 6 용서를 구할 때 ▶ 44
- Unit 7 사과의 말에 응답할 때 ▶ 45

Chapter 07 축하와 환영의 표현
- Unit 1 축하할 때 ▶ 47
- Unit 2 축복을 기원할 때 ▶ 48
- Unit 3 환영할 때 ▶ 49

Part 2 화술 표현

Chapter 01 사람을 부를 때
- Unit 1 사람을 부를 때 ▶ 53
- Unit 2 모르는 사람을 부를 때 ▶ 53
- Unit 3 호칭을 부를 때 ▶ 54
- Unit 4 말문을 틀 때 ▶ 55
- Unit 5 말을 걸 때 ▶ 55
- Unit 6 대화 도중에 말을 꺼낼 때 ▶ 56
- Unit 7 용건이 있는지 물을 때 ▶ 57
- Unit 8 모르는 사람에게 말을 건넬 때 ▶ 57

Chapter 02 질문과 되묻기
- Unit 1 질문을 할 때 ▶ 60
- Unit 2 질문이 있는지 물을 때 ▶ 61
- Unit 3 질문에 답변할 때 ▶ 62
- Unit 4 설명을 요구할 때 ▶ 62
- Unit 5 설명을 해 줄 때 ▶ 64
- Unit 6 되물을 때 ▶ 65
- Unit 7 다시 한 번 말해 달라고 할 때 ▶ 66

Chapter 03 용건이나 용무를 물을 때
- Unit 1 의문사 [When] ▶ 68
- Unit 2 의문사 [Where] ▶ 68
- Unit 3 의문사 [Who] ▶ 70
- Unit 4 의문사 [What] ▶ 70
- Unit 5 의문사 [Which] ▶ 72
- Unit 6 의문사 [Why] ▶ 72
- Unit 7 의문사 [How] ▶ 73
- Unit 8 선택의문문 ▶ 74
- Unit 9 부정의문문 ▶ 75
- Unit 10 부가의문문 ▶ 75

Chapter 04 부탁 · 요청을 할 때의 응답
- Unit 1 긍정적으로 대답할 때 ▶ 78
- Unit 2 부정적으로 대답할 때 ▶ 79
- Unit 3 불확실하게 대답할 때 ▶ 80
- Unit 4 의심을 갖고 대답할 때 ▶ 80

Chapter 05 맞장구를 칠 때
- Unit 1 확신을 할 때의 맞장구 ▶ 83
- Unit 2 애매하게 맞장구칠 때 ▶ 84
- Unit 3 긍정의 맞장구 ▶ 84
- Unit 4 부정의 응답 ▶ 85
- Unit 5 이해를 구할 때 ▶ 86
- Unit 6 잠시 생각할 때 ▶ 86

Chapter 06 이해와 확인을 요청할 때
- Unit 1 이해를 확인할 때 ▶ 88
- Unit 2 이해를 했을 때 ▶ 88
- Unit 3 이해를 못 했을 때 ▶ 89

Chapter 07 대화가 막혔을 때
- Unit 1 말이 막힐 때 ▶ 91
- Unit 2 말을 꺼내거나 주저할 때 ▶ 92
- Unit 3 적당한 말이 생각나지 않을 때 ▶ 92
- Unit 4 말하면서 생각할 때 ▶ 93
- Unit 5 말을 재촉할 때 ▶ 94

Chapter 08 대화를 꺼내거나 화제를 바꾸고 싶을 때
- Unit 1 대화의 시도 ▶ 96
- Unit 2 화제를 바꿀 때 ▶ 96
- Unit 3 대화 도중에 쓸 수 있는 표현 ▶ 97
- Unit 4 간단히 말할 때 ▶ 98

Part 3 의견 표현

Chapter 01 의견과 견해를 피력할 때
- Unit 1 자신의 의견과 견해를 말하고자 할 때 ▶ 103
- Unit 2 의견과 견해를 물을 때 ▶ 104
- Unit 3 의견에 대해 긍정할 때 ▶ 105
- Unit 4 의견에 대해 부정할 때 ▶ 108
- Unit 5 의견을 칭찬할 때 ▶ 110

Chapter 02 동의와 찬반을 말할 때
- Unit 1 동의할 때 ▶ 112
- Unit 2 부분적으로 동의할 때 ▶ 113
- Unit 3 동감할 때 ▶ 113
- Unit 4 상대방이 옳고 자신이 틀렸다고 할 때 ▶ 114
- Unit 5 찬성할 때 ▶ 114
- Unit 6 반대할 때 ▶ 115
- Unit 7 다소 불확실하게 대답할 때 ▶ 116

Chapter 03 주의를 시킬 때
- Unit 1 주의를 줄 때 ▶ 119
- Unit 2 꾸짖을 때 ▶ 121
- Unit 3 타이를 때 ▶ 122
- Unit 4 변명을 듣고 싶지 않을 때 ▶ 122

Chapter 04 충고를 할 때
- Unit 1 충고할 때 ▶ 125
- Unit 2 조언할 때 ▶ 126
- Unit 3 의무·당연을 나타낼 때 ▶ 127

Chapter 05 제안과 권유를 할 때
- Unit 1 제안할 때 ▶ 129
- Unit 2 권유할 때 ▶ 130
- Unit 3 제안·권유에 응할 때 ▶ 131
- Unit 4 제안·권유를 거절할 때 ▶ 132

Chapter 06 부탁과 도움을 청할 때
- Unit 1 부탁할 때 ▶ 135
- Unit 2 구체적으로 부탁할 때 ▶ 135
- Unit 3 가벼운 명령조로 부탁할 때 ▶ 137
- Unit 4 부탁을 들어줄 때 ▶ 138
- Unit 5 부탁을 거절할 때 ▶ 139

- Unit 6 우회적으로 거절할 때 ▶ 139
- Unit 7 도움을 주고받을 때 ▶ 140

Chapter 07 설득과 결심을 할 때
- Unit 1 설득할 때 ▶ 142
- Unit 2 고집을 피울 때 ▶ 142
- Unit 3 의중을 확인할 때 ▶ 143
- Unit 4 당위성을 말할 때 ▶ 143
- Unit 5 결심을 유보하거나 바꿀 때 ▶ 144
- Unit 6 결심했을 때 ▶ 145
- Unit 7 결정할 때 ▶ 145
- Unit 8 결정하기 곤란하거나 못했을 때 ▶ 146

Chapter 08 지시와 명령을 할 때
- Unit 1 지시할 때 ▶ 148
- Unit 2 명령할 때 ▶ 148
- Unit 3 금지·명령을 할 때 ▶ 151
- Unit 4 경고할 때 ▶ 152

Chapter 09 재촉을 할 때
- Unit 1 재촉할 때 ▶ 154
- Unit 2 여유를 가지라고 할 때 ▶ 155

Chapter 10 추측과 확신을 할 때
- Unit 1 추측과 판단이 맞았을 때 ▶ 157
- Unit 2 추측과 판단이 다르거나 어려울 때 ▶ 157
- Unit 3 확신하는지 물을 때 ▶ 158
- Unit 4 확신할 때 ▶ 159
- Unit 5 확신하지 못할 때 ▶ 159

Chapter 11 허가와 양해를 구할 때
- Unit 1 양해를 구할 때 ▶ 162
- Unit 2 허가를 구할 때 ▶ 162
- Unit 3 허가할 때 ▶ 163
- Unit 4 허가하지 않을 때 ▶ 165

Chapter 12 예정과 계획
- Unit 1 예정과 계획을 물을 때 ▶ 168
- Unit 2 예정과 계획을 말할 때 ▶ 169

Chapter 13 가능과 불가능
- Unit 1 가능 여부를 물을 때 ▶ 172
- Unit 2 가능하다고 대답할 때 ▶ 172
- Unit 3 불가능을 말할 때 ▶ 173

Part 4 감정 표현

Chapter 01 기쁨과 즐거움을 나타낼 때
- Unit 1 즐거울 때 ▶ 177
- Unit 2 기쁠 때 ▶ 178
- Unit 3 기쁜 소식을 들었을 때 ▶ 178
- Unit 4 기쁠 때 외치는 소리 ▶ 179
- Unit 5 재미있을 때 ▶ 180
- Unit 6 행운을 얻었을 때 ▶ 180
- Unit 7 행복할 때 ▶ 181
- Unit 8 안심할 때 ▶ 181

Chapter 02 화가 났을 때
- Unit 1 자신이 화가 날 때 ▶ 183
- Unit 2 상대방이 화가 났을 때 ▶ 184

Unit 3 화를 달랠 때 ▶ 185

Chapter 03 슬픔과 우울을 나타낼 때
Unit 1 슬플 때 ▶ 187
Unit 2 슬퍼서 울 때 ▶ 187
Unit 3 우울할 때 ▶ 188
Unit 4 슬픔과 우울함을 위로할 때 ▶ 188

Chapter 04 놀람과 두려움을 느낄 때
Unit 1 놀랐을 때 ▶ 191
Unit 2 놀람을 진정시킬 때 ▶ 193
Unit 3 믿기 힘든 경우에 ▶ 193
Unit 4 무서울 때 ▶ 194
Unit 5 진정시킬 때 ▶ 195

Chapter 05 걱정과 긴장이 될 때
Unit 1 걱정이 있는지 물을 때 ▶ 197
Unit 2 걱정스러울 때 ▶ 198
Unit 3 걱정 말라고 할 때 ▶ 199
Unit 4 긴장하거나 초조할 때 ▶ 200
Unit 5 긴장과 초조함을 진정시킬 때 ▶ 201

Chapter 06 불평을 말할 때
Unit 1 귀찮을 때 ▶ 203
Unit 2 지겹고 지루할 때 ▶ 203
Unit 3 짜증날 때 ▶ 204
Unit 4 불평할 때 ▶ 204

Chapter 07 후회와 실망
Unit 1 아쉬워할 때 ▶ 207
Unit 2 후회할 때 ▶ 207
Unit 3 실망스러울 때 ▶ 208
Unit 4 낙담할 때 ▶ 209
Unit 5 유감스러울 때 ▶ 210

Chapter 08 비난과 다툼
Unit 1 비난할 때 ▶ 212
Unit 2 말싸움을 할 때 ▶ 213
Unit 3 욕설할 때 ▶ 214
Unit 4 책망할 때 ▶ 215
Unit 5 화해할 때 ▶ 215

Chapter 09 감탄과 칭찬
Unit 1 감탄의 기분을 나타낼 때 ▶ 218
Unit 2 칭찬할 때 ▶ 218
Unit 3 성과를 칭찬할 때 ▶ 219
Unit 4 능력을 칭찬할 때 ▶ 220
Unit 5 외모를 칭찬할 때 ▶ 221
Unit 6 물건을 보고 칭찬할 때 ▶ 222
Unit 7 칭찬에 대해 응답할 때 ▶ 222
Unit 8 부끄러울 때 ▶ 223

Chapter 10 좋고 싫음을 나타낼 때
Unit 1 좋고 싫음을 물을 때 ▶ 225
Unit 2 좋아하는 것을 말할 때 ▶ 225
Unit 3 싫어하는 것을 말할 때 ▶ 226

Part 5 사교를 위한 표현

Chapter 01 약속
Unit 1 약속을 청할 때 ▶ 231
Unit 2 스케줄을 확인할 때 ▶ 232
Unit 3 약속 시간과 날짜를 정할 때 ▶ 232
Unit 4 약속 장소를 정할 때 ▶ 233
Unit 5 약속 제안에 승낙할 때 ▶ 234
Unit 6 약속 제안을 거절할 때 ▶ 234
Unit 7 약속을 변경할 때 ▶ 235
Unit 8 약속을 취소할 때 ▶ 235
Unit 9 기타 약속에 관한 표현 ▶ 236

Chapter 02 초대
Unit 1 초대할 때 ▶ 238
Unit 2 초대에 응할 때 ▶ 238
Unit 3 초대에 응할 수 없을 때 ▶ 239

Chapter 03 방문
Unit 1 방문했을 때 ▶ 242
Unit 2 손님을 맞이할 때 ▶ 242
Unit 3 방문객을 대접할 때 ▶ 243
Unit 4 방문을 마칠 때 ▶ 244
Unit 5 주인으로서의 작별인사 ▶ 245

Chapter 04 식사를 할 때
Unit 1 식사를 제의할 때 ▶ 247
Unit 2 대접할 때 ▶ 248
Unit 3 식사 제의를 받았을 때 ▶ 248
Unit 4 식사를 할 때 ▶ 249
Unit 5 식사를 마칠 때 ▶ 250
Unit 6 차를 마실 때 ▶ 250
Unit 7 술을 권할 때 ▶ 251
Unit 8 건배를 할 때 ▶ 252
Unit 9 계산할 때 ▶ 252

Chapter 05 전화 영어
Unit 1 전화를 걸기 전에 ▶ 254
Unit 2 전화를 걸 때 ▶ 254
Unit 3 전화가 걸려 왔을 때 ▶ 255
Unit 4 전화를 받을 때 ▶ 256
Unit 5 전화를 바꿔 줄 때 ▶ 257
Unit 6 전화를 받을 수 없을 때 ▶ 258
Unit 7 다시 전화를 할 때 ▶ 260
Unit 8 메시지를 받을 때 ▶ 260
Unit 9 메시지를 부탁할 때 ▶ 261
Unit 10 잘못 걸려 온 전화를 받았을 때 ▶ 261
Unit 11 국제전화를 이용할 때 ▶ 262
Unit 12 통화에 문제가 있을 때 ▶ 263
Unit 13 전화를 끊을 때 ▶ 263

Part 6 화제 표현

Chapter 01 개인 신상
Unit 1 출신지에 대해 물을 때 ▶ 267
Unit 2 나이에 대해 물을 때 ▶ 268
Unit 3 생일에 대해 물을 때 ▶ 269
Unit 4 종교에 관하여 대화를 나눌 때 ▶ 270

Chapter 02 가족관계
- Unit 1 가족에 관하여 표현할 때 ▶ 273
- Unit 2 형제자매에 대하여 표현할 때 ▶ 274
- Unit 3 친척에 대해서 ▶ 275
- Unit 4 자녀에 대해서 ▶ 276

Chapter 03 주거
- Unit 1 거주지에 대해서 ▶ 278
- Unit 2 주소에 대해서 ▶ 278
- Unit 3 출생에 관하여 ▶ 279
- Unit 4 주택에 대해서 ▶ 279

Chapter 04 우정과 이성 교제
- Unit 1 친구에 대해서 ▶ 282
- Unit 2 이성과의 교제에 대해서 ▶ 283

Chapter 05 데이트
- Unit 1 데이트를 신청할 때 ▶ 286
- Unit 2 데이트를 즐길 때 ▶ 286
- Unit 3 애정을 표현할 때 ▶ 287
- Unit 4 사랑을 고백할 때 ▶ 288
- Unit 5 애인과 헤어질 때 ▶ 288

Chapter 06 결혼
- Unit 1 청혼에 대해서 ▶ 291
- Unit 2 약혼에 대해서 ▶ 292
- Unit 3 결혼에 대해서 ▶ 292
- Unit 4 결혼식에 대해서 ▶ 293
- Unit 5 임신과 출산에 대해서 ▶ 294
- Unit 6 별거와 이혼에 대해서 ▶ 295

Chapter 07 직업
- Unit 1 직업을 물을 때 ▶ 298
- Unit 2 직업을 말할 때 ▶ 299
- Unit 3 사업을 물을 때 ▶ 300
- Unit 4 사업을 말할 때 ▶ 300

Chapter 08 취미와 여가
- Unit 1 취미에 대해서 ▶ 304
- Unit 2 여가 활동에 대해서 ▶ 305
- Unit 3 여행에 대해서 ▶ 306

Chapter 09 오락과 문화
- Unit 1 오락에 대해서 ▶ 308
- Unit 2 유흥에 대해서 ▶ 309
- Unit 3 책에 대해서 ▶ 310
- Unit 4 신문과 잡지에 대해서 ▶ 311
- Unit 5 음악에 대해서 ▶ 312
- Unit 6 그림에 대해서 ▶ 313
- Unit 7 라디오에 대해서 ▶ 314
- Unit 8 텔레비전에 대해서 ▶ 315
- Unit 9 공연 관람에 대해서 ▶ 316
- Unit 10 연극과 영화에 대해서 ▶ 317

Chapter 10 요리
- Unit 1 요리에 대해서 ▶ 320
- Unit 2 식욕과 취향에 대해서 ▶ 320
- Unit 3 맛에 대해서 ▶ 322

Chapter 11 건강
- Unit 1 건강에 대해서 ▶ 326
- Unit 2 건강관리에 대해서 ▶ 327
- Unit 3 컨디션에 대해서 ▶ 327
- Unit 4 다이어트에 대해서 ▶ 328

Chapter 12 스포츠와 레저
- Unit 1 스포츠에 대해서 ▶ 331
- Unit 2 스포츠를 관전할 때 ▶ 332
- Unit 3 스포츠 중계를 볼 때 ▶ 333
- Unit 4 스포츠에 관한 표현 ▶ 334
- Unit 5 레저에 대해서 ▶ 335

Chapter 13 외모와 패션
- Unit 1 체격에 대해서 ▶ 338
- Unit 2 체중에 대해서 ▶ 338
- Unit 3 외모에 대해서 ▶ 339
- Unit 4 패션에 대해서 ▶ 340

Chapter 14 성격과 태도
- Unit 1 성격을 물을 때 ▶ 344
- Unit 2 자신의 성격을 말할 때 ▶ 345
- Unit 3 다른 사람의 성격을 말할 때 ▶ 346
- Unit 4 성격을 칭찬할 때 ▶ 347
- Unit 5 태도에 대해서 ▶ 348

Chapter 15 음주와 흡연
- Unit 1 주량에 대해서 ▶ 351
- Unit 2 금주에 대해서 ▶ 352
- Unit 3 흡연에 대해서 ▶ 353
- Unit 4 담배를 피울 때 ▶ 353
- Unit 5 금연에 대해서 ▶ 355

Chapter 16 날씨와 계절
- Unit 1 날씨를 물을 때 ▶ 357
- Unit 2 기후에 대해서 ▶ 357
- Unit 3 날씨를 말할 때 ▶ 358
- Unit 4 일기예보에 대해서 ▶ 359
- Unit 5 일기에 대해서 ▶ 360
- Unit 6 계절에 대해서 ▶ 361

Chapter 17 시간과 연월일
- Unit 1 시간을 물을 때 ▶ 364
- Unit 2 시간을 말할 때 ▶ 364
- Unit 3 시간에 대해서 ▶ 365
- Unit 4 날짜에 대해서 ▶ 367
- Unit 5 요일에 대해서 ▶ 367
- Unit 6 월(月)에 관한 표현 ▶ 368
- Unit 7 해(年)에 관한 표현 ▶ 369

Part 7 일상 표현

Chapter 01 하루의 일과
- Unit 1 일어날 때 ▶ 373
- Unit 2 외출할 때 ▶ 374
- Unit 3 집으로 돌아올 때 ▶ 375
- Unit 4 저녁식사를 할 때 ▶ 376
- Unit 5 휴식과 취침 ▶ 377

Unit 6 집안일을 할 때 ▶ 378
　Unit 7 휴일을 보낼 때 ▶ 378

Chapter 02 레스토랑
　Unit 1 식당을 찾을 때 ▶ 381
　Unit 2 식당을 예약할 때 ▶ 382
　Unit 3 식당 입구에서 ▶ 383
　Unit 4 메뉴를 물을 때 ▶ 384
　Unit 5 음식을 주문할 때 ▶ 385
　Unit 6 음식을 주문받을 때 ▶ 385
　Unit 7 주문을 바꾸거나 취소할 때 ▶ 386
　Unit 8 주문에 문제가 있을 때 ▶ 386
　Unit 9 음식을 먹으면서 ▶ 387
　Unit 10 음식에 문제가 있을 때 ▶ 388
　Unit 11 디저트에 대해서 ▶ 388
　Unit 12 식사를 끝낼 때 ▶ 389
　Unit 13 음식 값을 계산할 때 ▶ 389
　Unit 14 패스트푸드를 먹을 때 ▶ 390

Chapter 03 카페와 술집
　Unit 1 음료를 권할 때 ▶ 393
　Unit 2 마실 것을 권할 때 ▶ 394
　Unit 3 술을 주문할 때 ▶ 394
　Unit 4 술을 추가로 주문할 때 ▶ 396
　Unit 5 건배할 때 ▶ 396
　Unit 6 술을 마시면서 ▶ 397

Chapter 04 학교 생활
　Unit 1 출신 학교에 대해서 ▶ 399
　Unit 2 전공에 대해서 ▶ 399
　Unit 3 학년과 선후배에 대해서 ▶ 400
　Unit 4 학교 생활에 대해서 ▶ 400
　Unit 5 수업에 대해서 ▶ 401
　Unit 6 시험과 성적에 대해서 ▶ 402

Chapter 05 직장 생활
　Unit 1 직장에 대해서 ▶ 405
　Unit 2 출퇴근에 대해서 ▶ 405
　Unit 3 근무에 대해서 ▶ 406
　Unit 4 상사와 부하에 대해서 ▶ 407
　Unit 5 급여에 대해서 ▶ 408
　Unit 6 승진에 대해서 ▶ 408
　Unit 7 휴가에 대해서 ▶ 409
　Unit 8 사직과 퇴직에 대해서 ▶ 410

Chapter 06 대중교통의 이용
　Unit 1 택시를 이용할 때 ▶ 413
　Unit 2 시내버스를 이용할 때 ▶ 414
　Unit 3 고속버스를 이용할 때 ▶ 414
　Unit 4 관광버스를 이용할 때 ▶ 415
　Unit 5 지하철을 이용할 때 ▶ 416
　Unit 6 열차를 이용할 때 ▶ 417
　Unit 7 항공기를 이용할 때 ▶ 418

Chapter 07 자동차 운전
　Unit 1 렌터카를 이용할 때 ▶ 420
　Unit 2 차를 운전할 때 ▶ 421
　Unit 3 주차를 할 때 ▶ 423
　Unit 4 주유와 세차를 할 때 ▶ 424

　Unit 5 자동차가 고장 났을 때 ▶ 424
　Unit 6 교통위반을 했을 때 ▶ 425

Chapter 08 은행
　Unit 1 은행을 찾을 때 ▶ 427
　Unit 2 환전을 할 때 ▶ 427
　Unit 3 잔돈을 바꿀 때 ▶ 428
　Unit 4 계좌를 개설할 때 ▶ 428
　Unit 5 예금과 송금을 할 때 ▶ 429
　Unit 6 신용카드 ▶ 430

Chapter 09 우체국
　Unit 1 우체국을 찾을 때 ▶ 432
　Unit 2 우표를 살 때 ▶ 432
　Unit 3 편지를 부칠 때 ▶ 432
　Unit 4 소포를 부칠 때 ▶ 433

Chapter 10 이발과 미용
　Unit 1 이발소에서 ▶ 436
　Unit 2 미용실에서 ▶ 437

Chapter 11 세탁소
　Unit 1 세탁을 맡길 때 ▶ 442
　Unit 2 세탁물을 찾을 때 ▶ 443

Chapter 12 부동산과 관공서
　Unit 1 부동산에서 ▶ 445
　Unit 2 이사를 할 때 ▶ 446
　Unit 3 구청에서 ▶ 447

이 책의 구성과 특징

이 책은 보다 자연스러운 영어 회화를 위해 언제 어디서든 즉석에서 사전처럼 바로바로 활용할 수 있습니다.

❶ **들어가기**
해당 챕터의 대표적인 대화 표현을 재미있는 그림과 함께 먼저 익혀 보세요.

❷ **각 장면의 사전식 구성**
각 장면과 상황을 설정하여 학습자가 원하는 회화 표현을 쉽게 찾아볼 수 있도록 사전식으로 세분화하여 분류하였습니다.

❸ **풍부하고 자연스러운 예문**
예문을 쉽게 익힐 수 있도록 간단하고 자연스러운 표현만을 엄선하였습니다. 본문 mp3 파일은 반석출판사 홈페이지(www.bansok.co.kr)에서 제공됩니다.

❹ **대화문**
주로 많이 사용되는 예문은 주고받는 대화문을 통해 정확하고 자연스럽게 익힐 수 있습니다.

Part 1

인사 표현
Expressions of Greeting

인간관계의 첫걸음은 인사말로부터 시작된다. 인사법은 대개 시간, 장소, 대상에 따라 달라지게 마련이지만 인사 표현과 얼굴 표정에서 마음이 드러나므로 반가움을 표현하는 것이 매우 중요하다.

Chapter 01 일상적인 인사 표현

대화의 상대가 누군가, 혹은 초면인가 구면인가, 시간, 장소에 따라서 인사표현은 달라지게 마련이다. 서양인들은 언제 어디서나 안면이 있건 없건 가볍게 인사를 건네는 문화를 갖고 있다. 어떤 장소와 시간을 불문하고 외국인을 만나면 가볍게 인사하는 버릇을 갖도록 하자. 그냥 눈웃음이나 손만이라도 흔들어 반가운 표정을 지어 보자.

Hi, Jeff! How are you doing?

Fine, thanks. How about you?

Bill, have you met my friend Nancy?

Hi, Nancy. How are you doing?

Conversation

안녕, 제프! 별일 없니?
잘 지내, 고마워. 너는 어때?
빌, 내 친구 낸시 만난 적 있지?
안녕, 낸시, 어떻게 지내?

Sentence Patterns

- How are you getting along?
- What's up?
- How's business?
- How's it going?
- How's everything?
- How's your family?

Unit 01
아침·낮·저녁에 만났을 때

0001. 안녕!
Hi!
하이

A : Hi, there!
B : Hey, how's your business doing?
　안녕?
　사업 잘되어 가니?

0002. 안녕하세요!
Hello!
헬로우

0003. 안녕하세요! (아침 인사)
Good morning!
굳 모닝

Good morning.에서 흔히 good을 생략하기도 한다.

0004. 안녕하세요! (낮 인사)
Good afternoon!
굳 애프터눈

0005. 안녕하세요! (밤 인사)
Good evening!
굳 이브닝

0006. 휴일 잘 보내셨어요?
Did you have a nice holiday?
디쥬 해버 나이스 할러데이

0007. 지난 주말은 어떻게 보내셨어요?
What did you do last weekend?
왓 디쥬 두 라숫트 위켄드

0008. 무슨 좋은 일 있으세요?
Do you have some good news?
두 유 해브 썸 굳 뉴스

0009. 날씨 참 좋죠?
Beautiful weather, isn't it?
뷰티풀 웨더 이즌 잇

가까운 사람에게 미소를 띠우며 Hi, there!라고 말해 보자. 가능하다면 Hello! / Hey! / Hi, How are you?를 섞어서 인사를 해 보자. 인사를 할 때 이름을 부르거나 직위, 즉 friend, Mr. 등을 붙여 주면 된다.

Unit 02
근황을 물을 때

0010. 어떻게 지내세요?
How are you doing?
하와유 두잉

0011. 안녕, 어떻게 지내니?
Hi, how are you?
하이 하와유

13

근황을 물을 때

0012. 안녕하세요?
How are you today?
하와유 투데이

0013. 기분 어떠세요?
How are you feeling?
하와유 휠링

0014. 덕분에 잘 지냅니다. 당신은 어떠세요?
I'm fine, thank you. And you?
아임 화인 쌩큐 앤드 유

0015. 별일 없으세요?
Anything new?
애니씽 뉴

0016. 오늘은 좀 어떠세요?
How do you feel today?
하우 두 유 휠 투데이

0017. 오늘 재미가 어떠세요?
How's your day going?
하우 쥬어 데이 고잉

0018. 어떻게 지내셨어요?
How have you been doing?
하우 해브 유 빈 두잉

0019. 일은 좀 순조롭게 진행되어 가나요?
Are you making any progress?
아 유 메이킹 애니 프로그레스

0020. 새로 하시는 일은 어때요?
How's your new job?
하우쥬어 뉴 잡

How are you?에 대한 일반적인 응답은 I'm fine, thank you. 이다. 이와 관련된 응답표현은 주로 기분에 따라 Fantastic! ⇒ Great! ⇒ Fine. ⇒ Pretty good. ⇒ Not bad. ⇒ Not much. ⇒ So-so. 따위의 순으로 활용한다.

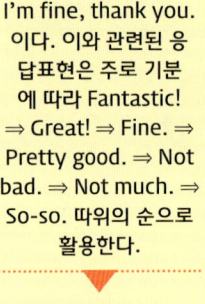

More Tips

- 좋아.(잘 지내.)
  (I'm) Fine. (I'm) Okay.
  (I'm doing) All right.
  Everything is O.K.

- 최고야.
  (I feel) Great. Couldn't be better.

- 그저 그래.(별일 없어요.)
  So-so.
  Not too bad.
  Nothing much.
  About the same.
  I can't complain too much.

Unit 03
안색을 살필 때

0021. 좋아 보이네요.
You look great.
유 룩 그뤠잇ㅌ

0022. 전보다 훨씬 좋아 보이네요.
You look better than ever (before).
유 룩 베러 댄 에버 (비포)

0023. 피곤해 보이네요.
You look tired.
유 룩 타이어드

0024. 창백해 보이네요.
You look pale.
유 룩 페일

0025. 기운이 없어 보이네요.
You look depressed.
유 룩 디프레슷ㅌ

0026. 어디 아프세요?
What's the matter with you?
왓츠 더 매러 위듀

0027. 오늘 왜 그렇게 시무룩하세요?
Why are you so down today?
와이 아 유 쏘 다운 투데이

0028. 전혀 안 변했네요.
You haven't changed at all.
유 해븐ㅌ 체인지드 엣 올

> 우리말로 '~하게 보이다'라는 표현을 영어로는 You look ~이나 You seem to ~라는 문장 형태를 쓸 수 있는데 대체로 <You look + 형용사>의 문장을 많이 쓰는 편이다.

Unit 04
처음 만났을 때의 인사

0029. 처음 뵙겠습니다.
How do you do?
하우 두 유 두

그냥 줄여서 Howdy!라고 표현하기도 한다.

0030. 만나서 반갑습니다.
Nice to meet you.
나이스 투 미츄

> A : How do you do, Mr. Jang.
> B : I'm glad to meet you, Mrs. Jones.
> 처음 뵙겠습니다. 장 선생님.
> 만나서 반갑습니다. 존스 부인.

처음 만났을 때의 인사

0031. 알게 되어 기쁩니다.
I'm glad to know you.
아임 글래드 투 노우 유

0032. 만나 뵙게 되어 대단히 반갑습니다.
I'm very glad to meet you.
아임 베리 글래드 투 미츄

0033. 만나 뵙게 되어 영광입니다.
I'm honored to meet you.
아임 아너드 투 미츄

0034. 제가 오히려 반갑습니다.
The pleasure is mine.
더 플레져 이즈 마인

유사한 표현으로 I was looking forward to meeting you.를 활용해도 좋다.

0035. 항상 뵙고 싶었습니다.
I've always wanted to meet you.
아이브 얼웨이즈 원티드 투 미츄

0036. 처음 뵙는 것 같습니다.
I don't think(= believe) we've met before.
아이 돈트 씽크 (= 빌리브) 위브 멧 비포

Unit 05
이름과 명함을 주고받을 때

명함은 name card 외에 visiting card, calling card라고도 한다. 다만 business card가 더 많이 쓰일 뿐이다. 명함을 달라고 말할 때 Can I have your contact number?(연락처 좀 알려 줄래요?)라고 표현해도 무방하다.

0037. 이름이 어떻게 되죠?
What's your name?
왓츠 유어 네임

> A : What's your name?
> B : My name is John Robert.
> 이름이 어떻게 되죠?
> 제 이름은 존 로버트입니다.

0038. 성함이 어떻게 되십니까?
May I have your name?
메이 아이 해뷰어 네임

Could I have your name, please?라고 하면 정중한 표현이 된다.

0039. 성함을 여쭤 봐도 될까요?
Your name, please.
유어 네임 플리즈

0040. 성은 홍입니다.
My family name is Hong.
마이 훼밀리 네이미스 홍

0041. 그냥 수라고 불러 주세요.
Please just call me Sue.
플리즈 저슷트 콜 미 수

이름과 명함을 주고받을 때

0042. 이름이 뭐라고 하셨죠?
What is your first name, please?
왓 이즈 유어 훠숫ㅌ 네임 플리즈

0043. 명함 한 장 주시겠어요?
May I have your business card?
메이 아이 해뷰어 비지니스 카드

0044. 이건 제 명함입니다.
This is my business card.
디스 이즈 마이 비지니스 카드

> 상대방에게 명함을 건네주면서 Here's my card. / This is for you. / Let me give you my card. Contact me anytime.(언제든지 연락 주세요.)이라는 말을 하면 좋은 인상을 남길 수 있다.

Unit 06
이야기를 들었거나 낯익은 사람을 만났을 때

0045. 전에 만난 적 있지 않나요?
Haven't we met before?
해븐ㅌ 위 멧 비훠

0046. 말씀 많이 들었습니다.
I've heard so much(= a lot) about you.
아이브 헐ㄷ 쏘 머취(= 어 랏) 어바웃 유

0047. 밀러 씨가 당신 이야기를 많이 하더군요.
Mr. Miller often speaks of you.
미스터 밀러 오흔 스픽써브 유

0048. 만나 뵙고 싶었습니다.
I wanted to see you.
아이 원티 투 씨 유

0049. 당신 낯이 익은데요.
You look familiar.
유 룩 훠밀리어

0050. 어디선가 본 듯하군요.
I recognize you from somewhere.
아이 레커그나이쥬 프롬 썸웨어

0051. 사람을 잘못 보셨군요.
You've got the wrong person.
유브 갓 더 롱 퍼슨

A : Aren't you George?
B : You've got the wrong person.
A : I'm sorry. You look so much like my friend.
B : That's O.K.

조지 아닌가요?
사람 잘못 보신 것 같아요.
죄송합니다. 친구랑 닮아서요.
괜찮습니다.

Unit 07
오랜만에 만났을 때

0052. 오랜만이군요.
Long time no see.
롱 타임 노 씨

0053. 정말 오랜만입니다.
I haven't seen you for a while(= in ages).
아이 해븐ㅌ 씬 유 훠러 와일(= 인 에이지스)

0054. 그동안 어떻게 지내셨습니까?
How have you been?
하우 해뷰 빈

> 유사한 표현으로 What's up? / Anything new?(별고 없으십니까?) 등이 있다.

0055. 아니, 이게 누구야!
Look who's here!
룩 후즈 히어

0056. 세상 참 좁군요!
What a small world!
와러 스몰 월드

0057. 무슨 일로 오셨어요?
What brings you here?
왓 브링스 유 히어

0058. 여기서 뭐 하세요?
What are you doing here?
와라유 두잉 히어

0059. 어디 가는 길이세요?
Where are you headed?
웨어 라 유 헤디드

0060. 어디로 가는 길이세요?
Where were you going?
웨어 워 유 고잉

핵심패턴 I think ~의 문형

이유를 묻는 질문 표현에 대한 응답으로 흔히 '제가 생각하기에 ~한 것 같아요'라는 표현을 활용하게 된다. I think ~의 문형에는 주로 that절이 오게 되며, 거의 that이 생략된다. 가령 I think (that) I'll have to ~라는 표현은 '~해야만 할 것 같습니다'의 의미를 나타낸다. 이와 유사한 표현으로 I suppose ~, I believe ~, I guess ~ 따위가 있으며, 그밖에 I suggest that ~(~하는 것이 좋다고 생각합니다) / I'm sure ~(~을 확신합니다) 따위를 활용하기도 한다. 부정적인 표현으로는 I don't think ~ / I can't approve of ~ / I'm not pleased about ~ 따위가 활용되기도 한다.

A : Why did he leave?
B : I think he was very upset.
　왜 그가 떠났나요?
　제가 생각하기에 매우 기분이 언짢았던 것 같아요.

Chapter 02 — 소개할 때의 표현

자신을 남에게 소개하거나 상대방을 제3자에게 소개를 할 때 서로 안면이 있는 경우와 전혀 없는 경우 인사법이나 표현법이 달라지게 마련이다. 자기 자신을 소개할 경우에도 상대방에게 허락을 받고 난 후에 가급적 정중하게 하기 때문에 Allow me to introduce myself. / I'd like to introduce myself. / Let me introduce myself. 같은 표현을 쓴다.

Min-hee, I'd like for you to meet my brother Joe.

Hi, Joe. How are you?

Conversation

민희, 내 남동생 조를 소개할게.
조, 안녕?

Sentence Patterns

- May I introduce ~ to you?
- I'd like (for) you to meet ~
- I am ~
- Let me introduce ~ to you.
- My name is ~

Unit 01
자신을 상대방에게 소개할 때

0061. 제 소개를 할까요?
May I introduce myself?
메이 아이 인트로듀스 마이쎌ㅎ

0062. 제 소개를 하겠습니다.
I'd like to introduce myself.
아이드 라익 투 인트로듀스 마이쎌ㅎ

0063. 저는 박 입니다. 잘 부탁합니다.
I'm Mr. Park. I'm at your service.
아임 미스터 박 아임 엣 유어 서비스

0064. 제 소개를 하도록 하겠습니다.
Perhaps I should introduce myself.
퍼햅스 아이 슈드 인트로듀스 마이쎌ㅎ

0065. 먼저, 제 소개를 하도록 하겠습니다.
First of all, let me introduce myself.
훠슷ㅌ 어브올 렛 미 인트로듀스 마이쎌ㅎ

0066. 방금 소개받은 박입니다.
My name is Mr. Park as mentioned in my introduction.
마이 네임 이즈 미스터 박 애즈 멘션드 인 마이 인트로덕션

0067. 알게 되어 기쁩니다.
I'm glad to know you.
아임 글래드 투 노우 유

자신을 소개한다고 해서 대뜸 자신의 이름부터 말하는 것이 아니다. 자신을 소개하겠다고 허락을 구하는 표현들을 잘 익혀 두도록 한다.

Unit 02
자신에 대해 구체적으로 소개할 때

0068. 저는 ABC회사에서 일하고 있는 탐 스미스입니다.
I'm Tom Smith from ABC company.
아임 탐 스미스 흐롬 ABC 컴퍼니

0069. 안녕하십니까. 제 이름은 홍길동입니다. 저는 한국에서 왔습니다.
Hello, my name's Kil-dong Hong. I'm from Korea.
헬로우 마이 네임즈 길-동 홍 아임 흐롬 코리아

0070. 저는 한국의 서울에서 왔습니다.
I'm from Seoul, Korea.
아임 흐롬 서울 코리아

0071. 저는 미국 시민권자입니다.
I'm a citizen of America.
아임 어 시디즌 어브 어메리카

0072. 저는 한국에서 태어났으나 미국 시민권자입니다.
I was born in Korea. But, I'm a citizen of America.
아이 워즈 본 인 코리아 벗 아임 어 시디즌 어브 어메리카

자신에 대해 구체적으로 소개할 때

0073. 저는 귀화한 미국인입니다.
I'm a naturalized American.
아임 어 내츄럴라이즈드 어메리칸

naturalized American은 미국에 이민을 와서 영주권 혹은 시민권을 가진 미국인이란 뜻이다.

0074. 저는 학생입니다.
I'm a student.
아임 어 스튜던트

0075. 저는 부모님과 함께 살고 있습니다.
I live with my parents.
아이 립 위드 마이 페어런츠

0076. 전 장남입니다.
I'm the oldest son.
아임 디 올디스트 썬

0077. 전 맏딸입니다.
I'm the oldest daughter.
아임 디 올디스트 도러

0078. 전 독신입니다.
I'm single.
아임 싱글

Unit 03
다른 사람을 소개할 때의 기본 표현

0079. 두 분이 서로 인사 나누셨습니까?
Have you met each other?
해뷰 멧 이취 아더

0080. 김 씨, 밀러 씨하고 인사 나누세요.
Mr. Kim, meet Mr. Miller.
미스터 김 밋 미스터 밀러

0081. 이쪽은 제 동료인 토마스 씨입니다.
This is a colleague of mine, Mr. Thomas.
디스 이즈 어 칼리그 오브 마인 미스터 토마스

0082. 제 친구 존슨을 소개하겠습니다.
Let me introduce my friend, Mr. Johnson.
렛 미 인트로듀스 마이 프렌드 미스터 존슨

0083. 존슨이 당신에 대해 자주 말씀하셨습니다.
Mr. Johnson often speaks of you.
미스터 존슨 오흔 스픽스 어뷰

0084. 오래전부터 한번 찾아뵙고 싶었습니다.
I've been wanting to see you for a long time.
아이브 빈 원닝 투 씨 유 훠러 롱 타임

0085. 전에 한번 뵌 적이 있는 것 같습니다.
I think I've seen you before.
아이 씽크 아이브 씬 유 비훠

다른 사람을 소개할 때의 기본 표현

0086. **저 사람이 바로 당신이 말하던 그 사람입니까?**
Is that the man you told me about?
이즈 댓 더 맨 유 톨드 미 어바웃

0087. **서로 좋은 친구가 되었으면 합니다.**
I hope we become good friends.
아이 홉 위 비컴 굳 프렌즈

0088. **만나서 매우 반가웠습니다.**
It was very nice to meet you.
잇 워즈 베리 나이스 투 미츄

Unit 04
상대방에 대해 소개할 때

0089. **우린 친한 친구입니다.**
We're close friends.
위어 클로즈 프렌즈

0090. **우린 오랜 친구입니다.**
We're old buddies.
위어 올드 버디즈

0091. **그는 내 친구의 친구입니다.**
He's a friend of a friend.
히즈 어 프렌드 어버 프렌드

0092. **박은 가장 친한 친구 중 한 명입니다.**
Mr. Park is one of my best friends.
미스터 박 이즈 원 어브 마이 베슷ㅌ 프렌즈

0093. **우리는 대학교 동기입니다.**
We went to the same college.
위 웬 투 더 세임 컬리지

Unit 05
상대방을 알기 위한 질문 표현

0094. **어디서 오셨습니까?**
Where are you from?
웨어 아 유 흐롬

> 고향이나 국적을 묻는 표현으로 Where do you come from?이라고 표현하기도 한다.

0095. **국적이 어디시죠? *어느 나라 출신**
What's your nationality?
왓츠 유어 내셔낼러티

0096. **일본에서 오셨습니까?**
Are you from Japan?
아 유 흐롬 저팬

0097. **당신은 한국인입니까?**
Are you Korean?
아 유 코리안

상대방을 알기 위한 질문 표현

0098. 이름이 어떻게 되십니까?
What's your name, please?
왓츠 유어 네임 플리즈

0099. 당신 친구의 이름은 무엇입니까?
What's your friend's name?
왓츠 유어 프렌스 네임

0100. 언제 출생하셨나요?
When were you born?
웬 워 유 본

0101. 생년월일은 어떻게 됩니까?
What's your date of birth?
왓츠 유어 데잇더브 벌쓰

0102. 몇 살입니까?
What's your age?
왓츠 유어 에이지

0103. 당신의 생일은 언제입니까?
When is your birthday?
웬 이즈 유어 벌쓰데이

0104. 당신은 직업이 무엇입니까?
What do you do?
왓 두 유 두

0105. 어떤 종류의 일을 하십니까?
What kind of work do you do?
왓 카인더브 웍 두 유 두

0106. 어떤 종류의 사업에 종사하고 계십니까?
What kind of business are you in?
왓 카인더브 비지니스 아 유 인

0107. 당신의 직업은 무엇입니까?
What do you do for a living?
왓 두 유 두 훠러 리빙

0108. 저 사람은 누구입니까?
Who's that man over there?
후즈 댓 맨 오버 데어

0109. 그를 아십니까?
Do you know him?
두 유 노우 힘

0110. 저 여자분 아시지요, 그렇지 않나요?
You know that lady, don't you?
유 노우 댓 레이디 돈츄

> 잘 모르는 상대에게 물을 때에는 좀 더 정중한 표현을 사용하는 경우도 있다. 예를 들어 이름을 물을 때에 What's your name? 이라고 묻는 것이 보통이지만, May I have your name? 혹은 What should I call you? 등으로 좀 더 정중하게 물을 수도 있다.

상대방을 알기 위한 질문 표현

0111. 전화번호 좀 알려 주시겠습니까?
Can I have your phone number?
캔 아이 해뷰어 폰 넘버

0112. 이메일 주소는 어떻게 됩니까?
What's your e-mail address?
왓츠 유어 이메일 어드뤠스

핵심패턴 I'd like to ~ 문형

구어체에서 정중한 서술적 표현으로 '~하고 싶습니다'라는 문형에 사용되며, 일반적으로 want to ~보다 정중한 표현이다. Would you like ~?(~하시겠습니까?)라는 질문에 대한 응답으로도 널리 사용된다. 유사한 표현으로 I feel like -ing(~하고 싶습니다)의 문형도 활용된다. 또한 I hope ~ / I need ~ / I want ~ 따위를 사용해도 된다.

A : I'd like to make a reservation for tonight.
B : I'm afraid we're fully booked.
   오늘 밤 예약을 하고 싶은데요.
   죄송하지만 방이 다 찼습니다.

핵심 빈출 문형

- I'd like to confirm my reservation.
  예약을 확인하고 싶은데요.
- I'd like to send this to Korea.
  이것을 한국에 보내고 싶습니다.
- I'd like to speak to Mr. Kim.
  김 선생과 통화를 하고 싶습니다.

Chapter 03 오랜만에 만났을 때

오랜만에 만났을 때 할 수 있는 안부 인사 표현으로서 격식을 차릴 경우에는 I haven't seen you for a while. / It's been a long time.이라고 표현하며, 격식을 차릴 필요가 없는 사이일 경우에는 Long time no see.라는 표현을 사용하면 된다. 특히 How have you been doing?(어떻게 지내셨습니까?) / How long has it been?(이게 얼마만입니까?)처럼 안부를 묻는 표현에는 주로 현재완료형을 사용한다는 점에 유의해야 한다.

Mr. Wilson! It's a pleasure to see you again.

Hello, Mr. Jones. I haven't seen you in a long time.

Conversation

윌슨 씨, 또 만나게 되어 반갑습니다.
안녕하세요, 존슨 씨. 오랜만이군요.

Sentence Patterns

- How have you been?
- It's been so long.
- Long time no see.
- It's been a long time.
- It's been ages.

Unit 01
오랜만의 만남일 때

0113. 오랜만입니다.
Long time no see.
롱 타임 노 씨

0114. 오랜만입니다. 그렇죠?
It's been a long time, hasn't it?
잇츠 빈 어 롱 타임 해즌ㅌ 잇

0115. 여전하군요.
You haven't changed at all.
유 해븐ㅌ 체인쥐드 엣 올

0116. 당신 몰라보게 변했군요.
You've changed a lot.
유브 체인쥐드 어 랏

0117. 참 오랜만이군요.
You've been quite a stranger.
유브 빈 콰이러 스트레인저

0118. 몇 년 만에 뵙는군요.
I haven't seen you in years.
아이 해븐ㅌ 씬 유 인 이얼스

0119. 오, 김 선생님, 정말 오랜만이군요.
Oh, Mr. Kim! Haven't seen you for a long time.
오 미스터 김 해븐ㅌ 씬 유 훠러 롱 타임

0120. 세월 참 빠르군요.
Time flies.
타임 흘라이즈

0121. 무엇 때문에 그렇게 바쁘셨어요?
What has kept you so busy?
왓 해즈 켑ㅌ 유 쏘 비지

0122. 보고 싶었어요.
I've missed you.
아이브 미쓰드 유

0123. 별고 없으십니까?
What's new?
왓츠 뉴

0124. 다시 만나서 반갑습니다.
It's good to see you again.
잇츠 굳 투 씨 유 어겐

0125. 요즘 당신 보기 힘들군요.
I haven't seen much of you lately.
아이 해븐ㅌ 씬 머취 어뷰 레잇ㅌ리

오랜만의 만남일 때

0126. 오랫동안 소식 못 드려 죄송합니다.
I beg your pardon for my long absence.
아이 베규어 파든 훠 마이 롱 앱슨스

Unit 02
우연히 만났을 때

0127. 아니 이게 누구세요!
Look who's here!
룩 후즈 히어

0128. 이게 누구야!
What a pleasant surprise!
와러 플레즌트 서프라이즈

> 뜻밖에 만났을 경우에 사용되는 표현이다.

0129. 세상 정말 좁군요!
What a small world!
와러 스몰 월드

> small world라고 하면 '세상이 좁다'라는 뜻이다.

0130. 여기서 당신을 만나다니 뜻밖이군요.
It's a pleasant surprise to see you here.
잇쳐 플레즌트 서프라이즈 투 씨 유 히어

0131. 여기에 어쩐 일로 오셨어요?
What brings you here?
왓 브링스 유 히어

0132. 우리 전에 만난 적이 있지 않습니까?
We've met before, right?
위브 멧 비훠, 라잇

0133. 이곳에서 당신을 보리라곤 생각도 못했어요.
I didn't expect to see you here.
아이 디든트 익스펙 투 씨 유 히어

0134. 그렇지 않아도 너를 만나고 싶었었는데.
You're just the man I wanted to see.
유어 저슷트 더 맨 아이 원티드 투 씨

Unit 03
상대방의 안부를 물을 때

0135. 어떻게 지내셨습니까?
How have you been (doing)?
하우 해뷰 빈 (두잉)

0136. 어떻게 지내셨습니까?
What have you been up to?
왓 해뷰 빈 업 투

0137. 요즘 어떻게 지내고 계세요?
How have you been getting along lately?
하우 해뷰 빈 게링 얼롱 레잇트리

Part 1 인사 표현

상대방의 안부를 물을 때

0138. **대체 어디서 지내셨어요?**
Where in the world have you been?
웨어 인 더 월드 해뷰 빈

0139. **도대체 그동안 어디서 지내셨어요?**
Where on earth have you been hiding yourself?
웨어 온 어쓰 해뷰 빈 하이딩 유어쎌ㅎ

Unit 04
타인의 안부를 물을 때

0140. **가족들은 안녕하신지요?**
How's your family?
하우즈 유어 훼밀리

0141. **가족들은 모두 잘 있습니까?**
How's everybody at your house?
하우즈 에브리바디 엣 유어 하우스

0142. **부모님께서는 평안하신지요?**
How are your parents?
하 와 유어 페어런츠

0143. **모두들 잘 지내시는지요?**
How's everyone getting along?
하우즈 에브리원 게링 얼롱

0144. **존은 어떻게 됐어요?**
What happened to John?
왓 해픈 투 존

0145. **그는 어떻게 지내고 있지요?**
How's he getting along these days?
하우즈 히 게링 얼롱 디즈 데이즈

0146. **김 씨는 회사에서 어떻게 지내지요?**
How is Mr. Kim doing in the company?
하우 이즈 미스터 김 두잉 인 더 컴퍼니

0147. **얼마나 자주 그의 소식을 듣습니까?**
How often do you hear from him?
하우 오흔 두 유 히어 흐롬 힘

0148. **당신의 어머니는 어떻습니까?**
How is your mother?
하우 이즈 유어 마더

0149. **리타에 대한 소식 들었습니까?**
Have you heard about Rita?
해뷰 헐ㄷ 어바웃 리타

가장 간단하게 타인의 안부를 물을 때는 <How + be동사 + 대상>의 형태를 사용한다. 예를 들어 How are you?는 "너 어떻게 지내?"라고 상대방의 안부를 묻는 표현이고, How is your mother?는 "어머니는 어떻게 지내시니?"라고 어머니의 안부를 묻는 표현이다.

Chapter 04 작별의 인사 표현

Good bye. / See you later. / Take care of yourself. / So long. 등은 작별할 때의 인사 표현으로 흔하게 사용하는데 '몸조심하고 잘 지내.'라는 당부의 느낌이 강한 표현이다. 그밖에도 간단하게 See you again. / See you tomorrow. / See you then. / See you there. / See you around!도 함께 쓰도록 하자.

Bye, Mary. Take care.

Thanks. You do the same. Bye now.

Conversation

안녕, 메리. 몸조심해.
고마워. 너도. 그럼, 안녕.

Sentence Patterns

- Good-bye!
- Bye-bye!
- So long!
- Take it easy.
- Catch you later.
- See you later.

Unit 01
헤어질 때

0150. 안녕.
Bye.
바이

0151. 안녕히 가세요.
Good bye.
굿 바이

0152. 그럼, 이만.
So long.
쏘 롱

0153. 안녕히 계세요. / 살펴 가세요.
Take care.
테익 케어

0154. 재미있게 보내!
Enjoy yourself!
인조이 유어쎌ㅎ

0155. 잘 가세요. / 몸조심 하세요.
Take care of yourself.
테익 케어 어뷰어쎌ㅎ

0156. 즐겁게 보내게!
Have fun!
햅 훤

0157. 재미있는 시간 보내세요.
Have a good time.
해버 굿 타임

0158. 좋은 하루를 보내세요!
Have a nice day!
해버 나이스 데이

0159. 즐거운 주말을 보내세요!
Have a nice weekend!
해버 나이스 위켄드

0160. 만나서 반가웠어요.
(It was) Nice meeting you.
(잇 워즈) 나이스 미링 유

0161. 일찍 돌아오세요.
Please come back soon.
플리즈 컴 백 순

0162. 살펴 가세요!
Take it easy!
테이킷 이지

만나서 반가웠다고 말하는 표현 중에 Nice meeting you.가 있다. 새로운 사람을 만났을 때 일반적으로 하는 인사인 Nice to meet you.와 구분해서 사용해야 한다.

헤어질 때

0163. 운전 조심해서 가세요!
Drive carefully!
드라이브 케어훌리

> 유사한 표현으로 Drive safely!라고 해도 무방하다.

Unit 02
밤에 헤어질 때

0164. 잘 보내요.
Good evening.
굳 이브닝

0165. 잘 자요!
Good night!
굳 나잇

0166. 안녕히 주무세요!
Have a good night!
해버 굳 나잇

0167. 좋은 꿈꾸세요!
Sweet dreams!
스윗 드림스

Unit 03
다시 만날 약속을 할 때

0168. 나중에 보자.
Catch you later.
캐취 유 레러러

0169. 내일 봐요.
See you tomorrow.
씨 유 투마로우

0170. 또 만납시다.
See you again.
씨 유 어겐

0171. 또 봅시다!
I'll be seeing you!
아윌 비 씽잉 유

0172. 다음에 뵙겠습니다.
See you later.
씨 유 레이러

0173. 다음에 또 봅시다!
I'll see you later!
아윌 씨 유 레이러

0174. 좀 더 자주 만납시다.
Let's meet more often.
렛츠 밋 모어 오픈

다시 만날 약속을 할 때

0175. 그럼 거기서 봅시다.
See you there, then.
씨 유 데어 덴

0176. 좋아요, 그럼 그때 봐요.
OK. I'll see you then.
오케이 아윌 씨 유 덴

0177. 조만간에 한번 만납시다.
Let's get together soon.
렛츠 겟 투게더 순

Unit 04 연락을 바랄 때

0178. 가끔 연락하며 지내자.
(Let's) Keep in touch.
(렛츠) 킵 인 터치

0179. 연락드릴게요.
I'll be in touch.
아윌 비 인 터치

0180. 가끔 전화 주세요.
Please call me sometime.
플리즈 콜 미 썸타임

0181. 언제 또 놀러 오세요.
Please come and see us sometime.
플리즈 컴 앤드 씨 어스 썸타임

Unit 05 안부를 전할 때

상대방에게 자신의 안부를 전해 달라는 가장 기본적인 표현은 Please give my regards to ~.와 Say hello to ~.이다.

0182. 당신 아내에게 안부 좀 전해 주세요.
Please give my regards to your wife.
플리즈 깁 마이 리가즈 투 유어 와잎ㅎ

0183. 물론 그럴게요.
Sure. I will.
슈어. 아이 윌

0184. 당신 가족에게 안부 좀 전해 주세요.
Say hello to your family.
쎄이 헬로 투 유어 훼밀리

0185. 가족에게 안부 좀 전해 주세요.
Please give my regards to your family.
플리즈 깁 마이 리가즈 투 유어 훼밀리

0186. 아무쪼록 가족에게 안부 부탁합니다.
Send my regards to your family.
센드 마이 리가즈 투 유어 훼밀리

안부를 전할 때

0187. 그녀를 늘 생각하고 있다고 전해 주세요.
Tell her I'm thinking of her.
텔 허 아임 씽킹 어브 허

Unit 06
배웅할 때

0188. 행운이 있으시길!
Good luck!
굳 럭

0189. 즐겁게 다녀오세요.
I hope you'll have a pleasant journey.
아이 호프 유윌 해버 플레즌트 줘니

0190. 잘 다녀오세요. 멋진 여행이 되길 바랍니다.
Good-bye. I hope you have a nice trip.
굳-바이 아이 호퓨 해버 나이스 트립

0191. 즐거운 여행이 되길.
Enjoy your trip.
인죠이 유어 트립

0192. 빨리 돌아와. 네가 보고 싶을 거야.
Please come back soon. I'll miss you.
플리즈 컴 백 순 아일 미쓰 유

0193. 안녕히. 재미있게 지내세요.
Good-bye. Have a nice time.
굳-바이 해버 나이스 타임

0194. 그리울 겁니다.
I'll miss you.
아일 미쓰 유

Chapter 05 감사의 표현

상대방의 선물이나 도움 등에 감사할 경우에는 Thank you very much. / Thanks.라고 하면 된다. Thanks.라고 하면 You're welcome. / Not at all. / Don't mention it. / My pleasure.으로 대답하는 게 보통이다. 감사 표현에 사용되는 문장으로 Thank you for ~와 I appreciate ~ 등이 있지만 그밖에 You're so kind.(친절하시군요.) / I'm very grateful.(고맙습니다.) / I owe you one.(신세를 졌군요.) 등도 활용한다.

Conversation

역까지 태워 줄게요.
고맙습니다.

Sentence Patterns

- Thank you.
- Thank you very much.
- Thank you so much.
- It was my pleasure.
- I appreciate it very much.

Unit 01
고마울 때

Thank you for ~.라는 문형에 감사할 이유를 덧붙여 주면 된다. 가령, calling(전화), coming(방문), inviting(초대), helping(도움), trouble(수고), compliment(칭찬) 따위가 활용된다.

0195. 감사합니다.
Thank you.
쌩큐

0196. 대단히 감사합니다.
Thanks a lot.
쌩쓰 어 랏

0197. 진심으로 감사드립니다.
I heartily thank you.
아이 하딜리 쌩큐

0198. 여러모로 감사드립니다.
Thank you for everything.
쌩큐 풔 에브리씽

0199. 어떻게 감사를 드려야 할지 모르겠어요.
I don't know how I can ever thank you.
아이 돈 노우 하우 아이 캔 에버 쌩큐

0200. 얼마나 감사한지 모르겠어요.
I can never thank you enough.
아이 캔 네버 쌩큐 이넢ㅎ

0201. 고맙습니다, 그거 좋지요.
Thank you, I'd like that.
쌩큐, 아이드 라익 댓

Unit 02
친절과 수고에 대해 감사할 때

0202. 환대에 감사드립니다.
Thank you for your hospitality.
쌩큐 풔 유어 하스피탤리디

0203. 친절을 베풀어 주셔서 감사합니다.
Thank you for your kindness.
쌩큐 포 유어 카인드니스

> A : You should *go see a doctor.*
> B : I will. Thank you for your concern.
>
> 의사에게 진찰을 받아 보는 게 좋겠는데.
> 그렇게 할게. 걱정해 줘서 고마워.

0204. 그렇게 말씀해 주시니 고맙습니다.
How nice of you to say so.
하우 나이스 어뷰 투 쎄이 쏘

친절과 수고에 대해 감사할 때

0205. 친절에 감사드립니다.
It's very kind of you.
잇츠 베리 카인드 어뷰

0206. 당신은 정말 사려 깊으시군요!
How thoughtful of you!
하우 쏘트훌 어뷰

0207. 당신에게 신세가 많았습니다.
I owe you so much.
아이 오 유 쏘 머취

Unit 03
도움이나 행동에 대해 감사할 때

0208. 도와주셔서 감사드립니다.
Thank you very much for helping me.
쌩큐 베리 머취 훠 헬핑 미

0209. 도와주셔서 감사합니다.
Thank you for your help.
쌩큐 훠 유어 헬프

0210. 가르쳐 줘서 감사합니다.
Thank you for the tip.
쌩큐 훠 더 팁

> 여기서 Thank you for the tip.은 Thank you for your advice.와 동일한 표현으로 사용될 수 있다.

0211. 태워다 주셔서 감사합니다.
Thank you for giving me a lift.
쌩큐 훠 기빙 미 어 리훝ㅌ

0212. 여러모로 고려해 주셔서 정말 고맙게 생각합니다.
I appreciate your consideration.
아이 어프리시에잇ㅌ 유어 컨시더뤠이션

0213. 보답해 드릴 수 있었으면 좋겠어요.
I hope I can repay you for it.
아이 홉 아이 캔 리페이 유 훠릿

0214. 덕분에 저녁 시간 재미있었습니다.
Thank you very much for a nice evening.
쌩큐 베리 머취 훠러 나이스 이브닝

0215. 동반해 주셔서 즐겁습니다.
I enjoy your company.
아이 인죠이 유어 컴퍼니

0216. 당신 덕분에 오늘 정말 재미있게 보냈습니다.
Thanks to you, I had a wonderful time today.
쌩쓰 투 유 아이 해더 원더훌 타임 투데이

0217. 저희와 함께 시간을 보내 주셔서 감사합니다.
I appreciate your spending time with us.
아이 어프리시에잇ㅌ 유어 스펜딩 타임 위더스

도움이나 행동에 대해 감사할 때

0218. 걱정해 주셔서 고맙습니다.
Thank you for your concern.
쌩큐 풔 유어 컨썬

0219. 방문해 주셔서 심심한 사의를 표합니다.
We very much appreciate your visit.
위 베리 머취 어프리시에잇ㅌ 유어 비짓ㅌ

Unit 04
감사의 선물을 줄 때

0220. 자, 선물 받으세요.
Here's something for you.
히얼즈 썸씽 풔 유

> 전화기를 건네주거나 선물을 건네줄 때 It's for you.라고 표현하며, 생일 선물을 주면서 Here's your birthday gift.라고 말을 건네기도 한다.

0221. 당신에게 드리려고 뭘 사왔어요.
I bought something for you.
아이 밧ㅌ 썸씽 풔 유

0222. 당신에게 줄 조그만 선물입니다.
I have a small gift for you.
아이 해버 스몰 기흐트 풔 유

0223. 이 선물은 제가 직접 만든 거예요.
This gift is something I made myself.
디스 기흣티즈 썸씽 아이 메이드 마이쎌ㅎ

0224. 대단치 않지만 마음에 들었으면 합니다.
It isn't much but I hope you like it.
잇 이즌 머취 벗 아이 호퓨 라이킷

0225. 보잘것없는 것이지만 받아 주십시오.
Kindly accept this little trifle.
카인들리 억셉ㅌ 디스 리틀 트라이흘

> trifle 하찮은 것, 소소한 일이나 물건

Unit 05
감사의 선물을 받았을 때

0226. 놀랐어요! 고맙습니다.
What a nice surprise! Thank you very much.
와러 나이스 서프라이즈! 쌩큐 베리 머취

0227. 멋진 선물 고맙습니다. 열어 봐도 될까요?
Thanks for your nice present. May I open it?
쌩즈 풔 유어 나이스 프레즌ㅌ. 메이 아이 오프닛

0228. 이건 바로 제가 갖고 싶었던 거예요.
This is just what I wanted.
디스 이즈 저슷ㅌ 와라이 원티드

0229. 당신의 선물을 무엇으로 보답하죠?
What shall I give you in return for your present?
왓 쉘 아이 깁 유 인 리턴 풔유 프레즌ㅌ

감사의 선물을 받았을 때

0230. 훌륭한 선물을 주셔서 대단히 고맙습니다.
Thank you very much for your nice present.
쌩큐 베리 머취 훠 유어 나이스 프레즌트

0231. 고마워요, 이렇게까지 안 하셔도 되는데.
Thank you, but you shouldn't have (done that).
쌩큐, 벗 유 슈든트 햅(던 댓)

Unit 06
감사에 대해 응답할 때

0232. 천만에요.
You're welcome.
유어 웰컴

0233. 천만에요. (강조)
You're more than welcome.
유어 모어 댄 웰컴

0234. 원 별말씀을요. / 천만의 말씀입니다.
Don't mention it.
돈트 멘셔닛

0235. 그렇게 말씀해 주시니 고맙습니다.
It's very nice of you to say so.
잇츠 베리 나이스 어뷰 투 쎄이 쏘

0236. 제가 오히려 고맙죠.
It was my pleasure.
잇 워즈 마이 플레져

0237. 제가 오히려 즐거웠습니다.
The pleasure's all mine.
더 플레져즈 올 마인

0238. 대단한 일도 아닙니다. / 별것 아닙니다.
No big deal.
노 빅 딜

0239. 그것은 아무것도 아닙니다.
It's nothing.
잇츠 낫씽

0240. 나한테 감사할 것까지는 없습니다.
No need to thank me.
노 니투 쌩크 미

0241. 이젠 괜찮습니다. 고맙습니다.
I'm all right now. Thank you.
아임 올 라잇 나우 쌩큐

0242. 맛있게 드셨다니 다행입니다.
I'm glad you enjoyed it.
아임 글래드 유 인조이딧

Thanks.와 Thanks a lot.에 대응한 표현으로는 "천만에, 괜찮아."의 뜻으로 사용되는 Not at all. / You're welcome. / That's all right. / That's OK.를 쓰면 된다.

감사에 대해 응답할 때

0243. **수고랄 게 있나요. 제가 좋아서 한 건데요.**
It was no trouble at all. It's my pleasure.
잇 워즈 노 트러블 엣 올 잇츠 마이 플레져

0244. **도움이 될 수 있어서 기쁩니다.**
I'm glad to help you.
아임 글래드 투 헬퓨

0245. **너무 대단한 일로 생각하지 마세요.**
Don't make too much of it.
돈 메익 투 머취 어브 잇

Chapter 06 사죄·사과의 표현

일반적으로 용서나 사과의 표현에 Excuse me. / I'm sorry. 등과 같은 표현으로 끝낼 수도 있지만 보다 정중한 표현은 I beg your pardon. / Pardon me.가 적당하다. I didn't mean it. / It's my fault.처럼 부가표현을 사용해도 무방할 것이다. 그러나 Pardon me? / Excuse me? / I beg your pardon? 등과 같은 문장은 어투나 어조에 따라 '다시 한 번 말해 줄래요?'라는 뜻으로도 활용된다는 사실에 유념하자.

I'm sorry to have kept you waiting.

There was a traffic jam.

What happened?

Conversation

오랫동안 기다리게 해서 미안합니다.
무슨 일 있었나요?
차가 막혀서요.

Sentence Patterns

- Pardon me.
- Forgive me.
- Give me a break.
- I'm sorry to trouble you.

Unit 01
미안함을 표시할 때

0246. 실례합니다. / 미안합니다.
Excuse me.
익스큐즈 미

0247. 미안합니다.
I'm sorry.
아임 쏘리

0248. 정말 죄송합니다.
I'm really sorry.
아임 릴리 쏘리

0249. 대단히 죄송합니다.
I'm very sorry.
아임 베리 쏘리

0250. 저 죄송합니다만.
I'm sorry to trouble you, but ~
아임 쏘리 투 트러블류 벗

0251. 당신에게 사과드립니다.
I apologize to you.
아이 어팔러자이즈 투 유

0252. 여러 가지로 죄송합니다.
I'm sorry for everything.
아임 쏘리 훠 에브리씽

0253. 얼마나 죄송한지 모르겠습니다.
I can't tell you how sorry I am.
아이 캔트 텔 유 하우 쏘리 아이 앰

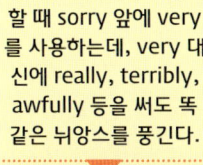

대단히 미안하다고 강조할 때 sorry 앞에 very를 사용하는데, very 대신에 really, terribly, awfully 등을 써도 똑같은 뉘앙스를 풍긴다.

Unit 02
실례를 구할 때

0254. 실례지만 미국분입니까?
Excuse me, but are you from the United States?
익스큐즈 미 벗 아 유 흐롬 디 유나이티드 스테잇츠

0255. 실례지만 지나가도 될까요?
Excuse me, please. May I get through?
익스큐즈 미 플리즈 메이 아이 겟 쓰루

0256. 말씀 중에 실례지만.
Excuse me for interrupting you, but ~
익스큐즈 미 포 인터럽팅 유 벗

0257. 실례지만 성함을 여쭤봐도 될까요?
Excuse me, but may I have your name?
익스큐즈 미 벗 메이 아이 해뷰어 네임

실례를 구할 때

0258. 잠시 실례하겠습니다. 금방 돌아오겠습니다.
Excuse me for just a moment. I'll be back soon.
익스큐즈 미 풔 저슷터 모먼트 아윌 비 백 순

Unit 03

사과의 이유를 말할 때

0259. 늦어서 미안합니다.
I'm sorry for being late.
아임 쏘리 풔 빙 레잇ㅌ

0260. 실례했습니다. 사람을 잘못 봤습니다.
Excuse me. I got the wrong person.
익스큐즈 미 아이 갓 더 롱 퍼슨

0261. 그 일에 대해서 미안하게 생각하고 있습니다.
I feel sorry about it.
아이 휠 쏘리 어바우릿

0262. 그 점에 대해서 미안합니다.
I'm sorry about that.
아임 쏘리 어바웃 댓

0263. 귀찮게 해서 미안합니다.
I'm sorry to have to trouble you.
아임 쏘리 투 햅 투 트러블류

0264. 오래 기다리게 해서 미안합니다.
I'm sorry to make you wait so long.
아임 쏘리 투 메익 유 웨잇 쏘 롱

0265. 더 일찍 답장을 못 드려서 죄송합니다.
I'm sorry not to have answered earlier.
아임 쏘리 낫 투 햅 앤써드 얼리어

I am sorry 뒤에 사과의 이유를 말할 때는 <to + 동사> 혹은 <for/about + (동)명사> 형태를 사용한다.

0266. 시간을 너무 많이 빼앗아 죄송합니다.
I'm sorry to have taken so much of your time.
아임 쏘리 투 햅 테이큰 쏘 머취 어뷰어 타임

0267. 기분을 상하게 해 드리지는 않았나 모르겠네요.
I hope I didn't offend you.
아이 홉 아이 디든ㅌ 어펜드 유

0268. 폐를 끼쳐서 죄송합니다.
I'm sorry to disturb you.
아임 쏘리 투 디스터브 유

0269. 당신을 괴롭혀 미안합니다.
I'm sorry to have troubled you.
아임 쏘리 투 햅 트러블드 유

0270. 어젯밤에 우리가 당신을 성가시게 한 것 같군요.
I'm afraid we may have bothered you last night.
아임 어흐레이드 위 메이 해브 바더쥬 래숫 나잇

사과의 이유를 말할 때

0271. 죄송해요. 어젯밤에 우리가 너무 시끄럽게 했지요.
Sorry. We made a lot of noise last night.
쏘리 위 메이드 어 랏 어브 노이즈 래슷 나잇

Unit 04
실수를 했을 때

0272. 제가 실수를 했습니다.
I made a mistake.
아이 메이더 미스테익ㅋ

0273. 그것은 저희의 실수였습니다.
It was our fault.
잇 워즈 아우어 훨ㅌ

0274. 실수에 대해 사과드립니다.
I apologize for the mistake.
아이 어팔러자이즈 훠 더 미스테익ㅋ

0275. 미안해요. 어쩔 수가 없었어요.
I'm sorry, I couldn't help it.
아임 쏘리 아이 쿠든ㅌ 헬핏ㅌ

0276. 미안합니다. 제가 날짜를 혼동했군요.
I'm sorry, I mixed up the days.
아임 쏘리 아이 믹스덥 더 데이즈

0277. 미안합니다. 괜찮으세요?
I'm sorry. Are you all right?
아임 쏘리 아 유 올 롸잇

0278. 그런 실수를 하다니, 제가 바보예요.
It's stupid of me to make such a mistake.
잇츠 스투피드 엄미 투 메익 써취 미스테익ㅋ

Unit 05
잘못을 인정할 때

0279. 내가 말을 잘못했습니다.
It was a slip of the tongue.
잇 워즈 어 슬립 어브 더 텅

0280. 내 잘못이었어요.
It was my fault.
잇 워즈 마이 훨ㅌ

0281. 그건 제가 생각이 부족했기 때문이에요.
That was thoughtless of me.
댓 워즈 써들러스 업 미

0282. 제 부주의였습니다.
It was very careless of me.
잇 워즈 베리 케어러스 업 미

잘못을 인정할 때

0283. 진심이 아닙니다.
I didn't mean it at all.
아이 디든ㅌ 미닛 엣 올

0284. 단지 제 탓이죠.
I can only blame myself.
아이 캔 온리 블레임 마이쎌ㅎ

0285. 당신 잘못이 아닙니다.
It's not your fault.
잇츠 낫 유어 훨ㅌ

Unit 06
용서를 구할 때

0286. 용서해 주십시오.
Please forgive me.
플리즈 훠깁 미

0287. 용서해 주세요.
Pardon me.
파든 미

0288. 저의 사과를 받아 주세요.
Please accept my apology.
플리즈 억셉ㅌ 마이 어팔러지

0289. 다시는 그런 일이 없을 겁니다.
It won't happen again.
잇 원ㅌ 해픈 어겐

0290. 늦어서 죄송합니다.
Please forgive me for being late.
플리즈 훠깁 미 훠 빙 레잇ㅌ

0291. 한 번 봐 주십시오.
Cut me some slack this time.
컷 미 썸 슬랙 디스 타임

0292. 한 번만 기회를 주세요.
Give me one more chance.
깁 미 원 모어 췐스

0293. 제가 한 일을 용서해 주십시오.
Please forgive me for what I've done.
플리즈 훠깁 미 훠 와라이브 던

0294. 약속을 지키지 못한 걸 용서해 주세요.
Please forgive me for breaking my promise.
플리즈 훠깁 미 훠 브레이킹 마이 프라미스

Pardon me.는 "용서해 주세요."라는 뜻이다. 하지만 이것은 끝을 내려서 말해야 하는 것이고, 만일 끝을 올리면서 Pardon me?라고 말하면 "다시 말씀해 주시겠어요?"라는 의미이므로 억양에 주의해야 한다.

Unit 07

사과의 말에 응답할 때

0295. 괜찮습니다.
That's all right.
댓츠 올 라잇

0296. 괜찮아요.
That's O.K.
댓츠 오케이

0297. 걱정하지 마세요.
Don't worry about it.
돈 워리 어바우릿

0298. 그까짓 것 문제될 것 없습니다.
No problem.
노 프라블럼

0299. 뭘요, 괜찮습니다. / 힘들지 않아요.
No sweat.
노 스웨트

0300. 당신을 용서하겠어요.
You're forgiven.
유어 훠기븐

0301. 좋아요, 받아들이죠.
All right. Apology accepted.
올 라잇 어팔러지 억셉티드

0302. 당신은 잘못한 게 없어요.
You did the right thing.
유 디드 더 라잇 씽

0303. 누구나 실수할 수가 있어요.
Everyone makes mistakes.
에브리원 메익스 미스테익스

Chapter 07 축하와 환영의 표현

축하의 표현은 대개 Congratulations!로 통한다. 구체적인 내용에 대해서 축하를 해줄 때에는 Congratulations on (your) ~로 표현한다. marriage(결혼), promotion(승진), birthday(생일), admission(입학), graduation(졸업) 등을 축하할 때 쓰는 표현이다.

Congratulations! Wally! Your proposal has been approved.

Oh, Thanks. I think I was lucky.

Conversation
축하해, 월리! 자네 안건이 승인되었다네.
고맙습니다. 운이 좋았던 것 같아요.

Sentence Patterns

- Congratulations!
- Congratulations on your marriage!
- Congratulations on your birthday!
- Good for you!
- Congratulations on your promotion!
- Congratulations on your graduation!

Unit 01
축하할 때

0304. 축하할 일이 생겼다면서요.
I hear congratulations are in order.
아이 히어 컨그래츄뤠이션스 아 인 오더

0305. 해냈군요! 축하합니다.
You made it! Congratulations.
유 메이딧 컨그래츄뤠이션스

0306. 승진을 축하합니다!
Congratulations on your promotion!
컨그래츄레이션스 온 유어 프로모션

0307. 생일을 축하합니다!
Happy birthday to you!
해피 벌쓰데이 투 유

0308. 놀랐지? 생일 축하해!
Surprised? Happy birthday!
서프라이즈드 해피 벌쓰데이

0309. 결혼을 축하합니다!
Congratulations on your wedding!
컨그래츄레이션스 온 유어 웨딩

0310. 그 행운의 여성은 누구예요?
Who is the lucky lady?
후 이즈 더 럭키 레이디

0311. 두 분이 행복하시길 빕니다!
May you both be happy!
메이 유 보쓰 비 해피

0312. 부인이 임신하셨다면서요? 축하해요.
I hear your wife is expecting. Congratulations.
아이 히어 유어 와잎 이즈 익스펙팅 컨그래츄레이션스

0313. 출산을 축하합니다!
Congratulations on your new baby!
컨그래츄레이션스 온 유어 뉴 베이비

0314. 아주 기쁘시겠군요.
You must be very pleased.
유 머슷트 비 베리 플리즈드

0315. 승리를 축하합니다!
Congratulations on your victory!
컨그래츄레이션스 온 유어 빅토리

0316. 축하합니다! 선물입니다.
Congratulations! Here's a gift for you.
컨그래츄레이션스 히얼져 기흣트 풔 유

축하의 표현은 대개 Congratulations! 로 통한다. 복수형으로 쓰여 뒤에 -s가 붙는다는 사실을 유념하여 사용하도록 한다. congratulations 뒤에 <on + 명사>를 붙여 무엇을 축하하는지 좀 더 구체적으로 말할 수 있다.

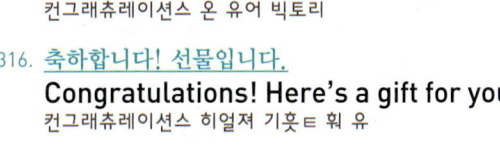

약혼을 축하할 경우에는 Congratulations on your engagement! 라고 표현하면 된다.

축하할 때

0317. **우리의 승리를 자축합시다!**
Let's celebrate our victory!
렛츠 셀러브레잇 아워 빅토리

0318. **성공을 축하드립니다!**
Congratulations on your success!
컨그래츄레이션스 온 유어 썩쎄쓰

0319. **시험 합격을 축하합니다.**
Let me congratulate you on passing the exam.
렛 미 컨그래츄레잇 츄 온 패싱 디 이그잼

0320. **우리 기념일을 축하해.**
Happy anniversary.
해피 애너버써리

0321. **어떻게 해내셨어요?**
How did you manage it?
하우 디쥬 매니지 잇

0322. **잘했어요!**
You did a good job!
유 디더 굳 잡

Unit 02
축복을 기원할 때

0323. **새해 복 많이 받으세요!**
Happy New Year!
해피 뉴 이어

0324. **새해에는 모든 행운이 깃들기를!**
All the best for the New Year!
올 더 베슷 훠 더 뉴 이어

0325. **만수무강하십시오!**
Many happy returns!
매니 해피 리턴즈

0326. **더 나은 해가 되길 바랍니다.**
I hope you'll have a better year.
아이 홉 유윌 해버 베러 이어

0327. **당신에게 신의 축복이 있기를!**
God bless you!
갓 블레스 유

0328. **모든 일이 잘되기를 바라요.**
I hope everything will come out all right.
아이 홉 에브리씽 윌 컴 아웃 올 롸잇

0329. **잘되길 바랍니다.**
I wish you the best of luck.
아이 위시 유 더 베슷터브 럭

축복을 기원할 때

0330. 즐거운 크리스마스 보내세요!
Merry Christmas!
메뤼 크리스마스

0331. 크리스마스를 축하합니다!
A Merry Christmas (to you)!
어 메뤼 크리스마스 (투 유)

0332. 즐거운 부활절 보내세요!
Happy Easter!
해피 이스터

0333. 독립기념일을 축하합니다!
Happy 4th of July!
해피 훠쓰 어브 줄라이

0334. 즐거운 명절 되세요!
Happy Holidays!
해피 할러데이스

0335. 즐거운 밸런타인데이예요!
Happy Valentine's Day!
해피 밸런타인스 데이

0336. 행복하길 빌겠습니다.
I hope you'll be happy.
아이 홉 유윌 비 해피

0337. 성공을 빕니다!
May you succeed!
메이 유 썩씨드

0338. 행운을 빌게요.
Good luck to you.
굳 럭 투 유

Unit 03

환영할 때

0339. 정말 환영합니다.
You're quite welcome.
유어 콰잇트 웰컴

0340. 서울에 오신 것을 환영합니다.
Welcome to Seoul.
웰컴 투 서울

0341. 같이 일하게 되어 반갑습니다.
Glad to have you with us.
글래 투 해뷰 위더스

0342. 저희 집에 오신 것을 환영합니다.
Welcome to my home.
웰컴 투 마이 홈

환영할 때

0343. 한국에 오신 것을 환영합니다.
Welcome to Korea.
웰컴 투 코리아

0344. 이곳이 마음에 들기를 바랍니다.
I hope you'll like it here.
아이 홉 유윌 라이킷 히어

0345. 당신과 함께 일하길 고대하고 있습니다.
I'm looking forward to working with you.
아임 룩킹 훠워투 워킹 위듀

0346. 그에게 큰 박수를 부탁드립니다.
Please give him a big hand.
플리즈 깁 힘 어 빅 핸드

Part 2

화술 표현
Conversation Expressions

자신의 의사를 표출할 경우에 상대방이 누구인지 아니면 어떤 상황에 처해 있는지에 따라 대화가 달라진다. 따라서 상대방을 배려하거나 예의를 갖추는 것이 무엇보다도 중요하다.

Chapter 01 사람을 부를 때

Hi!나 Hello!는 인사말로도 사용되지만 Excuse me. / Pardon me. / Hi, there! / Look here. / Just a moment. 따위와 같이 모르는 사람을 부를 때 쓸 수 있는 표현이다. 일상적으로 Excuse me?는 What for? / What did you say?(뭐라고요?)라는 뜻으로도 쓰이며, 또한 Pardon me!(실례합니다. / 용서해 주세요. / 다시 한 번 말씀해 주세요.)라는 의미로도 활용된다.

Conversation

아야!
미안합니다. 보지 못했어요.

Conversation

실례지만 낯이 익은데, 전에 어디선가 뵌 적이 없던가요?
글쎄요. 저를 아세요?
브라운 씨 아니세요? 말씀 많이 들었어요.

Sentence Patterns

- Excuse me. I need to get past you.
- Excuse me. I didn't mean it.
- Excuse me. I made a mistake.
- Excuse me. Would you pass me the salt?
- Excuse me. It's my fault.

Unit 01
사람을 부를 때

0347. 여보세요?
Hello.
헬로우

0348. 저기요!
Hey there!
헤이 데어

0349. 어이, 친구!
Hey, buddy!
헤이 버디

0350. 잠깐만요!
Hello, stranger!
헬로우 스트레인져

0351. 이봐!
Hey!
헤이

Unit 02
모르는 사람을 부를 때

0352. 여보세요.
Excuse me.
익스큐즈 미

0353. (남성에게 말을 걸 때)저, 여보세요.
Excuse me, sir.
익스큐즈 미 썰

0354. (여성에게 말을 걸 때)저, 여보세요.
Excuse me, ma'am.
익스큐즈 미 맴

0355. 저기요.
Say.
쎄이

0356. 이봐.
Listen.
리쓴

0357. 저기.
Look.
룩

0358. 잠깐요.
Just a sec.
저슷터 쎄크

Excuse me 뒤에 남성에게 말을 걸 때는 sir를, 여성에게 말을 걸 때는 ma'am을 붙여서 부른다. sir는 이름을 모르는 남자를 부르는 경칭으로 사용되는 것 외에 영국에서 준남작이나 나이트 직을 가지고 있는 남성에게 '~ 경'이라고 부를 때도 사용된다.

모르는 사람을 부를 때

0359. 거기(있는 사람) 안녕?
Hi, there?
하이 데어

0360. 거기 너!
You over there!
유 오버 데어

0361. 저어,
Tell me ~
텔 미

0362. 실례지만,
Excuse me, but ~
익스큐즈 미 벗

0363. 어떻게 불러야 하나요?
What do they call you?
왓 두 데이 콜 유

Unit 03
호칭을 부를 때

0364. 아빠!
Daddy!
대디

0365. 엄마!
Mommy!
마미

0366. 할아버지!
Grandpa!
그랜파

0367. 할머니!
Grandma!
그랜마

0368. 의사 선생님!
Doctor!
닥터

0369. 교수님!
Professor!
프로풰써

0370. 선생님!
Sir!
썰

0371. 실례합니다. 선생님!
Excuse me, Sir (Ma'am)!
익스큐즈 미 썰 (맴)

가족을 부를 때는 공식적 표현보다는 구어적 표현을 많이 사용한다. father(아버지)는 구어적으로 papa, daddy, dad를, mother(어머니)는 구어적으로 mama, mom, mommy를 사용한다. grandmother는 구어로 grandma, granny 라고 표현한다.

호칭을 부를 때

0372. 경관님!
Officer!
오휘썰

0373. 재판장님!
Judge!
줘지

0374. 대사님!
Ambassador!
앰버써더

0375. 각하! / 사장님!
Mr. President!
미스터 프레지던트

Unit 04

말문을 틀 때

0376. 신사 숙녀 여러분!
Ladies and gentlemen!
레이디스 앤 젠틀맨

0377. 여러분!
Everyone. / You all.
에브리원 / 유 올

0378. 피터 씨.
Mr. Peter.
미스터 피터

0379. 피터 부인.
Mrs. Peter.
미씨즈 피터

0380. 헬렌 양.
Miss Helen.
미쓰 헬렌

Unit 05

말을 걸 때

0381. 실례합니다만,
Excuse me, but ~
익스큐즈 미 벗

0382. 이야기 좀 할 수 있을까요?
Can I have a word with you?
캔 아이 해버 워드 위듀

0383. 말씀드릴 게 좀 있습니다.
I need to tell you something.
아이 니 투 텔 유 썸씽

말을 걸 때

0384. 드릴 말씀이 있는데요.
I tell you what.
아이 텔 유 왓

0385. 잠깐 이야기를 나누고 싶은데요.
I'd like to have a word with you.
아이드 라익 투 해버 워드 위듀

0386. 당신에게 할 이야기가 좀 있습니다.
I have something to tell you.
아이 햅 썸씽 투 텔 유

0387. 잠깐 이야기 좀 할까요?
Do you have a second?
두 유 해버 세컨드

0388. 할 이야기가 좀 있습니다.
I want to speak to you for a moment.
아이 원 투 스픽 투 유 훠러 모먼트

0389. 잠시만 이야기하면 됩니다.
It will only take a second to tell (you).
이뤌 온리 테익커 세컨 투 텔 (유)

0390. 잠깐 시간 좀 내 주시겠어요?
Do you have a few minutes to spare?
두 유 해버 퓨 미닛츠 투 스페어

0391. 잠시 이야기 좀 할 수 있을까요?
Can I talk to you for a minute?
캔 아이 톡 투 유 훠러 미닛트

0392. 교수님, 죄송하지만 질문해도 될까요?
Excuse me, Professor. May I ask you a question?
익스큐즈 미 프로훼써 메이 아이 애스큐 어 퀘스쳔

0393. 지금 바쁘십니까?
Are you busy now?
아 유 비지 나우

0394. 잠시 시간을 빌릴 수 있을까요?
Can you spare me a couple of minutes?
캔 유 스페어 미 어 커플 어브 미닛츠

Unit 06

대화 도중에
말을 꺼낼 때

0395. 말씀 중에 잠깐 실례를 해도 될까요?
May I interrupt you?
메이 아이 인터럽튜

0396. 말씀 도중에 죄송합니다만,
Sorry to interrupt, but ~
쏘리 투 인터럽트 벗

대화 도중에 말을 꺼낼 때

0397. 잭, 저와 이야기 좀 할 수 있을까요?
Jack, can I talk with you?
잭, 캔 아이 톡 위듀

0398. 말씀드릴 게 있는데요.
I'd like to have a word with you.
아이드 라익 투 해버 월 위듀

0399. 오래 걸리지 않습니다.
I won't keep you long.
아이 원ㅌ 킵 유 롱

Unit 07
용건이 있는지 물을 때

0400. 무슨 이야기를 하고 싶으세요?
What do you want to tell me?
왓 두 유 원 투 텔 미

0401. 제가 도와드릴 게 있나요?
Is there anything I can do for you?
이즈 데어 애니씽 아이 캔 두 풔 유

0402. 나한테 뭔가 이야기하고 싶으세요?
Do you want to talk to me about anything?
두 유 원 투 톡 투 미 어바웃 애니씽

0403. 무슨 말을 하고 싶으신 거죠?
What would you like to say?
왓 우쥬 라익 투 쎄이

0404. 무엇을 도와드릴까요?
Can I help you?
캔 아이 헬퓨

0405. 난처하신 것 같은데, 제가 할 수 있는 일이 있습니까?
You look lost. Can I help you?
유 룩 로슷ㅌ 캔 아이 헬ㅍ 유

Unit 08
모르는 사람에게 말을 건넬 때

0406. 여기는 처음이십니까?
Are you new here?
아 유 뉴 히어

0407. 영어로 말할 줄 아세요?
Do you speak English?
두 유 스픽ㅋ 잉글리시

0408. 한국어는 어떠세요?
How about Korean?
하우 어바웃 코리언

모르는 사람에게 말을 건넬 때

0409. 이 자리에 누구 있습니까?
Is this seat taken?
이즈 디스 씻 테이큰

0410. 멀리 가십니까?
Are you going far?
아 유 고잉 화

0411. 신문 보시겠습니까?
Would you like to see the newspaper?
우드 유 라익 투 씨 더 뉴스페이퍼

0412. 경치가 멋지죠?
What a nice view, isn't it?
와러 나이스 뷰 이즌 잇

> isn't it? 대신에 huh? 또는 right?를 쓰는 것이 더욱 구어적이다.

0413. 날씨가 좋죠?
Nice day, isn't it?
나이스 데이 이즌 잇

0414. 날씨가 안 좋죠?
Nasty weather, isn't it?
네스티 웨더 이즌 잇

0415. 시원해서 기분이 좋죠?
It's nice and cool, isn't it?
잇츠 나이스 앤 쿨 이즌 잇

미국인들은 모르는 사람에게 말을 거는 것을 이상하게 생각하지 않는다. 날씨나 경치에 대해 운을 띄우면서 말을 거는 경우가 많다. 모르는 사람에게 말을 거는 표현을 익혀 두었다가 기회가 된다면 해외에서 외국인에게 말을 붙여보는 것도 좋은 추억이 될 것이다.

Chapter 02 — 질문과 되묻기

항상 부탁을 하거나 질문을 하기 전에는 양해를 구하는 것이 예법인데 가령 Can I ask you a favor?(부탁) / Could you help me?(도움) / May I ask a question?(질문) 등과 같이 상대방에게 정중하게 의사타진을 하는 것이 필요하다. 상대방의 말을 잘 알아듣지 못했을 경우에는 Sorry, I don't quite get you. / I can't follow you. / I couldn't make that out. 따위와 같이 표현할 수도 있다.

- We'll meet at 2:10 and leave at a quarter to three.
- Excuse me? Could you say that again?
- I said we'll meet at 2:10 and depart at 2:45.

Conversation

2시 10분에 만나서, 3시 15분전에 출발하겠습니다.
죄송합니다. 다시 말씀해 주시겠어요?
2시 10분에 만나서 2시 45분에 출발한다고 말했습니다.

Sentence Patterns

- I beg your pardon?
- Could you say that again?
- What are you talking about?
- Could you repeat that, please?

Unit 01
질문을 할 때

0416. 질문 하나 있습니다.
I have a question.
아이 해버 퀘스쳔

0417. 질문 하나 해도 될까요?
May I ask you a question?
메이 아이 애스큐 어 퀘스쳔

0418. 사적인 질문을 하나 해도 되겠습니까?
May I ask you a personal question?
메이 아이 애스큐 어 퍼스널 퀘스쳔

0419. (물어볼 게) 하나 더 있습니다.
There's one more thing.
데얼스 원 모어 씽

0420. 구체적인 질문 몇 가지를 드리겠습니다.
Let me ask you some specific questions.
렛 미 애스큐 썸 스퍼씨픽 퀘스쳔ㅅ

0421. 누구한테 물어봐야 되죠?
Who should I ask?
후 슈드 아이 애스ㅋ

0422. 당신한테 물어볼 게 많습니다.
I have a lot of questions for you.
아이 해버 랏 오브 퀘스쳔스 훠 유

0423. 이 머리글자들은 무엇을 의미합니까?
What do these initials stand for?
왓 두 디즈 이니셜스 스탠ㄷ 훠

0424. 이것을 영어로 뭐라고 하죠?
What's this called in English?
왓츠 디스 콜딘 잉글리시

대뜸 먼저 궁금한 내용을 질문하는 것이 아니라 먼저 운을 띄워 질문하겠다고 양해를 구하는 것이 좋다.

0425. 이 단어를 어떻게 발음하죠?
How do you pronounce this word?
하우 두 유 프러나운스 디스 월ㄷ

0426. 그건 무엇으로 만드셨어요?
What's it made of?
왓츠 잇 메이드 업

0427. 그건 무엇에 쓰는 거죠?
What's it used for?
왓츠 잇 유즈드 훠

0428. 질문을 잘 들으세요.
Listen carefully to the question.
리쓴 케어훌리 투 더 퀘스쳔

질문을 할 때

0429. 내 질문에 답을 해 주세요.
Please answer my question.
플리즈 앤써 마이 퀘스쳔

0430. 답을 말해 보세요.
Give the answer.
깁 디 앤써

0431. 왜죠? / 어째서죠?
How come?
하우 컴

0432. 맞혀 보세요.
Try to guess.
트라이 투 게스

0433. 그냥 물어보는 거야. 그게 전부야.
I'm just asking. That's all.
아임 저슷ㅌ 애스킹 댓츠 올

Unit 02
질문이 있는지 물을 때

0434. 질문 없으세요?
No questions?
노 퀘스쳔스

0435. 질문 있습니까?
Do you have any questions?
두 유 햅 애니 퀘스쳔ㅅ

0436. 또 다른 질문을 받겠습니다.
I'll take another question.
아일 테익 어나더 퀘스쳔

0437. 다음 질문하세요.
Give me the next question.
깁 미 더 넥슷ㅌ 퀘스쳔

0438. 질문 있으면 손을 드세요.
Raise your hand if you have any questions.
레이쥬어 핸드 이퓨 햅 애니 퀘스쳔ㅅ

0439. 여기까지 다른 질문은 없습니까?
Does anyone have any questions so far?
더즈 애니원 햅 애니 퀘스쳔 쏘 화

Unit 03
질문에 답변할 때

0440. <u>좋은 질문입니다.</u>
Good question.
굳 퀘스쳔

0441. <u>더 이상 묻지 마세요.</u>
No more questions.
노 모어 퀘스쳔ㅅ

0442. <u>당신에게 설명을 해야 할 의무는 없습니다.</u>
I don't owe you an explanation.
아이 돈ㅌ 오 유 어닉스플러네이션

0443. <u>뭐라고 대답해야 좋을지 모르겠습니다.</u>
I don't know how to answer.
아이 돈ㅌ 노우 하우 투 앤써

0444. <u>저는 모르겠습니다.</u>
I don't know.
아이 돈ㅌ 노우

0445. <u>모르기는 저도 마찬가지입니다.</u>
Your guess is as good as mine.
유어 게스 이즈 애즈 굳 애즈 마인

0446. <u>말하지 않겠습니다.</u>
No comment.
노 커멘ㅌ

0447. <u>모르겠군요.</u>
I have no idea.
아이 햅 노 아이디어

0448. <u>현재는 아는 바가 없습니다.</u>
I don't have any information at this time.
아이 돈 햅 애니 인포메이션 앳 디스 타임

0449. <u>이유를 말씀드릴 수 없습니다.</u>
I cannot tell you why.
아이 캔낫 텔 유 와이

Unit 04
설명을 요구할 때

0450. <u>~에 대해 좀 더 설명해 주시겠습니까?</u>
Could you explain further about ~?
쿠쥬 익스플레인 풔더 어바웃

0451. <u>다시 한 번 설명해 주시겠어요?</u>
Could you explain it again?
쿠쥬 익스플레이닛 어겐

설명을 요구할 때

0452. 더 쉬운 말로 다시 말씀해 주시겠어요?
Could you please say that again in simpler language?
쿠쥬 플리즈 쎄이 댓 어게인 씸플러 랭귀지

0453. 다른 말로 설명해 주시겠어요?
Could you say it another way?
쿠쥬 쎄이 잇 어나더 웨이

0454. 다른 말로 다시 설명해 주시겠어요?
Would you please say it with other words?
우쥬 플리즈 쎄이잇 윗 아더 월즈

0455. 좀 더 상세히 설명해 주시겠어요?
Could you be more specific?
쿠드 유 비 모어 스퍼씨휙

0456. 화이트 씨, 그 부분에 대해 좀 더 설명해 주시겠습니까?
May I ask you for further explanation on that part, Mr. White?
메이 아이 애스큐 포 훠더 익스플러네이션 온 댓 파트 미스터 화잇

0457. 이유를 설명해 줄 수 있습니까?
Can you explain the reason why?
캔 유 익스플레인 더 리즌 와이

0458. 요점을 말하십시오.
Come to the point.
컴 투 더 포인트

0459. 어찌된 일이죠? 말해 주세요.
What's the matter? Tell me.
왓츠 더 매러 텔 미

0460. 어떻게 되고 있는지 알고 싶어요.
I want to know what's going on.
아이 원 투 노우 왓츠 고잉 온

0461. 무슨 일인지 말씀해 주세요.
Let me have the news.
렛 미 햅 더 뉴스

0462. 어쩌다 그런 일이 생겼어요?
How could that happen?
하우 쿠ㄷ 댓 해픈

0463. 무슨 일인지 자세히 설명해 보세요.
Try to describe exactly what happened.
트라이 투 디스크라이브 이그잭틀리 왓 해픈드

0464. 간단히 설명해 보세요.
Make it simple.
메이킷 씸플

explain은 '설명하다'라는 의미이며, 명사형은 explanation이다. 비슷한 의미의 말로는 '묘사하다, 서술하다'라는 의미를 가진 describe가 있다.

설명을 요구할 때

0465. <u>좀 더 구체적으로 말씀해 주세요.</u>
Be more specific, please.
비 모어 스퍼씨휙 플리즈

Unit 05
설명을 해 줄 때

0466. <u>말로는 다 설명할 수 없어요.</u>
It is beyond description.
잇 이즈 비욘드 디스크립션

0467. <u>말로는 표현하기 힘들어요.</u>
It's hard for me to put into words.
잇츠 할 훠 미 투 풋 인투 워즈

0468. <u>어떻게 설명해야 할지 모르겠군요.</u>
I don't know how to put it.
아이 돈ㅌ 노우 하우 투 푸릿

0469. <u>그밖에 달리 설명할 방법이 없어요.</u>
I can't explain it in any other way.
아이 캔ㅌ 익스플레이닛 인 애니 아더 웨이

0470. <u>그래서 그런 겁니다.</u>
That's why.
댓츠 와이

0471. <u>말하자면 길어요.</u>
It's a long story.
잇쳐 롱 스토리

0472. <u>그건 이렇게 하는 거예요. 알겠어요?</u>
That's the way it goes. You see?
댓츠 더 웨이 잇 고우즈 유 씨

0473. <u>음, 그러니까 이런 거예요.</u>
Well, let me put it this way.
웰 렛 미 푸릿 디스 웨이

0474. <u>더 이상 구체적으로 말씀드릴 수 없습니다.</u>
I can't be more specific.
아이 캔ㅌ 비 모어 스퍼씨휙

0475. <u>그건 상식이죠.</u>
It's common sense.
잇츠 커먼 센스

Unit 06

되물을 때

Excuse me.는 "실례합니다."라는 의미지만, 끝을 올려 Excuse me? 라고 하면 무슨 말인지 되물을 때 사용할 수 있다.

0476. 뭐라고요?
Excuse me?
익스큐즈 미

0477. 뭐라고?
What?
왓

0478. 뭐라고 했지?
You said what?
유 쌔드 왓

0479. 방금 뭐라고 말씀하셨죠?
What did you say just now?
왓 디쥬 쎄이 저슷트 나우

0480. 맞습니까?
Is that right?
이즈 댓 롸잇

0481. 그렇습니까?
Is that so?
이즈 댓 쏘

0482. 정말인가요?
Really?
륄리

0483. 그랬습니까?
Did you?
디쥬

0484. 그러세요?
Are you?
아 유

0485. 네?
Sorry?
쏘리

0486. 농담이시죠.
You're kidding.
유어 키딩

Unit 07
다시 한 번 말해 달라고 할 때

0487. 다시 말씀해 주시겠어요?
I beg your pardon?
아이 베규어 파든

0488. 다시 한 번 말씀해 주십시오.
Please say that again.
플리즈 쎄이 댓 어겐

0489. 천천히 말씀해 주시겠어요?
Could you possibly slow down a bit?
큐쥬 파써블리 슬로 다우너 빗

0490. 잘 못 들었습니다. 더 분명하게 말씀해 주시겠어요?
I don't quite hear you. Could you speak more clearly?
아이 돈 콰잇ㅌ 히어 유 쿠쥬 스픽 모어 클리어리

0491. 더 쉬운 말로 다시 말씀해 주시겠어요?
Could you please say that again in simpler language?
쿠쥬 플리즈 쎄이 댓 어게닌 씸플러 랭귀지

0492. 다른 말로 설명해 주시겠어요?
Could you say it with other words?
쿠쥬 쎄이 잇 위드 아더 월즈

0493. 더 큰소리로 말씀해 주시겠어요?
Would you speak a little louder?
우쥬 스피커 리를 라우더

> 상대방의 말에 대한 반문의 어조나 재확인하는 어투에는 I beg your pardon? / Pardon me? / Could you say that again? 등과 같은 표현도 흔히 사용한다.

Chapter 03 용건이나 용무를 물을 때

모르는 사람이나 손님이 찾아왔을 경우 용무나 용건을 완곡하게 묻는 표현법으로 May I help you? / What can I do for you? / What brings you here? 따위로 물어볼 수 있다. 서로 아는 사이이고 친하다면 직접적으로 What's the matter? / What's the problem? / What happened? 등과 같은 표현을 활용하면 된다. 특히 의문사인 5W 1H를 주로 사용함에 유의하자.

> You look pale. What's the matter?

> I'm not sure, but my stomach hurts.

Conversation

안색이 안 좋은데, 왜 그래요?
잘 모르겠어요. 그런데 배가 아파요.

Sentence Patterns

- What's wrong with you?
- What happened?
- What is it?(= What was it?)
- What's the problem?
- Anything wrong?

Unit 01
의문사 [When]

0494. 언제 결혼할 계획입니까?
When are you going to get married?
웬 아 유 고잉 투 겟 메리드

0495. 언제 태어났습니까?
When were you born?
웬 워 유 본

0496. 다음에 언제 만날 수 있을까요?
When will I see you next?
웬 윌 아이 씨 유 넥슷ㅌ

0497. 언제 체크아웃하시겠습니까?
When do you wish to check out?
웬 두 유 위시 투 췌카웃ㅌ

0498. 탑승시간은 언제입니까?
When is the boarding time?
웬 이즈 더 보딩 타임

0499. 모임을 언제 하면 좋을까요?
When do you think the meeting will take place?
웬 두 유 씽ㅋ 더 미팅 윌 테익 플레이스

> A : When can you go?
> B : I can go at three o'clock.
> 몇 시에 갈 수 있나요?
> 3시쯤에요.

Unit 02
의문사 [Where]

0500. 여기가 어디예요?
Where am I?
웨어 앰 아이

0501. 지금 지나가는 데가 어디입니까?
Where are we passing now?
웨어 아 위 패씽 나우

0502. 어디까지 얘기했죠?
Where are we?
웨어 아 위

0503. 어디 출신입니까?
Where are you from?
웨어 아 유 흐롬

> 출신이나 고향을 묻는 Where do you come from?도 같은 표현이다.

의문사 [Where]

0504. 공중전화가 어디 있습니까?
Where can I find a pay phone?
웨어 캔 아이 화인더 페이 폰

0505. 지하철 노선도를 어디서 구할 수 있나요?
Where can I get the subway map?
웨어 캔 아이 겟 더 썹웨이 맵

0506. 어디서 택시를 타죠?
Where can I get a taxi?
웨어 캔 아이 게더 택시

0507. 지하철 타는 곳이 어디입니까?
Where can I get on the subway?
웨어 캔 아이 게돈 더 썹웨이

0508. 어디서 담배를 피워야 됩니까?
Where can I smoke?
웨어 캔 아이 스목ㅋ

0509. 자란 곳이 어디입니까?
Where did you grow up?
웨어 디쥬 그로 업

0510. 갈아타는 데가 어디입니까?
Where do I transfer?
웨어 두 아이 트랜스훠

0511. 어느 학교에 다니고 있습니까?
Where do you go to school?
웨어 두 유 고 투 스쿨

0512. 지금은 어디 사세요?
Where do you live now?
웨어 두 유 립 나우

0513. 매표소가 어디입니까?
Where is the booking office?
웨어리즈 더 부킹 오휘스

0514. 공중화장실이 어디 있어요?
Where is the public restroom?
웨어리즈 더 퍼블릭 뤠스트룸

0515. 태어나서 자란 곳이 어디입니까?
Where were you born and raised?
웨어 워 유 본 앤 뤠이즈ㄷ

0516. 어디에서 식사를 하고 싶으세요?
Where would you like to eat?
웨어 우쥬 라익 투 잇

Unit 03
의문사 [Who]

사람을 물을 때 사용하는 의문사이다. 일반적으로 당신이 누구냐 고 묻는 표현은 Who are you?이지만, 전화나 문 밖에서 초인종을 누를 때같이 보이지 않는 상대에게 누구냐고 묻는 경우에는 Who is it? / Who is (s)he? / Who's calling? 등으로 물어봐야 한다.

0517. 누구세요?
Who is it?
후 이즈 잇

0518. 누구 생각이야?
Whose idea was it?
후즈 아이디어 워짓

0519. 제일 좋아하는 선수가 누구예요?
Who is your favorite player?
후 이즈 유어 훼이버릿 플레이어

0520. 누구를 바꿔 드릴까요?
Who would you like to speak to?
후 우쥬 라익 투 스픽 투

0521. 누구시라고요? / 누구시죠?
Who's calling, please?
후즈 콜링, 플리즈

0522. 그밖에 누구를 만났습니까?
Who else did you meet?
후 엘스 디쥬 밑

0523. 어디에 근무하십니까?
Who do you work for?
후 두 유 웍 훠

0524. 지은이는 누구죠?
Who is the author?
후 이즈 디 어써

Unit 04
의문사 [What]

0525. 당신은 어때요?
What about you?
와러바웃 유

상대방의 기분이나 상태를 묻는 표현인데 친한 사이에 건넬 수 있음에 유의해야 한다.

0526. 오늘 날씨 어때요?
What's the weather like?
왓츠 더 웨더 라익ㅋ

0527. 별일 없으세요?
What's new?
왓츠 뉴

0528. 이건 재질이 뭐예요?
What's it made of?
왓츠 잇 메이덥

의문사 [What]

0529. 무슨 일 있나요?
What's the matter?
왓츠 더 매러

0530. 무슨 좋은 일 있어요?
What's the occasion?
왓츠 디 어케이션

0531. 점수가 어떻게 됐어요?
What's the score?
왓츠 더 스코어

0532. 뭔가 잘못됐나요?
What's wrong?
왓츠 롱

0533. 혈액형이 어떻게 됩니까?
What's your blood type?
왓츠 유어 블러드 타입

0534. 어떤 운동을 좋아하세요?
What's your favorite sport?
왓츠 유어 훼이버릿 스포트

0535. 취미가 무엇입니까?
What's your hobby?
왓츠 유어 하비

0536. 스미스 씨는 무슨 일을 하는 사람입니까?
What does Mr. Smith do?
왓 더즈 미스터 스미쓰 두

0537. 몇 시에 기상합니까?
What time do you get up?
왓 타임 두 유 게럽

0538. 전공이 뭡니까?
What's your major?
왓츠 유어 메이져

0539. 무엇을 도와드릴까요?
What can I do for you?
왓 캔 아이 두 풔 유

0540. 무슨 뜻이죠?
What do you mean?
왓 두 유 민

0541. 직업이 뭐죠?
What do you do for a living?
왓 두 유 두 풔 러 리빙

생업을 묻는 표현법으로서 정중하게 물을 땐 What kind of job do you have?라고 하면 된다.

의문사 [What]

0542. 어디가 아프세요?
Where does it hurt?
웨어 더짓 헐ㅌ

0543. 어떤 종류의 영화를 보고 싶으세요?
What kind of movie would you like to see?
왓 카인더브 무비 우쥬 라익 투 씨

0544. 술은 어떤 종류가 있습니까?
What sort of alcohol do you have?
왓 쏠터브 앨콜 두 유 햅

0545. 어떤 일을 하고 있습니까?
What line of business are you in?
왓 라이너브 비지니스 아 유 인

Unit 05
의문사 [Which]

의문사 which는 '어떤, 어느'라는 의미로 주로 여러 개 중에서 하나를 선택하거나 형태나 종류를 선택하는 의문문에 사용한다.

0546. 어느 학교에 다니고 있습니까?
Which school do you go to?
위치 스쿨 두 유 고 투

0547. 어떤 상표(브랜드)가 가장 좋아요?
Which brand is the best?
위치 브랜드 이즈 더 베슷ㅌ

0548. 어느 색깔이 저한테 어울릴까요?
Which color looks better on me?
위치 컬러 룩스 베러 온 미

0549. 잡지 코너는 어디에 있어요?
Which section are magazines in?
위치 섹션 아 매거진스 인

0550. 어떤 스타일로 해 드릴까요?
Which style would you like?
위치 스타일 우쥬 라익

0551. 어느 팀을 응원합니까?
Which team do you support?
위치 팀 두 유 서폿ㅌ

Unit 06
의문사 [Why]

0552. 왜? / 어째서?
Why not?
와이 낫

> 이유를 묻는 표현법으로서 미국에서는 Why not?보다 How come?을 즐겨 사용하는 편이다.

0553. 왜 이 회사를 지망하셨습니까?
Why did you apply to this company?
와이 디쥬 어플라이 투 디스 컴퍼니

의문사 [Why]

0554. 왜 어제 전화하지 않았니?
Why didn't you call me yesterday?
와이 디든츄 콜 미 예스터데이

0555. 왜 직업을 바꾸려 합니까?
Why do you plan to change your job?
와이 두 유 플레인 투 췌인지 유어 잡

0556. 왜 늦었습니까?
Why are you late?
와이 아 유 레잇ㅌ

0557. 내일 우리 집에 오지 않을래요?
Why don't you come to my house tomorrow?
와이 돈츄 컴 투 마이 하우스 투마로우

> A : Why don't you come over?
> B : O.K. I'll be there in ten minutes.
> 언제 올 겁니까?
> 알았습니다. 10분 안에 갈게요.

Unit 07
의문사 [How]

0558. 이건 어떠십니까?
How about this one?
하우 어바웃 디스 원

0559. 어떻게 지내세요?
How are you doing?
하우 아 유 두잉

0560. 여기 생활은 어떠세요?
How are you enjoying it here?
하우 아 유 인조잉 잇 히어

0561. 차는 어떻게 할까요?
How would you like your tea?
하우 우쥬 라익 유어 티

0562. 스테이크는 어떻게 익혀 드릴까요?
How do you want your steak?
하우 두 유 원ㅌ 유어 스테익ㅋ

0563. 얼마나 걸릴까요?
How long will it take?
하우 롱 윌 잇 테익

0564. 몇 분이십니까?
How many, sir?
하우 매니 썰

의문사 [How]

'어떻게'라는 의미를 가지는 의문사이다. 방법뿐 아니라 정도, 양, 상태, 느낌 등을 물을 때도 사용된다. 의문문을 만들 때 how가 단독으로 쓰이는 경우도 있지만 <how + 형용사/부사>가 함께 의문사 역할을 하는 경우도 많다. how old, how many, how much, how long, how far 등이 있다.

0565. 날씨가 어때요?
How's the weather?
하우즈 더 웨더

0566. 이거 얼마예요?
How much is it?
하우 머취 이즈 잇

> 달리 표현하면 How much will it cost? 혹은 How much does it cost?라고 해도 무방하다.

0567. 맛이 어떻습니까?
How does it taste?
하우 더즈 잇 테이슷ㅌ

0568. 한국음식 어떻게 생각하세요?
How do you like Korean food?
하우 두 유 라익 코리언 후드

0569. 왜죠?
How come?
하우 컴

0570. 얼마나 비쌉니까?
How expensive is it?
하우 익스펜씨브 이즈 잇

0571. 저 몇 살처럼 보여요?
How old do I look?
하우 올드 두 아이 룩

0572. 그동안 어떻게 지내셨어요?
How have you been?
하우 해뷰 빈

0573. 헤어스타일 어떻게 해 드릴까요?
How would you like your hair style?
하우 우쥬 라익 유어 헤어 스타일

Unit 08 선택의문문

0574. 차와 커피 중 어떤 걸 좋아하세요?
Which would you prefer, tea or coffee?
위치 우쥬 프리풔 티 오어 커피

0575. 우선 커피와 차 중 무얼 드시겠습니까?
What would you like to drink first, coffee or tea?
왓 우쥬 라익 투 드링ㅋ 훠숫ㅌ 커피 오어 티

0576. 흡연석을 원하십니까? 아니면 금연석을 원하십니까?
Do you want the smoking or non-smoking section?
두 유 원ㅌ 더 스모킹 오어 넌 스모킹 섹션

선택의문문

0577. 카레는 어떤 걸로 하시겠습니까? 매운 것과 순한 것이 있는데요.
Which kind of curry do you like, spicy or mild?
위치 카인더브 커리 두 유 라익 스파이시 오어 마일드

0578. 이 법에 찬성하세요, 반대하세요?
Are you for or against this law?
아 유 풔 오어 어겐슷ㅌ 디스 로우

Unit 09
부정의문문

0579. 민수 씨 댁 아닙니까?
Isn't this the Min-Su residence?
이즌 디스 더 민수 레지던스

0580. 춥지 않으세요?
Aren't(= Are) you cold?
안ㅌ(= 아) 유 콜드

0581. 학생이 (아니)세요?
Are(= Aren't) you a student?
아(= 안ㅌ) 유 어 스튜던ㅌ

0582. 영화 좋아하지 않으세요?
Don't you like movies?
돈츄 라익 무비스

0583. 점심 안 드셨어요?
Didn't you have lunch?
디든츄 햅 런치

0584. 그 사람 의사 아닌가요?
Isn't he a doctor?
이즌 히 어 닥터

0585. 그 사람 오지 않나요?
Isn't he coming?
이즌ㅌ 히 커밍

0586. 남들에게 말하지 마세요.
Don't tell others.
돈 텔 아덜스

Unit 10
부가의문문

0587. 날씨가 고약하지요?
Dreadful weather, isn't it?
드레드풀 웨더 이즌 잇

0588. 당신이 저보다 6개월 선배 맞죠?
You're 6 months older than I, aren't you?
유어 씩스 먼쓰 올더 댄 아이 안츄

부가의문문

부가의문문은 문장의 끝에 의문문의 생략형을 붙이는 표현으로 상대방에게 동의를 구하거나 반응을 원할 때 자연스럽게 붙이는 말이다. 우리말로 '그렇지, 그렇지 않니' 정도의 뉘앙스를 띤다. 앞이 긍정이면 뒤는 부정, 앞이 부정이면 뒤는 긍정으로 표현한다.

0589. 영화를 좋아하지 않으신가요?
You don't like movies, do you?
유 돈 라익 무비스 두 유

0590. 봤죠?
You saw it, didn't you?
유 쏘 잇 디든츄

0591. 덥네요.
It's very hot, isn't it?
잇츠 베리 핫 이즌 잇

0592. 재미있을 것 같지 않아요?
Looks like fun, doesn't it?
룩스 라익 훤 더즌 잇

0593. 안 드셨어요?
You haven't eaten, have you?
유 해븐 이튼 해뷰

Chapter 04 부탁·요청을 할 때의 응답

please는 양해를 구하거나 부탁을 할 때 그리고 정중하게 말을 할 때 만능으로 쓴다. Coffee, please.(커피 주세요.) / May I see your passport, please?(여권 좀 보여주시겠어요?) / A wake-up call, please.(모닝콜 좀 부탁합니다.) / I'd like to rent a car, please.(차를 빌리고 싶은데요.) / Check, please.(계산서, 부탁합니다.) 등뿐만 아니라 전화통화를 할 때도 How's calling, please?(누구십니까?) / Hold on, please.(잠깐 기다리세요.) / Hang on, please.(끊지 마세요.) 등으로 활용된다.

> Do you mind if I ask you a favor?

> No, not at all.

Conversation

부탁 좀 드려도 될까요?
예, 그러세요.

Sentence Patterns

- May I ask you a favor?
- I'm counting on you.
- What can I do for you?
- Would you give me a hand?
- Give me a break!(= Give me a chance.)

Unit 01

긍정적으로 대답할 때

0594. **좋아요.**
Sure.
슈어

0595. **좋아.**
Fine.
화인

0596. **기꺼이 그러죠.**
I'd be glad to.
아이드 비 글래드 투

0597. **알겠습니다.**
Yes, sir.
예스, 썰

0598. **맞습니다.**
Exactly.
이그잭틀리

0599. **그렇습니다(알겠습니다).**
I see.
아이 씨

0600. **예.**
Yes.
예스

긍정적인 대답은 대표적으로 Yes.와 OK.가 있다. 그 외에도 Of course. / You're right. / I think so, too. / With pleasure. / Absolutely. 등의 여러 표현을 다양하게 사용해 보자.

0601. **네, 부탁합니다.**
Yes, please.
예스, 플리즈

0602. **네, 그렇게 합시다.**
Yes, let's.
예스, 렛츠

0603. **전적으로 말씀하신 대로입니다.**
You said it.
유 쌔딧

0604. **물론이죠.**
Of course.
업 콜스

0605. **기꺼이 할게요.**
With pleasure.
위드 플레져

0606. **저도 그렇게 생각합니다.**
Yes, I think so.
예스 아이 씽 쏘

긍정적으로 대답할 때

0607. 저도 같은 의견입니다.
That's my opinion, too.
댓츠 마이 오피년 투

0608. 그렇군요.
I got it.
아이 가릿

Unit 02

부정적으로 대답할 때

0609. 아니오.
No.
노

0610. 한 번도 없어요.
I never have.
아이 네버 햅

0611. 아니, 지금은 됐어요(안 됩니다).
No, not now, thanks.
노 낫 나우 쌩즈

0612. 유감스럽지만, 안 되겠어요.
I'm afraid not.
아임 어흐레이드 낫

0613. 미안하지만 그렇게는 안 되겠는데요.
I'm sorry, but I can't do it.
아임 쏘리 벗 아이 캔트 두 잇

0614. 그건 몰랐습니다.
I didn't know that.
아이 디든 노우 댓

0615. 그건 금시초문입니다.
That's news to me.
댓츠 뉴스 투 미

0616. 그렇지 않아요.
No, sir.
노 썰

0617. 불가능해요.
That's impossible.
댓츠 임파서블

0618. 그렇게 생각하지 않아요.
I don't think so.
아이 돈 씽 쏘

0619. 아무것도 아니에요.
Don't mention it.
돈 멘셔닛

부정의 대답 역시 아주 다양하다. 정중한 사양의 의미인 No, thanks.부터 강한 부정의 의미인 Never. / Absolutely not. / It can't be possible.까지 뉘앙스도 다양하다는 것을 기억해 두자.

부정적으로 대답할 때

0620. 아직요.
Not yet.
낫 옛

0621. 물론 안 됩니다.
Of course not.
업 콜스 낫

Unit 03
불확실하게 대답할 때

0622. 있을 수 있어요(그럴 수 있어요).
It's possible.
잇츠 파써블

0623. 그럴지도 모르겠어요.
You could be right.
유 쿠드 비 롸잇

0624. 아마도.
Maybe.
메이비

0625. 그렇대요.
So I hear.
쏘 아이 히어

0626. ~라고 합니다.
I hear ~
아이 히어~

0627. 그러기를 바라요.
I hope so.
아이 홉 쏘

0628. 그건 경우에 따라 다릅니다.
That depends.
댓 디펜즈

Unit 04
의심을 갖고 대답할 때

0629. 어떨지 몰라. 그렇지 않을걸.
I doubt it.
아이 다우릿

0630. 믿을 수 없어.
I can't believe it.
아이 캔트 빌리브 잇

0631. 정말로?
Really?
륄리

의심을 갖고 대답할 때

0632. <u>본심이야?</u>
Are you serious?
아 유 시리어스

0633. <u>이상하군요.</u>
Isn't it funny?
이즌 잇 훠니

0634. <u>예, 하지만 의심스럽군요.</u>
Yes, but I doubt that.
예스 벗 아이 다웃 댓

'의심하다, 의문을 갖다'라는 의미의 동사는 doubt이다. 여기에서 b는 묵음이어서 발음하지 않는다. no doubt은 의심을 하지 않는 것이므로 '아마 ~일 것이다, 틀림없이 ~일 것이다, 의심의 여지없이 ~이다' 등으로 해석할 수 있다.

Chapter 05
맞장구를 칠 때

Why not?에는 크게 두 가지의 용법이 있는데 ① 부탁·요청을 받은 후 응답할 때 쓰이는 경우, '물론, 당연'의 뜻을 가진다. 또한 타인으로부터 권유받고 난 후에 '부탁합니다, 고맙습니다'라는 말을 표현할 때에도 사용된다. ② 상대방이 부정적으로 묻는 질문에 대해 반론을 할 때 이유를 되묻는 표현으로 쓰인다. 그러나 Why not ~?에서처럼 권유나 제안의 의문문에서는 '~이 어때?'라는 표현으로 사용된다는 점에 유의해야 할 것이다.

You can't leave the office for personal business.

Why not?

Conversation
개인적인 이유로 사무실을 떠나서는 안 됩니다.
왜 안 됩니까?

How about going for a swim this afternoon?

Sure, why not?

Conversation
오늘 오후에 수영하러 가는 것이 어때?
물론, 좋지.

Sentence Patterns

- Yes, I am.
- That's right.
- You said it.
- Sure.
- You got it.
- That's it exactly.

Unit 01

확신을 할 때의 맞장구

0635. 맞아요.
That's right.
댓츠 롸잇

0636. 바로 그겁니다. / 맞아요.
That's it.
댓츠 잇

0637. 물론이죠.
Of course.
업 콜스

0638. 틀림없어.
Sure.
슈어

0639. 확신해요.
I'm positive.
아임 파저티브

0640. 당연하죠.
Absolutely.
앱썰루틀리

0641. 동의합니다.
I agree.
아이 어그뤼

0642. 저도 그래요.
So do I.
쏘 두 아이

0643. 네, 그게 바로 제 생각입니다.
Yes, that's what I mean.
예스 댓츠 와라이 민

0644. 사실이에요.
That's true.
댓츠 트루

0645. 확실해요.
Certainly.
써튼리

0646. 좋아요.
Fine.
화인

0647. 그거 좋군요.
That's good.
댓츠 굿

상대가 한 말을 긍정적으로 받아들이고 싶을 때는 That's right. / Indeed. / Sure. 등을 사용하여 맞장구를 칠 수 있다.

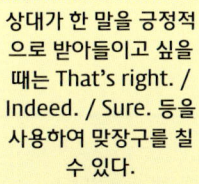

확신을 할 때의 맞장구

0648. 좋은 생각이에요.
That's a good idea.
댓쳐 굳 아이디어

0649. 예, 그렇고말고요.
Yes, indeed.
예스 인디드

Unit 02
애매하게 맞장구칠 때

0650. 아마도.
Maybe.
메이비

0651. 그럴지도 모르겠어요.
Could be.
쿠드 비

0652. 그럴 거라고 생각합니다.
I suppose so.
아이 써포즈 쏘

0653. 그렇기를 바랍니다.
I hope so.
아이 홉 쏘

0654. 저도 역시 그렇게 생각합니다.
Yes, I think so too.
예스 아이 씽 쏘 투

0655. 재미있겠군요.
That sounds interesting.
댓 사운즈 인터뤠스팅

Unit 03
긍정의 맞장구

0656. 그래요?
Really?
릴리

같은 표현으로 Indeed?라고 해도 무방하다.

0657. 그래요?
Are you sure?
아 유 슈어

0658. 그래요?
Is that so?
이즈 댓 쏘

0659. 그래요?
Is that right?
이즈 댓 롸잇

긍정의 맞장구

0660. 어머, 그래요?
Oh, yeah?
오 예

0661. 아, 그러셨어요?
Oh, did you?
오 디드 유

0662. 그래요?
Have you?
해 뷰

Unit 04
부정의 응답

0663. 설마! / 그럴 리가요!
Not really!
낫 륄리

0664. 그럴 리가요!
You don't say!
유 돈 쎄이

0665. 아니오, 그렇게 생각지 않아요.
No, I don't think so.
노 아이 돈 씽 쏘

0666. 그래요? 저도 좋아하지 않습니다.
Oh yeah? Neither do I.
오 예 니더 두 아이

0667. 모르겠어요.
I don't know.
아이 돈 노우

0668. 확실히 모르겠어요.
I'm not sure.
아임 낫 슈어

0669. 참 안됐네요.
That's too bad.
댓츠 투 배드

0670. 그건 무리예요.
It's impossible.
잇츠 임파써블

상대의 말을 부정하고 싶을 때는 I don't think so. / It's not true. / Never. 등의 표현을 사용할 수 있다.

Unit 05
이해를 구할 때

0671. 아시겠어요?
You see(= know)?
유 씨(= 노우)

0672. 제 의도를 아시겠어요?
You know what I mean?
유 노우 와라이 민

0673. 제 말을 이해하시겠어요?
Can you understand what I'm saying?
캔 유 언더스탠드 와라임 쎄잉

0674. 내가 한 말을 이해할 수 있겠습니까?
Do you follow me?
두 유 활로우 미

0675. 당신 기분이 어떤지 알겠어요.
I know how you feel.
아이 노우 하우 유 휠

0676. 네, 말씀하시는 뜻을 알겠습니다.
Sure, I understand what you mean.
슈어 아이 언더스탠드 왓 유 민

Unit 06
잠시 생각할 때

let은 '~하게 두다, ~하도록 허락하다' 등의 의미를 가진 사역동사이다. let 뒤에 오는 동사는 원형으로 써야 한다.

0677. 글쎄.
Well.
웰

0678. 글쎄(어디 보자).
Let me see.
렛 미 씨

0679. 참, 뭐더라.
Well, let me see.
웰 렛 미 씨

0680. 거 뭐랄까?
What shall I say?
왓 쉘 아이 쎄이

0681. 내 말 뜻은 ~
What I mean is ~
왓 아이 미니즈~

0682. 좀 생각해 보기로 하죠.
Let me think about it.
렛 미 씽 커바우릿

Chapter 06 이해와 확인을 요청할 때

상대방에게 의도를 확인하는 문장이나 동의를 구하는 문장 표현은 아주 다양하다. 실제 외국인과 대화를 나누다 보면 미국인이 비영어권 사람에게 You got it? / You know what I'm saying?으로 묻는 것을 자주 접하게 된다. 비즈니스를 하거나 협상을 할 때 자신의 의견이나 의사를 분명하게 전달할 필요가 있으며, 또한 제대로 이해해야만 원만한 진척이 이루어진다. 따라서 항상 확인하는 습관을 갖되 자칫 무례하게 느껴질 수도 있다는 점에 유의하자.

The meeting is waiting to proceed. Do you know what I'm saying?

I understand perfectly.

Conversation

그 회의는 진행을 못 해 안달이 났어요. 내가 말하는 걸 아시겠어요?
잘 알고 있습니다.

Sentence Patterns

- Are you following me?
- Are you with me?
- Do you understand?
- Do you know what I mean?
- You got it?
- Is that clear?
- You know what I'm saying?

Unit 01
이해를 확인할 때

0683. 이해하시겠어요?
Do you understand it?
두 유 언더스탠딧

0684. 제 말 뜻을 이해하시겠어요?
Do you understand what I mean?
두 유 언더스탠드 와라이 민

0685. 제가 한 말을 알겠어요?
Do you understand what I'm saying?
두 유 언더스탠드 와라임 쎄잉

0686. 지금까지 제가 한 말을 이해하시겠어요?
Are you with me so far?
아 유 윗미 쏘 화

0687. 사정(내용)을 알았습니까?
Do you get the picture?
두 유 겟 더 픽쳐

0688. 제가 하는 말 알겠습니까?
Are you following me?
아 유 팔로잉 미

0689. 내가 말하는 의미를 알겠어요?
You know what I mean?
유 노우 와라이 민

0690. 무슨 뜻인지 이해하시겠어요?
Do you understand the meaning?
두 유 언더스탠드 더 미닝

Unit 02
이해를 했을 때

0691. 이해했어요.
I understand.
아이 언더스탠드

0692. 아, 알겠습니다.
Oh, I've got it.
오 아이브 가릿

0693. 아, 알겠어요.
Oh, I see.
오 아이 씨

0694. 알겠군요.
I get the picture.
아이 겟 더 픽쳐

이해를 했을 때

0695. 이해가 되는군요.
It makes sense to me.
잇 메익 쎈스 투 미

> makes sense는 '이해가 되다, 의미가 통하다'라는 뜻이다

0696. 아! 무슨 말씀인지 알겠습니다.
Oh! I see you mean.
오 아이 씨 유 민

0697. 와, 그러니까 감이 잡히는군요.
Wow, that really tells a story.
와우 댓 릴리 텔져 스토리

0698. 이해할 만하군요.
That's understandable.
댓츠 언더스탠더블

0699. 당신의 입장을 이해합니다.
I understand your position.
아이 언더스탠드 유어 포지션

Unit 03
이해를 못 했을 때

0700. 이해가 안 됩니다.
I don't understand.
아이 돈 언더스탠드

0701. 무슨 말을 하는지 모르겠어요.
I don't follow you.
아이 돈 활로우 유

0702. 이해하기 어렵군요.
It's tough to figure.
잇츠 터프 투 피규어

> figure는 understand와 같은 의미로 사용되었다.

0703. 도무지 감이 잡히질 않습니다.
I can't get the hang of it.
아이 캔트 겟 더 행 어빗

0704. 무슨 말인지 전혀 모르겠어요.
You're confusing me too much.
유어 컨퓨징 미 투 머취

0705. 당신 말씀을 이해할 수 없습니다.
I couldn't make out what you mean.
아이 쿠든 메이카웃 왓 유 민

0706. 그걸 전혀 이해할 수가 없군요.
I can't make heads or tails of it.
아이 캔트 메익 해즈 오어 테일즈브 잇

0707. 그건 이해가 안 되는군요.
It's out of my depth.
잇츠 아웃 오브 마이 뎁

Chapter 07

대화가 막혔을 때

흔히 이러한 표현은 말문이 막힐 때 습관적으로 주저하는 표현법이다. 또한 Well(그러니까)이나 I mean ~(그건 말이죠)처럼 화제를 바꾸거나 잠시 시간적인 여유를 찾기 위한 표현으로도 활용된다. 말을 조금 끌어 준다든지, 아니면 잠시 생각해 본다든지 등의 언어습관은 상대방에게 답답함을 유발할 수 있기 때문에 상황이나 상대에 따라 적절하게 사용해야 한다.

Who is the best salesman in your office these days?
Well, let me see ... I guess Bill Duncan is.

Conversation

요즘 당신 회사에서는 누가 최고의 세일즈맨인가요?
글쎄요, 빌 던컨이라고 생각되네요.

Sentence Patterns

- Let's see.
- Let me see.
- Let me check.
- I'll find out for you.
- Let me think (about that a minute).

Unit 01
말이 막힐 때

0708. 음 …
Well ...
웰

0709. 에 …
Er ...
얼

0710. 글쎄, 어디 생각해 봅시다.
Well, let me see.
웰 렛 미 씨

0711. 글쎄요, 사실
Well, actually,
웰 액츄얼리

0712. 거 뭐라고 말할까?
What shall I say?
왓 쉘 아이 쎄이

0713. 그게 뭐지?
(Oh,) What is it?
(오) 와리즈 잇

0714. 있잖아요.
You know,
유 노우

0715. 확실하진 않지만, ~
I am not sure, but ~
아이 앰 낫 슈어 벗~

0716. 글쎄, 제 말은 ~
Well, what I mean is ~
웰 와라이 민 이즈~

0717. 실은,
As a matter of fact,
애져 매러 어브 홱트

0718. 오, 이런! 그게 뭐지?
Oh, dear! What is it?
오 디어 와리즈 잇

0719. 제가 어디까지 말했죠?
Where was I?
웨어 워즈 아이

0720. 그걸 어떻게 말해야 될까요?
How can I say it?
하우 캔 아이 쎄이 잇

It's on the tip of my tongue.은 뭔가 생각이 날 듯 말 듯 입에서 말이 맴돌 때 쓰는 재미있는 표현이다.

말이 막힐 때	0721. 우리가 어디까지 이야기했죠? **Where were we?** 웨어 워 위

Unit 02
말을 꺼내거나 주저할 때

0722. 있잖아요,
I tell you what,
아이 텔 유 왓

0723. 있잖아요(알다시피),
You know,
유 노우

0724. 생각 좀 해 보고요.
Let me think.
렛 미 씽ㅋ

0725. 음, 그걸 어떻게 말해야 될까요?
Well, how should I say it?
웰 하우 슈드 아이 쎄잇

0726. 말하자면,
I would say,
아이 우드 쎄이

Unit 03
적당한 말이 생각나지 않을 때

0727. 뭐라고 말할까?
What shall I say?
왓 쉘 아이 쎄이

0728. 뭐라고 했지? 그래 맞아 ~
What was I going to say? Ah, yes ~
왓 워즈 아이 고잉 투 쎄이 아 예스

> going to는 [고잉 투] 혹은 [고인 투]로 발음되며 연음되어 [거나]로 발음되기도 한다.

0729. 뭐라고 말하면 좋을까?
What's the word I want?
왓츠 더 월ㄷ 아이 원ㅌ

0730. 무슨 말을 하려고 했지?
What was I saying?
왓 워즈 아이 쎄잉

0731. 맞아, 이래요.
It's like this, you see.
잇츠 라익 디스 유 씨

0732. 자, 글쎄요.
Well, let me see now.
웰 렛 미 씨 나우

적당한 말이 생각나지 않을 때

0733. 오, 그게 뭐더라?
Oh, what is it?
오 와리즈 잇

0734. 잊어버렸습니다.
I've forgotten.
아이브 휘가튼

0735. 지금 당장 생각이 안 나는군요.
I can't think of it offhand.
아이 캔ㅌ 씽 어빗 엎핸드

0736. 뭐라고 그러죠? 모르겠네요.
What is it called? I don't know.
왓 이즈 잇 콜드 아이 돈 노우

0737. 지금 기억이 나질 않군요.
I can't remember now.
아이 캔ㅌ 리멤버 나우

0738. 지금 당장 생각이 나질 않아요.
Would you mind repeating that?
우쥬 마인드 리피딩 댓

0739. 죄송합니다만, 뭐라고 그러셨죠?
Sorry, what did you say?
쏘리 왓 디쥬 쎄이

Unit 04
말하면서 생각할 때

0740. 생각 좀 해 보고요.
Let me think.
렛 미 씽ㅋ

0741. 확실하지 않지만, ~이라고 생각합니다.
I don't know exactly, but I suppose ~
아이 돈 노우 이그잭틀리 벗 아이 써포즈~

0742. 아 제 기억이 옳다면,
If I remember correctly,
이프 아이 리멤버 커렉틀리

0743. 잘 기억나지 않지만,
Well, I don't remember exactly,
웰 아이 돈 리멤버 이그잭틀리

0744. 말하자면,
I would say,
아이 우드 쎄이

0745. 분명하지 않지만,
I'm not sure,
아임 낫 슈어

Part 2 회술 표현

93

말하면서 생각할 때

0746. 굳이 말한다면,
If I really had to give an answer,
이프 아이 릴리 해 투 기번 앤써

Unit 05
말을 재촉할 때

0747. 빨리 말씀하세요.
Tell me quickly.
텔 미 퀴클리

0748. 할 말이 있으면 하세요.
Say what's on your mind.
쎄이 왓츠 온 유어 마인드

0749. 이유를 말해 보세요.
Tell me why.
텔 미 와이

0750. 하고 싶은 말을 하세요.
Say what you want to say.
쎄이 왓 유 원 투 쎄이

0751. 누가 그랬는지 말해 보세요.
Tell me who has said so.
텔 미 후 해즈 쎄드 쏘

0752. 그래서 당신은 뭐라고 했습니까?
And what did you say?
앤드 왓 디쥬 쎄이

0753. 제발 말해 주세요.
Do tell me.
두 텔 미

대화를 꺼내거나 화제를 바꾸고 싶을 때

대화 도중 흥미가 없을 경우나 상대방이 별로 관심이 없는 얘기를 지루하게 계속할 때 화제를 바꾸는 표현을 알아보자. 직접적으로 Let's change the subject.(화제를 바꿉시다.), / Let's talk about it later.(그 얘기는 나중에 합시다.)라고 표현할 수 있다. 또한 I don't want to talk about it anymore.(더 이상 그 이야기는 하고 싶지 않아.)처럼 직접적으로 강하게 이야기할 수도 있다. 우회적인 문장 표현도 함께 알아두면 편리할 것이다.

Do you need any paper supplies this month?

We need a case of copier paper, and, by the way, a box of large index cards.

Conversation

이번 달에 종이류가 필요한가요?
복사용지 한 박스, 그리고 하는 김에 인덱스 카드 한 상자 부탁합니다.

How was Bill when you saw him?

He was fine. By the way, have you received a letter from him yet?

Conversation

빌을 만났을 때 빌은 어땠어?
건강하던데. 그런데 벌써 그에게서 편지 받았니?

Sentence Patterns

- Well, …
- Let's talk about it later.
- Let's change the subject.
- Now, …
- Let's drop the subject.

Unit 01
대화의 시도

0754. 스포츠에 대해 얘기합시다.
Let's talk about sports.
렛츠 토커바웃 스폿츠

0755. 무언가 재미있는 것을 생각해 봅시다.
Let's think of something nice to talk about.
렛츠 씽커브 썸씽 나이스 투 토커바웃

0756. 당신에게 말하고 싶은 게 있는데요.
Let me tell you something.
렛 미 텔 유 썸씽

0757. 전부터 물어보려고 했어요.
I've been meaning to ask you.
아이브 빈 미닝 투 애스큐

0758. 이야기가 좀 있는데요?
Could I have a word with you?
쿠드 아이 해버 월 위듀

0759. 들어 봐요.
Guess what?
게스 왓

0760. 이것은 당신과 나만의 이야기인데요.
This is between you and me.
디스 이즈 비트윈 유 앤 미

Unit 02
화제를 바꿀 때

'화제를 바꾸다'는 change the subject 혹은 change the topic 이다. 이 구절을 이용하여 다양한 문장을 만들 수 있다. 혹은 직접적으로 말하지 않고 By the way(그건 그렇고)를 사용하여 화제를 전환할 수도 있다.

0761. 화제를 바꿉시다.
Let's change the subject.
렛츠 체인지 더 써브젝트

0762. 뭔가 다른 이야기를 합시다.
Let's talk about something else.
렛츠 톡 어바웃 썸씽 엘스

0763. 화제를 바꾸지 마세요.
Don't change the subject.
돈 체인지 더 써브젝트

0764. 주제를 바꿉시다.
Let's change the topic.
렛츠 체인지 더 토픽

0765. 좀 더 재미있는 화제로 바꾸죠.
Let's change the subject to a more pleasant one.
렛츠 체인지 더 써브젝 투 어 모어 플레즌트 원

화제를 바꿀 때

0766. 새로운 화제로 넘어갑시다.
Let's go on a new topic.
렛츠 고우 오너 뉴 타픽

0767. 여행에 관한 얘기로 옮깁시다.
Let's move on to the subject of travel.
렛츠 무 본 투 더 써브젝터브 트래블

0768. 그런데,
By the way,
바이 더 웨이

0769. 그건 다른 이야기잖아요.
That's another question.
댓츠 어나더 퀘스쳔

0770. 제가 한 말을 취소하겠습니다.
I'll take back my words.
아일 테익 백 마이 월즈

Unit 03
대화 도중에 쓸 수 있는 표현

0771. 예를 들면,
For example,
풔 이그잼플

같은 의미로 For instance / Taking an example 등이 있다.

0772. 내 말은,
I mean,
아이 민

0773. 제 뜻은 ~
What I mean is ~
와라이 민 이즈

0774. 지금 제가 말하고 있는 것은 ~
What I'm saying is ~
와라임 쎄잉 이즈

0775. 제가 말씀드리고자 하는 것은 ~
What I'm trying to say is ~
와라임 트라잉 투 쎄이 이즈

0776. 좋습니다.
O.K. All right.
오케이. 올 라잇

0777. 일반적으로 말하면,
Generally speaking,
제너럴리 스피킹

대화 도중에 쓸 수 있는 표현

0778. 구체적으로 말하면,
Specifically speaking,
스퍼씨휘클리 스피킹

0779. 솔직히 말하면,
Frankly speaking,
프랭클리 스피킹

0780. 알아요?
You see(= know)?
유 씨(= 노우)

0781. 정확하죠?
Correct?
커렉트

0782. 맞죠?
Right?
롸잇

0783. 내 말 맞아요?
Am I right?
앰 아이 롸잇

0784. 동의해요?
Do you agree?
두 유 어그뤼

0785. 그 말 이치에 맞죠?
Does that make sense?
더즈 댓 메익 쎈스

0786. 방금 전에도 말씀드린바 있었듯이,
As I was saying,
애즈 아이 워즈 쎄잉

0787. 그러나 어쨌든,
But anyway,
벗 애니웨이

Unit 04
간단히 말할 때

0788. 간단히 말해!
Cut it short!
커딧 숄트

0789. 본론을 말씀하세요.
Just tell me your point.
저슷 텔 미 유어 포인트

0790. 바로 요점을 말하세요.
Get right down to business.
겟 롸잇 다운 투 비지니스

간단히 말할 때

0791. <u>요점을 말씀드리자면 ~</u>
Coming to the point ~
커밍 투 더 포인트

0792. <u>요점을 말하십시오.</u>
Come to the point.
컴 투 더 포인트

Part 3

의견 표현
Expressions of Opinion

자신의 의견이나 견해를 나타낼 경우에는 분명한 입장을 취하는 것이 중요하다. 그러나 상황에 따라 의견을 피력하는 것을 자제해야 할 경우가 있을 수 있으므로 관련 표현법을 익혀 두자.

Chapter 01 의견과 견해를 피력할 때

자기주장을 똑 부러지게 말하고 싶을 때는 My point is that ~ / Would you let me say something? 등을 쓰면 되고, 좀 더 신중하게 말하고 싶을 때는 as far as I can know(내가 알기로는) / as far as I'm concerned ~를 쓸 수 있다. 견해를 묻는 표현에는 What do you think of ~?이나 What do you think about ~?을 사용하는데 How do you feel ~?도 같은 표현이다.

Is July 4th a national holiday in the States?

As far as I know, it is. But I've never lived there.

Conversation

미국에서 7월 4일은 국경일이지요?
내가 알기로는 그렇습니다. 하지만 한 번도 살아본 적은 없습니다.

Sentence Patterns

- I think so.
- as far as I know
- as far as I'm concerned ~
- I hope so.
- to the best of my knowledge
- as far as I can remember ~

Unit 01
자신의 의견과 견해를 말하고자 할 때

0793. 제게는.
As for me,
애즈 풔 미

0794. 나에 대해서 말하자면,
As far as I'm concerned,
애즈 화 애즈 아임 컨썬ㄷ

0795. 내 생각은,
In my opinion,
인 마이 오피년

0796. 나는 ~라고 생각합니다.
I think ~
아이 씽ㅋ

0797. (분명히) ~라고 생각합니다.
I believe ~
아이 빌리브

0798. 제 생각을 말하겠습니다.
Let me say what I think.
렛 미 쎄이 와라이 씽ㅋ

> let은 구어체에서 상대방에게 허락을 구하는 표현으로 널리 사용된다.

0799. 제 의견을 말하겠습니다.
I'd like to express my opinion.
아이드 라익 투 익스프레스 마이 오피년

0800. 몇 가지 의견을 말하겠습니다.
I'd like to express some opinions.
아이드 라익 투 익스프레스 썸 오피년ㅅ

0801. 이 문제에 관해서 몇 가지 생각을 말씀드리겠습니다.
I'd like to give some thoughts on the subject.
아이드 라익 투 깁 썸 쏱ㅊ 온 더 써브젝ㅌ

0802. 요컨대 제가 말하고 싶은 것은 ~
My point is that ~
마이 포인티즈 댓

0803. 우선 반대하고 싶은 점은 ~
My first objection is that ~
마이 훠슷ㅌ 오브젝션 이즈 댓

0804. 제가 한 말씀 드리겠습니다.
Let me tell you something.
렛 미 텔 유 썸씽

0805. 제 말 좀 들어 보세요.
Please listen to me.
플리즈 리슨 투 미

> I think ~ 혹은 In my opinion ~은 자신의 의견을 말할 때 가장 흔하게 쓰이는 표현이다.

Unit 02
의견과 견해를 물을 때

0806. 이걸 어떻게 하면 될까요?
What should I do with this?
왓 슈드 아이 두 위드 디스

0807. 이걸 어떻다고 생각하세요?
What do you think about this?
왓 두 유 씽커바웃 디스

0808. 무슨 말을 하려는 거죠?
What would you like to say?
왓 우드 유 라익 투 쎄이

0809. 제게 설명 좀 해 주시겠어요?
Can you fill me in?
캔 유 필 미 인

0810. 그게 사실인가요?
Is it true?
이즈 잇 트루

0811. 그게 그런 건가요?
Is that so?
이즈 댓 쏘

0812. 그게 어때서 그렇습니까?
What's the matter with it?
왓츠 더 매러 위드 잇

0813. 자, 이제 어떡하면 되겠습니까?
Now, what am I going to do?
나우 와램 아이 고잉 투 두

0814. 잠깐 이야기 좀 할 수 있을까요?
You got a minute?
유 가러 미닛

0815. 제가 무엇을 했으면 합니까?
What do you want me to do?
왓 두 유 원 미 투 두

0816. 당신의 의견을 듣고 싶습니다.
I'd like to have your comment on it.
아이드 라익 투 해뷰어 커멘 오닛

0817. 정말 모른단 말인가요?
You mean you don't know?
유 민 유 돈 노우

0818. 이제 알겠어요?
You see that?
유 씨 댓

상대방의 의견을 물어 볼 때는 What do you think of ~? / How do you feel ~? 형태의 문형을 많이 쓴다. 말 그대로 '~에 대한 당신의 생각은 어떤가요?'라는 의미이다. 대답은 I think ~로 시작하는 것이 일반적이다.

의견과 견해를 물을 때

0819. 제 말 아시겠어요?
Do you understand what I mean?
두 유 언더스탠드 와라이 민

0820. 교복에 대해 어떻게 생각하세요?
How do you feel about school uniforms?
하우 두 유 필 어바웃 스쿨 유니폼즈

0821. 공통점이 뭔가요?
What do you have in common?
왓 두 유 해빈 커먼

0822. 하려는 말이 뭐죠?
What do you have in mind?
왓 두 유 해빈 마인드

0823. 어떻게 생각하세요?
What do you think?
왓 두 유 씽크

0824. 어떻게 뾰족한 수가 없을까요?
Isn't there any way out?
이즌ㅌ 데어 애니 웨이 아웃

0825. 당신은 어느 쪽 편입니까?
Which side are you on?
위치 싸이드 아 유 온

0826. 그게 확실한가요?
Are you sure about that?
아 유 슈어 어바웃 댓

0827. 그가 누구라고 생각하세요?
Who do you think he is?
후 두 유 씽 히 이즈

0828. 그 영화 어땠어요?
How did you like the movie?
하우 디쥬 라익 더 무비

0829. 영화 보러 가는 거 어떠세요?
How about going to the movies?
하우 어바웃 고잉 투 더 무비즈

Unit 03
의견에 대해 긍정할 때

0830. 흥미 있는 얘기입니다.
That sounds like fun.
댓 사운즈 라익 훤

0831. 문제없어요.
No problem.
노 프라블럼

Part 3 의견 표현

의견에 대해 긍정할 때

0832. **좋아요.**
Sounds great.
사운즈 그뤠잇ㅌ

> 달리 표현하면 Sounds good. 으로 활용하기도 한다.

0833. **이것으로 하겠어요.**
Well, I'll take this.
웰 아일 테익 디스

0834. **제가 그것을 보장합니다.**
I give my word on it.
아이 깁 마이 월드 온 잇

0835. **그럴 수도 있겠죠.**
Could be.
쿠드 비

0836. **그 일은 걱정하지 마세요.**
Don't worry about it.
돈트 워리 어바우릿

0837. **당신의 의견에 찬성입니다.**
I agree with your opinion.
아이 어그뤼 위듀어 오피년

0838. **당신이 좋으실 대로 선택하세요.**
I'd like you to choose.
아이드 라익 유 투 츄즈

0839. **그렇게 해 주실래요?**
Would you, please?
우쥬 플리즈

0840. **나는 그렇게 생각해요.**
I suppose so.
아이 써포즈 쏘

0841. **정말?**
Oh, really?
오 릴리

0842. **어떤 의미로는 그가 옳아요.**
In a way he's right.
인 어 웨이 히즈 롸잇

0843. **그렇게 말할 수도 있겠지요.**
You can put it that way.
유 캔 푸릿 댓 웨이

0844. **제가 보기에 그 아이디어는 아주 훌륭해요.**
The idea strikes me as a good one.
디 아이디어 스트라익스 미 애즈 어 굳 원

의견에 대해 긍정할 때

0845. 전 상관없어요.
It's all right by me.
잇츠 올 롸잇 바이 미

0846. 그건 의심의 여지가 없어요.
No doubt about it.
노우 다웃 어바우릿

0847. 둘 중 어떤 것이라도 좋아요.
Either will be fine.
이더 윌 비 화인

0848. 그 문제에 대해서는 저도 동감입니다.
I'm with you on that matter.
아임 위듀 온 댓 매러

0849. 저는 좋아요.
That's fine with me.
댓츠 화인 위드 미

0850. 당신이 옳은 것 같아요.
I'll bet you're right.
아일 벳 유어 롸잇

0851. 아, 알겠습니다!
I've got it!
아이브 가릿

0852. 아, 알겠어요. (비로소 알게 됐다는 의미)
Oh, I see.
오 아이 씨

0853. 아! 무슨 말인지 알겠어요.
Oh! I see what you mean.
오 아이 씨 왓 유 민

0854. 당신의 취지를 알겠어요.
I see your point.
아이 씨 유어 포인트

0855. 아, 이제 알았습니다.
It's easy to put two and two together.
잇츠 이지 투 풋 투 앤 투 투게더

0856. 그 정도면 충분합니다.
That's good enough.
댓츠 굳 이넢ㅎ

0857. 그렇게 하세요.
Go right ahead.
고우 롸잇 어헤드

see는 '보다'라는 의미 외에 '알다'라는 의미를 가지고 있어 의견에 대해 무슨 말인지 알겠다는 의미로 긍정할 때 자주 사용되는 동사이다.

Part 3 의견 표현

의견에 대해 긍정할 때

0858. 그거 괜찮겠군요.
That would be fine.
댓 우드 비 화인

0859. 물론, 기꺼이 그렇게 하겠습니다.
Sure, with pleasure.
슈어 위드 플레져

0860. 네, 그러지요.
Sure, I'd be glad to.
슈어 아이드 비 글래ㄷ 투

0861. 좋은 생각인 것 같습니다.
I think it's a good idea.
아이 씽 잇쳐 굳 아이디어

Unit 04
의견에 대해 부정할 때

0862. 누가 댁의 의견 따위를 물었나요?
Who asked for your two cents?
후 애스크ㅌ 풔 유어 투 센츠

0863. 그걸 뭐라고 꼬집어 말할 수는 없습니다.
I can't pinpoint it.
아이 캔ㅌ 핀포인트 잇

0864. 두고 봐야죠.
We'll have to wait and see.
위윌 햅 투 웨잇ㅌ 앤 씨

0865. 가망이 없어요.
Chances are slim.
챈시스 싸 슬림

가능성이 희박할 때 사용하면 된다.

0866. 저하고는 거리가 멉니다.
Far from it.
화 흐로밋

0867. 상관없어요.
That doesn't matter.
댓 더즌 매러

0868. 그건 사정에 따라 다르죠.
That all depends.
댓 올 디펜즈

0869. 반드시 그럴 필요는 없어요.
Not necessarily.
낫 네써쎄럴리

0870. 잘 모르겠는데요.
I'm afraid I don't know.
아임 어흐레이드 아이 돈 노우

의견에 대해 부정할 때

0871. 아니요, 도무지 감이 잡히지 않아요.
No, I can't get the hang of it.
노우 아이 캔트 겟 더 행 어빗

> get the hang of ~는 '~을 알다, 이해하다'라는 의미의 숙어이다.

0872. 내가 아는 한 그렇지 않습니다.
Not that I know of.
낫 댓 아이 노우 어브

0873. 저로서는 어쩔 수 없군요.
I can't help it.
아이 캔트 헬ㅎ 잇

0874. 반드시 그렇지는 않아요.
It is not necessarily so.
잇 이즈 낫 네쎄쎄럴리 쏘

0875. 그것도 역시 효과가 없을 거예요.
That won't do, either.
댓 원트 두 이더

0876. 하지 않는 것이 좋을 것 같아요.
I'm afraid I'd better not.
아임 어흐레이드 아이드 베러 낫

0877. 나는 그런 것에 개의치 않아요.
I just don't bother with it.
아이 저슷 돈 바더 위드 잇

0878. 기대하지 마세요.
Don't get your hopes up.
돈 게츄어 홉스 업

0879. 아직 결정을 못 했어요.
I haven't decided yet.
아이 해븐 디사이디드 옛

0880. 마음이 내키지 않아요.
I don't feel up to it.
아이 돈 휠 업 투 잇

0881. 이것은 결함이 있는 것 같아요.
I think this is defective.
아이 씽ㅋ 디스 이즈 디펙티브

0882. 그 건에 대해서 별로 관심이 없습니다.
I'm not very interested in the subject.
아임 낫 베리 인터뤠스티드 인 더 써브젝트

Unit 05
의견을 칭찬할 때

0883. 훌륭한 의견 감사합니다.
Thanks for the great idea.
쌩즈 풔 더 그뤠잇 아이디어

0884. 천만에요. 그 생각은 당신이 해낸 건데요.
Don't mention it. It was your idea.
돈 멘션 잇. 잇 워즈 유어 아이디어

0885. 당신 말에도 일리가 있어요.
You are partly right.
유 아 파틀리 롸잇

0886. 정말 좋은 생각이군요!
What a good idea!
와러 굳 아이디어

0887. 그거 좋은 생각 같군요.
That sounds like a good idea.
댓 싸운즈 라이커 굳 아이디어

0888. 그거 기상천외한 생각이군요!
That's a fantastic idea!
댓쳐 홴태스틱 아이디어

0889. 어떻게 그런 생각을 해내셨죠?
How did you come up with the idea?
하우 디쥬 컴 업 위드 디 아이디어

> come up with: 어떤 일을 생각해 내다, ~을 따라잡다

0890. 대단히 훌륭한 지적을 해 주셨습니다.
You made a very good point.
유 메이더 베리 굳 포인트

0891. 바로 그겁니다!
That's the way!
댓츠 더 웨이

0892. 맞았어요! / 바로 그겁니다!
You got it!
유 가릿

> That's it!과 동일한 표현법이다.

<what + a(n) + 형용사 + 명사 + 주어 + 동사>는 감탄문의 한 형태이다. 여기에서 주어 + 동사는 생략 가능하다. what 감탄문 외에 또 하나의 감탄문 종류는 바로 how 감탄문이다. how 감탄문은 what 감탄문과 순서가 조금 다르다. <How + 형용사 + 주어 + 동사>이다. 주어 + 동사 역시 생략 가능하다.

Chapter 02
동의와 찬반을 말할 때

That sounds good.은 상대방의 말에 찬성, 동의, 긍정을 나타내는 표현으로써 That's all right.과 동일한 표현이며, 또한 상황에 따라서는 That's correct. / That's true. 따위로 대용할 수도 있다. 대화를 나눌 때 이러한 표현을 활용하면 쉽게 친할 수 있을 뿐만 아니라 분명한 의사표현을 피력함으로써 타인에게 확실한 인상을 심어주게 된다.

I'll meet you at the corner of Madison and Vine.

All right. See you later.

Conversation
메디슨과 빈의 모퉁이에서 보자.
그래. 그럼 나중에 보자.

Sentence Patterns
- I agree with you.
- I'm with you!
- All right already!
- That sounds good!
- You're the boss!

Unit 01
동의할 때

0893. <u>좋은 생각입니다.</u>
That sounds good.
댓 사운즈 굿

0894. <u>동의합니다.</u>
I agree with you.
아이 어그뤼 위듀

0895. <u>당신에게 동의합니다.</u>
I'm with you.
아임 위듀

0896. <u>전적으로 동의합니다.</u>
I agree completely.
아이 어그뤼 컴플리틀리

0897. <u>예, 동의합니다.</u>
Yes, it's a deal.
예스 잇츠 어 딜

0898. <u>지당하신 말씀입니다!</u>
You said a mouthful!
유 쌔드 어 마우쓰훌

0899. <u>알았어요. 당신 말이 맞습니다.</u>
OK, OK. Point taken.
오케이 오케이 포인ㅌ 테이큰

0900. <u>이의가 없습니다.</u>
There is no objection on my part.
데어 이즈 노 오브젝션 온 마이 팔ㅌ

0901. <u>당신 말씀에 전적으로 동의합니다.</u>
I agree strongly with what you said.
아이 어그뤼 스트롱글리 위드 왓 유 쎄드

0902. <u>정말 그렇습니다.</u>
Exactly.
이그잭틀리

0903. <u>정말 옳습니다.</u>
That's true.
댓츠 트루

0904. <u>예, 물론이고말고요.</u>
Yes, of course.
예스 업 콜스

0905. <u>의심할 여지가 없습니다.</u>
No doubt about it.
노우 다웃 어바우릿

주로 '동의하다'라는 의미의 동사 agree를 활용할 수 있다. 사람에 대해서 동의한다고 말하려면 뒤에 전치사 with를 쓴다.

동의할 때

0906. **네, 그게 바로 제 생각입니다.**
Yes, that's what I mean.
예스 댓츠 와라이 민

Unit 02
부분적으로 동의할 때

0907. **백번 옳은 이야기입니다만,**
I couldn't agree more, but ~
아이 쿠든 어그뤼 모어 벗

0908. **~에 전적으로 동의하지는 않습니다.**
I don't entirely agree with ~
아이 돈 인타이얼리 어그뤼 위드

0909. **무슨 말씀인지는 알겠습니다마는,**
I see what you mean, but ~
아이 씨 왓 유 민 벗

0910. **무슨 말씀인지는 알겠습니다마는,**
I see your point, but ~
아이 씨 유어 포인트 벗

0911. **어느 정도는 그렇습니다마는,**
To a certain extent, yes, but ~
투 어 써튼 익스텐트 예스 벗

0912. **아마 맞을 겁니다마는,**
Yes, maybe(= perhaps), but
예스 메이비(= 퍼햅스) 벗

Unit 03
동감할 때

0913. **동감입니다.**
I feel the same way.
아이 휠 더 쌔임 웨이

0914. **그 점에 대해서는 저도 동감입니다.**
I'm with you on that.
아임 위듀 온 댓

0915. **전적으로 동감입니다.**
I couldn't agree with you more.
아이 쿠든 어그뤼 위듀 모어

0916. **저는 괜찮습니다.**
I don't mind.
아이 돈 마인드

Part 3 의견 표현

113

Unit 04

상대방이 옳고 자신이 틀렸다고 할 때

0917. 예, 아마 그 점에 대해서는 제가 틀렸습니다만.
(Yes,) Perhaps I'm wrong there. But ~
(예스) 퍼햅쓰 아임 롱 데어 벗

0918. 바로 그 말씀을 하시려는군요.
(Yes,) Perhaps you have a point (there).
(예스) 퍼햅쓰 유 해버 포인ㅌ (데어)

0919. 그건 생각해 보지 못했군요.
Yes, I hadn't thought of that.
예스 아이 해든 쏱 어브 댓

0920. 예, 물론입니다.
Yes, of course.
예스 업 콜스

0921. 미안합니다. 당신 말이 옳습니다.
Yes, sorry. You're (quite) right.
예스 쏘리 유아 (콰잇) 롸잇

0922. 당신 말이 충분히 옳은 이야기입니다.
You may well be right.
유 메이 웰 비 롸잇

Unit 05

찬성할 때

0923. 찬성합니다.
I'll buy that.
아일 바이 댓

0924. 그 계획에 찬성합니다.
I agree with the plan.
아이 어그뤼 위드 더 플랜

0925. 그것에 찬성합니다.
I'm in favor of it.
아임 인 훼이버브 잇

buy는 '사다'라는 뜻을 가진 기본 단어지만 '믿다, 받아들이다'라는 의미도 가지고 있다. 상대방의 말을 인정하고 받아들인다는 의미에서 I'll buy that.이 사용될 수 있음을 기억하자.

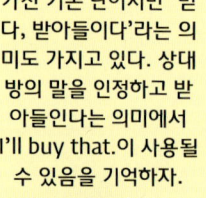

0926. 유감스럽지만, 찬성합니다.
I hate to say it, but I agree.
아이 헤잇 투 쎄이 잇 벗 아이 어그뤼

0927. 당신의 모든 의견에 찬성입니다.
I agree with you in all your views.
아이 어그뤼 위듀 인 올 유어 뷰스

0928. 한 가지 조건부로 그의 의견에 찬성합니다.
I agree with his opinion on one condition.
아이 어그뤼 위드 히즈 오피년 온 원 컨디션

찬성할 때

0929. 그의 의견에 무조건 찬성합니다.
I agree with him unconditionally.
아이 어그뤼 위드 힘 언컨디셔널리

0930. 계획에 대찬성입니다.
I'm all for your plan.
아임 올 풔 유어 플랜

Unit 06
반대할 때

0931. 그것에 반대합니다.
I'm against it.
아임 어겐슷ㅌ 잇

0932. 그 계획에 찬성할 수 없어요.
I can't agree to the plan.
아이 캔ㅌ 어그뤼 투 더 플랜

0933. 그 계획에는 반대합니다.
I'm opposed to the plan.
아임 어포우즈 투 더 플랜

0934. 그건 절대 반대입니다.
I'm absolutely against it.
아임 앱쏠루틀리 어겐슷ㅌ 잇

0935. 당신 말에 찬성할 수 없습니다.
I can't agree with your remarks.
아이 캔ㅌ 어그뤼 위듀어 리막ㅅ

0936. 그 의견에 반대합니다.
I'm against that plan.
아임 어겐슷ㅌ 댓 플랜

0937. 당신이 말한 것에 반대합니다.
I'm against what you have said.
아임 어겐슷ㅌ 왓 유 햅 쎄드

0938. 당신이 말하는 것에 반대합니다.
I disagree with what you are saying.
아이 디스어그뤼 위드 왓 유 아 쎄잉

0939. 당신 의견을 지지할 수 없습니다.
I cannot support your opinion.
아이 캔낫 서폿ㅌ 유어 오피년

0940. 그 점은 당신과 뜻을 함께할 수 없습니다.
I cannot go along with you there.
아이 캔낫 고우 얼롱 위듀 데어

0941. 그 점에서 당신의 말에 전적으로는 동의하지 않습니다.
I don't quite agree with you there.
아이 돈 콰잇 어그리 위듀 데어

against는 '~에 반대하여'라는 의미의 전치사이다. 반대한다는 말을 할 때 oppose 등의 동사를 사용할 수도 있지만, 전치사 against만을 사용하여서도 표현할 수 있다.

Part 3 의견 표현

115

반대할 때

0942. 저의 견해는 조금 다릅니다.
I don't see things that way.
아이 돈 씨 씽즈 댓 웨이

Unit 07

다소 불확실하게 대답할 때

0943. 그럴지도 모르겠군요.
That may be right.
댓 메이 비 라잇

0944. 그럴 거야.
I guess so.
아이 게스 쏘

0945. 그럴지도 모르겠어요.
That may be true.
댓 메이 비 트루

0946. 아마 그럴 거야.
Sort of.
쏠트 어브

0947. 경우에 따라서요.
It depends.
잇 디펜즈

0948. 아마도.
Probably.
프라버블리

0949. 아마 안 될 거예요.
Probably not.
프라버블리 낫

0950. 어느 쪽이라고 단정할 수 없어.
Yes and no.
예스 앤 노우

0951. 확실히 모르겠어요.
I'm not sure.
아임 낫 슈어

0952. 그렇다면 좋겠어요.
I hope not.
아이 홉 낫

0953. 뭐라 말할 수 없군요.
It's hard to say.
잇츠 할 투 쎄이

0954. 응, 조금.
Well, more or less.
웰, 모어 오어 레스

Yes도 아니고 No도 아니고 불확실하게 대답할 때 Yes and No.라고 표현하면 "어느 쪽이라고 단정할 수 없어요."라는 의미가 된다.

다소 불확실하게 대답할 때

0955. 아무래도 좋아요.
Either way is OK.
이더 웨이 이즈 오케이

0956. 그렇게 생각할 수도 있겠죠.
You can think that way.
유 캔 씽ㅋ 댓 웨이

0957. 너 좋을 대로 해.
Whatever you like.
와레버 유 라익

0958. 좋아, 네가 그렇게 말한다면.
Okay, if you say so.
오케이, 이퓨 쎄이 쏘

Chapter 03

주의를 시킬 때

일반적으로 Take care!는 언행에 대해 주의를 시키는 말이지만 작별할 때는 '잘 가!, 몸 조심해!' 따위와 같은 뜻으로 활용되므로 상황에 따라 적절하게 사용하도록 하자. 상황에 따라서 Please be careful. / You should be careful. / You'd better be careful. 등의 표현도 적절히 활용할 수 있도록 표현법을 익혀 두자.

- We're going to go shopping at Motte department store next Sunday.
- Be careful! It's quite expensive there.

Conversation

다음 일요일에 못테 백화점으로 쇼핑 갈 거야.
조심해! 거긴 너무 비싸니까.

Sentence Patterns

- Be careful!
- Watch out!
- Look out!
- Take care (of yourself)!
- Heads up!

Unit 01

주의를 줄 때

0959. 조심해!
Watch out!
와취 아웃

0960. 그러면 안 돼요.
You cannot do that.
유 캔낫 두 댓

0961. 이러시면 안 되는데요.
You shouldn't do this.
유 슈든트 두 디스

0962. 개의치 마십시오.
Please don't bother.
플리즈 돈 바더

0963. 쓸데없는 짓 마세요.
Don't ask for trouble.
돈 애스ㅋ 풔 트러블

0964. 나쁜 친구들을 사귀지 마라.
Don't get into bad company.
돈 겟 인투 배드 컴퍼니

0965. 잘 생각하고 행동해.
Think twice before you do it.
씽ㅋ 트와이스 비풔 유 두 잇

0966. 그에게 너무 심하게 대하지 말아요.
Don't be too hard on him.
돈 비 투 할ㄷ 온 힘

0967. 비밀을 누설하지 마세요.
Don't let the cat out of the bag.
돈 렛 더 캣 아우더브 더 백

0968. 이제 싸움을 그만하지요.
Let's bury the hatchet.
렛츠 베리 더 해칫ㅌ

0969. 그것을 중지하도록 하세요.
You'd better put a stop to it.
유드 베러 푸더 스탑 투 잇

0970. 그 사람과 사귀지 마세요.
Don't associate with him.
돈 어소쉐잇 위드 힘

0971. 살살 해.
Easy does it.
이지 더즈 잇

주의를 줄 때

0972. 오해하지는 마세요.
Don't get me wrong.
돈 겟 미 롱

0973. 일부러 그런 짓은 하지 마세요.
Don't go and do a thing like that.
돈 고우 앤 두 어 씽 라익 댓

0974. 나한테 쓸데없는 칭찬을 하지 마세요.
Don't patronize me.
돈 패트러나이즈 미

0975. 제발 언성을 높이지 마십시오.
Don't raise your voice, please.
돈 레이쥬어 보이스, 플리즈

0976. 너무 굽신거리지 마세요.
Don't grovel.
돈 그라벌

0977. 돈을 낭비하고 다니지 마라!
Don't throw your money around!
돈 쓰로 유어 머니 어롸운드

0978. 주의하는 것이 좋겠어요!
Better watch out!
베러 와취 아웃

0979. 그의 말을 액면 그대로 받아들이지 마세요!
Don't take what he says at face value!
돈 테익 왓 히 세이즈 앳 페이스 밸류

0980. 자기 맘대로 말하지 마.
Don't be selfish.
돈 비 쎌휘쉬

0981. 버릇없게 굴지 마.
Don't be so naughty.
돈 비 쏘 노리

0982. 자동차를 조심하세요!
Watch out for the cars!
와취 아웃 풔 더 카스

0983. 조용히 해!
Hold it down!
호울 딧 다운

0984. 쉿 조용히!
Hush!
허쉬

주의를 줄 때

0985. 말조심해!
Watch your tongue!
와취 유어 텅

0986. 내 말대로 해!
Do as I say!
두 애즈 아이 쎄이

0987. 내 기대를 저버리지 마! / 날 실망하게 하지 마!
Please don't disappoint me!
플리즈 돈 디써포인ㅌ 미

Unit 02 꾸짖을 때

0988. 다시는 절대 그러지 말게나.
You'll never do that again.
유윌 네버 두 댓 어겐

0989. 그런 법이 어디 있어요?
How did you get that way?
하우 디쥬 겟 댓 웨이

0990. 행동으로 옮기든지, 입 다물고 있든지 해!
Put up or shut up!
푸럽 오어 셔덥

0991. 너희들 나머지도 다 마찬가지야.
The same goes for the rest of you.
더 쎄임 고우즈 훠 더 뤠슷ㅌ 어뷰

0992. 당신 정신 나갔어요?
Are you out of your mind?
아 유 아웃 어뷰어 마인드

0993. 네 책임이야.
You're to blame.
유어 투 블레임

0994. 내 탓으로 돌리지 마!
Don't blame me!
돈 블레임 미

0995. 창피하지도 않아요?
Aren't you ashamed of yourself?
안 츄 어쉐임ㄷ 어뷰어쎌프

0996. 너 정신 나갔구나!
You're out of your mind!
유어 아웃 어뷰어 마인드

0997. 그런 말을 하면 안 돼.
You shouldn't say things like that.
유 슈든 쎄이 씽즈 라익 댓

> blame은 '~를 탓하다, ~의 책임이라고 하다'라는 의미이다. be to blame (for ~) 형태로 사용할 때는 '~에 대한 책임이 있다, 책임을 져야 하다'라는 의미이다.

꾸짖을 때

0998. 왜 나를 못살게 굴지?
Why are you picking on me?
와이 아 유 픽킹 온 미

Unit 03

타이를 때

0999. 도중에 일을 그만두면 안 돼요.
You should finish what you start.
유 슈드 휘니쉬 왓 유 스탓ㅌ

1000. 그것을 하는 것이 네 의무야.
It's your duty (to do that).
잇츠 유어 듀리 (투 두 댓)

1001. 너에게 필요한 것은 좀 더 노력하는 일이야.
What you need is to make a little more effort.
왓 유 니드 이즈 투 메이커 리를 모어 에퉈트

1002. 좀 더 힘내는 거야.
You should try a little harder.
유 슈드 트라이 어 리를 하더

1003. 자존심을 가져라.
Respect yourself.
리스펙ㅌ 유어쎌ㅎ

1004. 달리 생각할 수는 없니?
Can't you think of it differently?
캔트 유 씽커브 잇 디퍼런틀리

1005. 한 번 생각해 봐!
Think about it!
씽 어바우릿

1006. 간단히 믿어서는 안 돼!
Don't trust it!
돈 트뤄숫ㅌ 잇

1007. 너만 특별대우를 할 수는 없어.
I can't make any exceptions for you.
아이 캔 메익 애니 익셉션즈 훠 유

---

should는 '~해야 한다'
라는 의미로 have to나
must와 같은 뜻이다.
실생활에서는 should가
have to나 must보다
는 강제성이 좀 덜한 상
황에서 주로 사용되므로
부드럽게 타이르면서 권
고하는 경우에는 should
가 좀 더 어울린다.

Unit 04

변명을 듣고 싶지 않을 때

1008. 변명하지 마세요.
Stop making excuses.
스탑 메이킹 익스큐지ㅅ

1009. 변명은 듣고 싶지 않아.
I don't want to hear your excuses.
아이 돈 원 투 히어 유어 익스큐지ㅅ

변명을 듣고 싶지 않을 때

1010. 이제 변명은 됐어.
I've had enough of your excuses.
아이브 해드 이넢ㅎ 어뷰어 익스큐지ㅅ

1011. 그건 변명이 안 돼.
That's no excuse.
댓츠 노우 익스큐ㅅ

1012. 억지 변명하지 마세요.
Don't quibble.
돈 퀴블

Chapter 04 충고를 할 때

You'd better ~ / Let's ~ / Why don't you ~? / How about ~? 표현은 권유의 성격이 강하다. 동사를 써서 '권고, 충고'를 하려면 advise, recommend, suggest 따위를 쓸 수 있는데 우회적으로 표현하려면 I hope ~ / I'd accept ~ / I would like to ~ 등의 문형을 함께 활용할 수 있다.

- Are you seeing Tom?
- Yes.
- You'd better be careful with him. He's a complete liar.
- How do you know that?

Conversation

탐과 만나고 있니?
그래.
그를 조심하는 게 좋겠어. 완벽한 거짓말쟁이라서 말이야.
어떻게 그런 걸 알았니?

Sentence Patterns

- That's enough!
- Get off my back!
- I can't talk to you now.
- Be quiet!
- Leave me alone!
- Knock it off!

Unit 01

충고할 때

1013. 나를 실망시키지 마세요.
Don't let me down.
돈 렛 미 다운

1014. 잊지 말고 기억하세요.
Keep that in mind.
킵 댓 인 마인드

1015. 자존심을 버리세요.
Pocket your pride.
파킷 유어 프라이드

> pocket이 동사로 사용되면 '~을 주머니에 넣다'이다

1016. 이것을 잠깐 보십시오.
Take a gander at this.
테이커 갠더 앳 디스

1017. 최선을 다해라.
Be all you can be.
비 올 유 캔 비

1018. 선수를 치세요.
Catch the ball before the bound.
캐취 더 볼 비풔 더 바운드

1019. 너는 진지해야 한다.
You should keep a straight face.
유 슈드 키버 스트레잇 훼이스

1020. 여론에 귀를 기울이세요.
Keep your ear to the ground.
킵 유어 이어 투 더 그라운드

1021. 그걸 너무 심각하게 받아들이지 마세요.
Don't take it to heart.
돈 테이킷 투 할트

1022. 그는 나에게 많은 충고를 해 주었어요.
He gave me many pieces of advice.
히 게입 미 매니 피씨써브 어드바이스

1023. 말보다는 행동이 중요해요.
Actions speak louder than words.
액션즈 스픽 라우더 댄 워즈

1024. 당신은 그 생각을 버려야 해요.
You must give up the idea.
유 머숫 기법 디 아이디어

1025. 당신은 그것을 잘 이용해야 해요.
You should take advantage of it.
유 슈드 테익 어드번티지 어브 잇

Part 3 의견 표현

충고할 때

1026. 격식 따위는 따지지 마세요.
Don't stand on ceremony.
돈 스탠드 온 쎄러머니

1027. 실수를 할까 봐 두려워하지 마세요.
Don't be afraid of making mistakes.
돈 비 어흐레이드 어브 메이킹 미스테익스

Unit 02
조언할 때

1028. 쉬는 게 좋지 않겠어요?
Why don't you stay in bed?
와이 돈츄 스테이 인 베드

A : Congratulations! I heard you've been accepted at two universities.
B : Thank you. But I can't decide which one I should go to.
A : Why don't you talk it over with your father?

축하해요! 두 개 대학에 합격하다니.
고마워요. 하지만 어디를 가야 할지 결심이 서지 않습니다.
아버지와 의논해 보면 어때요?

1029. 영어회화 개인교습을 받아 보지 그래?
Why don't you take private English conversation lessons?
와이 돈츄 테익 프라이빗 잉글리쉬 컨버쎄이션 레슨스

1030. 이제 슬슬 가는 게 좋지 않겠니?
Hadn't you better be going?
해든 츄 베러 비 고잉

1031. 포기하지 않는 게 좋겠어.
We'd better not give it up.
위드 베러 낫 기비럽

1032. 남이야 뭘 하든 상관 않는 것이 좋을 겁니다.
Don't poke your nose into my business.
돈 포크 유어 노우즈 인투 마이 비지니스

1033. 규칙대로 하는 것이 좋을 겁니다.
You'd better go by the book.
유드 베러 고우 바이 더 북

1034. 일찍 자고 일찍 일어나는 게 좋아요.
You'd better keep early hours.
유드 베러 킵 얼리 아우얼ㅅ

조언할 때

1035. 혼자 해 보는 게 좋아요.
You'll do well to try it by yourself.
유윌 두 웰 투 트라이 잇 바이 유어쎌ㅎ

Unit 03

의무·당연을 나타낼 때

1036. 오늘은 쇼핑 가야겠어요.
I have to go shopping today.
아이 햅 투 고 샤핑 투데이

1037. 영어를 더욱 연습해야겠어요.
I have to practice my English more.
아이 햅 투 프랙티스 마이 잉글리쉬 모어

1038. 시간이 없으니까 서둘지 않으면 안 됩니다.
We have to hurry up since we have no time.
위 햅 투 허리 업 씬스 위 햅 노 타임

1039. 가야겠습니다.
I must be going.
아이 머슷 비 고잉

1040. 보고서는 영어로 써야 합니다.
The report must be written in English.
더 리폿 머슷 비 뤼튼 인 잉글리쉬

1041. 조심해야 합니다.
You should be careful.
유 슈드 비 케어훌

1042. 조용히 해야 합니다.
You should be quiet.
유 슈드 비 콰이엇ㅌ

1043. 제 생일 파티에 꼭 오셔야 합니다.
You should come to my birthday party.
유 슈드 컴 투 마이 벌쓰데이 파티

1044. 아침 일찍 출발하셔야 합니다.
Be sure to start early in the morning.
비 슈어 투 스탓 얼리 인 더 모닝

1045. 거기에 가지 않고는 달리 선택이 없습니다.
I have no choice but to go there.
아이 햅 노 쵸이스 벗 투 고우 데어

1046. 거기에 갈 수밖에 없습니다.
I can't help but go there.
아이 캔ㅌ 헬프 벗 고우 데어

1047. 숙제만 하면 돼요.
I only have to do my homework.
아이 온리 햅 투 두 마이 홈웍

> '~해야 한다'라는 의무·당위를 나타내는 조동사는 should, have to, must, ought to 등이 있다. must는 두 가지 의미로 사용되는데 첫 번째로 '~해야 한다'는 의무의 뜻을 가지고 있으며 두 번째로 '~임에 틀림없다'는 추측의 의미를 나타낸다.

Chapter 05 제안과 권유를 할 때

상대방에게 부탁을 하거나 양해를 구할 때 구어에서는 Do you mind if ~?의 문장을 쓰며 공손한 표현으로는 Would you mind ~?가 적절하다. 상대방에게 제안 또는 권유할 때 What about ~? / How about ~?를 쓸 수 있는데 about은 전치사이므로 동사는 -ing형태가 와야 한다. 비슷한 표현으로는 Why don't you ~? / How do you like ~? / How do you feel ~?도 흔히 쓰인다.

Conversation

한잔할까요?
좋아요.
오늘 밤은 내가 낼게요.
야, 멋있다!

Sentence Patterns

- Would you mind -ing ~?
- Would you mind if ~?
- Would you care for ~?
- Is it all right if ~?

Unit 01

제안할 때

1048. 털어놓고 얘기합시다.
Let's have a heart to heart talk.
렛츠 해버 할ㅌ 투 할ㅌ 톡

1049. 이제 그만합시다.
Let's beat it.
렛츠 빗 잇

1050. 오늘은 이만합시다.
Let's call it a day.
렛츠 코릿 어 데이

1051. 쉽시다.
Let's take a short rest.
렛츠 테익 어 숄ㅌ 뤠슷ㅌ

1052. 야, 숨 좀 쉬자.
Let me catch my breath.
렛 미 캐취 마이 브레ㅆ

1053. 화해합시다.
Let's bury the hatchet.
렛츠 베리 더 해칫ㅌ

1054. 좋으실 대로 하십시오.
It's up to you.
잇츠 업 투 유

1055. 시험 삼아 한번 해 봅시다.
Let's try it out.
렛츠 트라잇 아웃

1056. 내게 좋은 생각이 있어요.
I'll tell you what.
아일 텔 유 왓

1057. 그것을 최대한 잘 이용해 봅시다.
Let's make the best of it.
렛츠 메익 더 베슷 어브 잇

1058. 그 사람 경계하는 편이 좋아요.
You'd better stay out of his way.
유드 베러 스테이 아웃 어브 히즈 웨이

1059. 그런 의미에서 우리 악수나 한번 합시다.
Let's shake on that.
렛츠 쉐익 온 댓

1060. 지금 시작하는 것이 좋을 것입니다.
We might as well begin now.
위 마잇ㅌ 애즈 웰 비긴 나우

제안할 때

1061. (기분 전환 겸) 산책이나 합시다.
Let's go for a walk (for a change).
렛츠 고 풔 러 웍 (풔러 체인지)

> **More Tips**
>
> **상대방에게 제안하는 요령**
> Let's(Let us의 준말) ~ / How about ~? / Do you want to ~? / Don't you ~? / We'd like to ~ 등의 문형이 널리 활용되고 있다.
> ① 제안의 형태: Shall I ~? / Why don't you ~? / May I ~?
> ② 권유의 형태: Would you like to ~? / Won't you ~? / Would you care for ~?
> ③ 청유의 형태: Let's ~. / Shall we ~?
> ④ 여부의 형태: What about ~? / How about ~? / Why don't you ~?
>
> 이러한 제안·권유에 대하여 받아들이는 태도가 매우 중요한데 그 응답 표현으로 OK. All right. / Please do. / That's a good idea. / That sounds good. 등 긍정적인 답변이 있을 수 있고 만약 거절할 경우에는 No, thank you. / Thank you, but I'd rather not. / I don't feel like it. / I'd love to, but ~ 표현을 쓸 수 있다.

Unit 02 권유할 때

1062. 테니스 치러 가시죠?
Why don't we go play tennis?
와이 돈 위 고 플레이 테니스

1063. 괜찮다면 같이 가시죠?
You're welcome to join us, if you want.
유어 웰컴 투 조이너스, 이퓨 원ㅌ

1064. 저하고 쇼핑 가실래요?
How about going shopping with me?
하우 어바웃 고잉 샤핑 위드 미

1065. 커피 한잔 드시겠어요?
Would you like a cup of coffee?
우쥬 라익 어 컵 어브 커피

1066. 창문을 열까요?
Would you like me to open the window?
우쥬 라익 미 투 오픈 더 윈도우

1067. 내일, 저녁이나 같이 안 하시겠습니까?
May I take you to dinner tomorrow?
메이 아이 테익 유 투 디너 투마로우

1068. 맥주 한잔하시겠어요?
Would you like a glass of beer?
우쥬 라익 어 글래스 어브 비어

권유할 때

1069. 먼저 하십시오(타십시오, 들어가십시오, 드십시오).
After you, please.
애후터 유 플리즈

1070. 오늘 밤 쇼를 보러 가지 않겠어요?
How about going to a show tonight?
하우 어바웃 고잉 투 어 쇼우 투나잇

1071. 비디오 게임 한번 하는 게 어떻겠습니까?
How about playing a video game?
하우 어바웃 플레잉 어 비디오 게임

1072. 오늘 밤에 나와 함께 영화를 보러 가는 게 어때요?
How would you like to go to the movies with me tonight?
하우 우쥬 라익 투 고 투 더 무비스 위드 미 투나잇

1073. 음악회에 가시겠습니까?
Would you like to go to a concert?
우쥬 라익 투 고 투 어 컨설트

상대방의 의견이나 견해를 묻는 표현
- What's your opinion?
- What's your viewpoint? *point of view
- What do you think of(= about) it?

More Tips

Unit 03 제안·권유에 응할 때

1074. 좋습니다.
OK.
오케이

1075. 네, 그렇게 하겠습니다.
Yes, I'd love to.
예스 아이드 럽 투

1076. 괜찮다면, 제가 함께 가 드리겠습니다.
I'll go with you, if you like.
아일 고우 위듀 이퓨 라익

1077. 감사합니다. 그렇게 해 주세요.
Thank you. Please do.
쌩큐 플리즈 두

1078. 네가 말한 대로 할게.
Anything you say.
애니씽 유 쎄이

제안·권유에 응할 때

1079. 그거 좋은 생각이군요.
That's a good idea.
댓쳐 굳 아이디어

1080. 그거 재미있겠는데요.
That sounds interesting.
댓 사운즈 인터뤠스팅

1081. 그렇게 합시다.
Yes, let's do that.
예스 렛츠 두 댓

1082. 그거 괜찮겠군요.
Maybe we should do it.
메이비 위 슈드 두 잇

1083. 그거 아주 좋은 생각 같군요.
That sounds like a good idea.
댓 사운즈 라이커 굳 아이디어

Unit 04

제안·권유를 거절할 때

1084. 그럴 기분이 아닙니다.
I don't feel like it.
아이 돈 휠 라이킷

> A : How about going to a concert with me tomorrow?
> B : Thank you. I'd like to, but I can't.
> A : Why not?
> B : We are having a birthday party for Mom.
>> 내일 나와 함께 콘서트에 안 갈래?
>> 고마워. 그렇게 하고 싶은데, 안 돼.
>> 왜 갈 수 없니?
>> 내일 어머니 생일 파티가 있어.

1085. 다음 기회로 미룰까요?
Can you give me a rain check?
캔 유 깁 미 어 뤠인 첵크

1086. 그렇게 하지 맙시다.
No, we'd rather not.
노 위드 래더 낫

1087. 고맙지만, 됐습니다.
No, thank you.
노 쌩큐

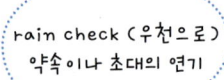
rain check (우천으로) 약속이나 초대의 연기

| 제안·권유를 거절할 때 |

1088. 그럴 생각이 없습니다.
I'm not ready for that.
아임 낫 뤠디 풔 댓

1089. 저는 쇼핑하고 싶지 않습니다.
I don't feel like shopping.
아이 돈 휠 라익 샤핑

1090. 저는 무척 피곤해요.
I'm very tired now.
아임 베리 타이어드 나우

More Tips

상대방의 부탁이나 요청을 거절할 경우에는 될 수 있는 대로 정중하게 문장 앞에 I'm sorry ~ / I'm afraid ~를 쓰도록 한다. 상대방으로부터 도움을 요청받았을 경우, 동의를 바랄 때, 제안을 받았을 때 등에 있어서도 마찬가지로 No, thank you. / Thank you, but I'd rather not. / I don't feel like it. / I'd love to, but ~ 등으로 어느 정도 예의를 갖추어 사양해야 한다.

Chapter 06 부탁과 도움을 청할 때

영어에서는 〈Please + 명령문〉, 〈명령문 + please〉라는 표현을 흔하게 본다. 뿐만 아니라 조동사(can, will, may)를 즐겨 사용한다. 또한 정중한 표현을 하고자 할 때는 조동사 과거형을 사용하여 Could you ~? / Would you ~?처럼 표현하기도 하며, Do you mind ~?와 같은 문장도 사용한다. 이때 could와 would에는 '가능하다면, 만약 할 수 있다면' 따위의 가정의 뜻이 내포되어 있다고 생각하기 바란다.

Would you mind taking this to the post office?

Be happy to. Need anything else?

Conversation

이것 좀 우체국에 부쳐 주실래요?
좋아요. 다른 건 없어요?

Sentence Patterns

- Do you mind if I ask you a favor?
- Do you mind if I use your phone?
- Do you mind if I smoke here?
- Do you mind if I park here?

Unit 01 부탁할 때

1091. 부탁 하나 해도 될까요?
Can I ask you a favor?
캔 아이 애스큐 어 훼이버

1092. 실례합니다, 부탁 하나 들어주시겠어요?
Excuse me. Would you do me a favor?
익스큐즈 미 우쥬 두 미 어 훼이버

1093. 부탁드릴 게 하나 있습니다.
I have a big favor to ask you.
아이 해버 빅 훼이버 투 애스큐

1094. 부탁 좀 드려도 될까요?
Could I ask you to do something for me?
쿠드 아이 애스큐 투 두 썸씽 훠 미

1095. 잠시 폐를 끼쳐도 될까요?
May I bother you for a moment?
메이 아이 바더 유 훠 러 모먼트

1096. 방해가 되지 않았으면 좋겠네요.
I hope I'm not in the way.
아이 홉 아임 낫 인 더 웨이

1097. 제가 좀 끼어도 될까요?
May I join you?
메이 아이 조인 유

1098. 잠시 시간을 내 주시겠습니까?
Could you spare me a few minutes?
쿠쥬 스페어 미 어 퓨 미닛츠

1099. 저를 도와주실 수 있나 모르겠네요.
I wonder if you can help me.
아이 원더 이퓨 캔 헬프 미

1100. 잠시 폐를 끼쳐도 되겠습니까?
Could I trouble you for a minute?
쿠드 아이 트러블 유 훠 러 미닛

Unit 02 구체적으로 부탁할 때

1101. 좀 태워다 주시겠습니까?
Would you mind giving me a ride?
우쥬 마인드 기빙 미 어 롸이드

1102. 내일 제가 차를 쓸 수 있을까요?
Can I possibly have the car tomorrow?
캔 아이 파서블리 햅 더 카 투마로우

135

구체적으로 부탁할 때

1103. 당신 것을 빌려주시겠습니까?
Would you lend me yours, please?
우쥬 렌 미 유얼스 플리즈

1104. 돈을 좀 빌릴 수 있을까요?
May I borrow some money?
메이 아이 바로우 썸 머니

1105. 문 좀 열어 주시겠어요?
Would you mind opening the door, please?
우쥬 마인 오프닝 더 도어 플리즈

> A : Do you mind if I smoke here?
> B : No, not at all.
> 여기서 담배를 피워도 되겠습니까?
> 네, 피우세요.

1106. 저와 함께 가실래요?
Would you like to join me?
우쥬 라익 투 조인 미

1107. 주소 좀 가르쳐 주시겠어요?
May I have your address?
메이 아이 해뷰어 어드뤠스

1108. 춤 한번 추실까요?
May I have this dance?
메이 아이 햅 디스 댄스

1109. 가능한 한 빨리 저에게 알려 주시겠습니까?
Would you let me know as soon as possible?
우쥬 렛 미 노우 애즈 순 애즈 파서블

1110. 잠깐 제 대신 좀 해 주시겠어요?
Can you take my place for a while?
캔 유 테익 마이 플레이스 훠 러 와일

1111. 그분이 어떤 분인지 말 좀 해 주세요.
Can you tell me what he is like?
캔 유 텔 미 왓 히 이즈 라익

1112. 제 곁에 있어 주세요.
Stick with me, please.
스틱 윗 미 플리즈

1113. 기회를 주세요.
Give me a break.
깁 미 어 브레익ㅋ

---

mind는 '꺼리다'라는 의미의 동사이다. <Would you mind + -ing>는 직역하면 '~하는 게 싫으신가요?'라고 정중히 부탁하는 것이 된다. 따라서 다른 문형과 달리 괜찮다고 긍정적으로 대답하려면 Of course not. / No, I don't mind. 등의 부정형으로 표현해야 한다.

구체적으로 부탁할 때

1114. **확인 좀 해 주세요.**
Please make sure.
플리즈 메익 슈어

1115. **다음 기회로 미룰 수 있을까요?**
Can you give me a rain check on that?
캔 유 깁 미 어 뤠인 첵 온 댓

1116. **내일은 쉬고 싶습니다.**
I would like to vacate tomorrow.
아이 우드 라익 투 베케잇ㅌ 투마로우

1117. **혼자 있게 해 주세요.**
Please leave me alone.
플리즈 립 미 얼론

1118. **제 차 좀 봐 줄 수 있으신지요?**
I wonder if you could help me with my car?
아이 원더 이퓨 쿠드 헬 미 위드 마이 카

Unit 03
가벼운 명령조로 부탁할 때

<명령문 + please>나 <Please + 명령문> 형태를 사용한다. please가 문장 처음이나 끝에만 있어야 하는 것은 아니고 문장 중간에 들어갈 수도 있다. 당연하지만 please는 감탄사이므로 빠진다고 해도 문장 성립에 이상이 있는 것은 아니다.

1119. **문을 닫아 주세요.**
Shut the door, please.
셧 더 도어 플리즈

1120. **스위치를 켜 주세요.**
Just turn it on, please.
저슷 턴 잇 온 플리즈

1121. **돈 좀 꿔 줄래요?**
Could you please lend me some money?
쿠쥬 플리즈 렌 미 썸 머니

1122. **잠시 기다려요.**
Just a moment, please.
저슷터 모먼 플리즈

1123. **커피 두 잔 주세요.**
Two coffees, please.
투 커피즈 플리즈

1124. **저도 같은 걸로 주세요.**
The same for me, please.
더 쎄임 훠 미 플리즈

1125. **프런트를 부탁합니다.**
Front desk, please.
후런 데스크 플리즈

Unit 04
부탁을 들어줄 때

1126. 물론이죠.
Sure.
슈어

1127. 기꺼이 그러죠.
I'd be glad to.
아이드 비 글래드 투

1128. 예, 그러지요.
Yes, certainly.
예스, 써튼리

1129. 기꺼이 하겠습니다.
I'll do my best for you.
아윌 두 마이 베스트 훠 유

1130. 그렇게 하세요.
Go ahead.
고 어헤드

1131. 그렇고말고요.
Of course.
업 코스

1132. 그럼요(문제없어요).
No problem.
노 프라블럼

1133. 뭐, 그 정도쯤이야(별것 아닙니다).
It's no big deal.
잇츠 노 빅 딜

1134. 그렇게 하세요.
Be my guest.
비 마이 게슷트

1135. 원하는 건 무엇이든 가지세요.
You can have anything you like.
유 캔 햅 애니씽 유 라익

More Tips

상대방의 부탁이나 요청을 수락할 때 쓰는 표현으로는 Sure. / Certainly. / No problem. / You bet. / My pleasure. / Sure thing. / Of course. / Go ahead. / No sweat. / Be my guest. 등이 있다.
- Be happy to (do something).
- It's a deal.
- Leave it to me.
- Count on me.
- I'll do it.
- I'd love to.
- With pleasure.

Unit 05
부탁을 거절할 때

1136. 안 되겠는데요.
I'd rather not.
아이드 래더 낫

1137. 미안하지만, 지금은 안 되겠는데요.
I'm sorry, but I can't now.
아임 쏘리 벗 아이 캔트 나우

1138. 미안하지만, 그렇게는 안 되겠는데요.
I'm sorry, but I can't do it.
아임 쏘리 벗 아이 캔트 두 잇

1139. 그건 무리한 요구입니다.
It's a difficult task.
잇츠 어 디피컬트 태슥ㅋ

1140. 시간이 필요합니다.
It takes time.
잇 테익스 타임

Unit 06
우회적으로 거절할 때

1141. 어쩐지 할 기분이 아니군요.
I'm not in the mood.
아임 낫 인 더 무드

1142. 아직 그럴 준비가 되지 않았습니다.
Well, I'm not ready for that yet.
웰 아임 낫 레디 풔 댓 옛

1143. 다음 기회에 꼭 할 거예요.
Give me a rain check, please.
깁 미 어 뤠인 첵 플리즈

1144. 금방은 무리라고 생각합니다.
I'm afraid I can't make it right away.
아임 어흐레이드 아이 캔트 메이킷 롸잇 어웨이

1145. 글쎄요. 다음 기회에.
Well, maybe some other time.
웰 메이비 썸 아더 타임

1146. 다른 사람에게 부탁해 보세요.
Why don't you ask somebody else?
와이 돈츄 애슥ㅋ 썸바디 엘스

Unit 07
도움을 주고받을 때

1147. 저 좀 도와주시겠어요?
Excuse me, would you give me a hand?
익스큐즈 미 우쥬 깁 미 어 핸드

1148. 좀 도와주시겠어요?
Could you lend me a hand?
쿠쥬 렌 미 어 핸드

1149. 도움이 필요하세요?
Do you need any help?
두 유 니드 애니 헬ㅍ

1150. 당신의 도움이 필요해요.
I need your help.
아이 니드 유어 헬ㅍ

1151. 도와드릴까요?
May I help you?
메이 아이 헬ㅍ 유

1152. 뭘 해 드릴까요?
What would you like me to do?
왓 우쥬 라익 미 투 두

1153. 네, 기꺼이 도와드리겠습니다.
Yes, with pleasure.
예스 위드 플레져

1154. 말씀만 하세요. 당장 해 드릴게요.
Just say the word and I'll take care of it.
저슷 쎄이 더 워드 앤 아일 테익 케어 어브 잇

1155. 제가 해 드리겠습니다.
Let me do it for you.
렛 미 두 잇 훠 유

1156. 그것 빼고는 무엇이든 하겠습니다.
I will do anything but that.
아이 윌 두 애니씽 벗 댓

1157. 제가 가방을 들어 드릴게요.
Let me take your bags.
렛 미 테익 유어 백ㅅ

1158. 고맙지만 괜찮습니다. 제가 할 수 있습니다.
No, thank you. I can handle it.
노 쌩큐 아이 캔 핸들 잇

1159. 감사합니다만, 저 혼자서도 할 수 있습니다.
Thanks, but I can manage it myself.
쌩즈 벗 아이 캔 매니짓 마이쎌ㅎ

'도움'을 의미하는 말로 가장 일반적인 것은 help이다. help는 '돕다'라는 동사로도, '도움'이라는 명사로도 사용된다. help는 [헤어올프]를 빨리 말한다는 느낌으로 발음한다. 그 외에 '돕다'라는 의미로 give a hand 혹은 lend a hand라는 숙어를 사용할 수 있는데, 말 그대로 '손을 (빌려)주다'라는 의미에서 유추할 수 있다.

Chapter 07 설득과 결심을 할 때

상대방을 설득해야 하거나 의사를 확인할 경우에 쓸 수 있는 표현들인데 일반적으로 Think it over.(검토해 보세요. / 심사숙고해 봐. / 한 번 더 생각해 봐.)라는 표현을 많이 사용한다. 또한 자신의 생각을 I'll speak frankly.(솔직히 말씀드리겠습니다.) / I'll spill it out.(탁 터놓고 얘기하겠습니다.)처럼 드러내는 것도 상대방에게 믿음을 심어 주게 된다. 상대방의 요청이나 요구 사항에 대하여 되묻는 경우에 What more can I do?나 What else can I do?(더 이상 어떻게 해야 되는 거야?)라는 표현을 활용하면 된다.

Is Alice still mad at you?

Yeah. I've apologized twice. What more can I do?

Conversation

앨리스는 아직도 자네에게 화가 난 건가?
응, 나는 벌써 두 번이나 사과했는데, 더 이상 뭘 어떻게 해야 되는 거야?

Sentence Patterns

- Trust me.
- Take my word for it.
- Believe it or not.(= Take it or leave it.)
- Believe me.
- You can count on me.

Unit 01
설득할 때

1160. 재검토해 주세요.
Think it over.
씽킷 오버
> 관용표현으로 Sleep on it.도 활용된다.

1161. 날 믿어 주세요.
Take my word for it.
테익 마이 워드 훠릿
> 달리 표현하면 Believe me. / Trust me.라고 해도 무방하다.

1162. 제 말 좀 들어 주세요.
You listen to me.
유 리슨 투 미

1163. 만약 내가 너라면 그렇게 하지 않았을 텐데.
If I were you, I wouldn't do that.
이프 아이 워 유, 아이 우든 두 댓

1164. 그에게서 비밀을 캐내는 게 어때요?
How about pumping the secret out of him?
하우 어바웃 펌핑 더 씨크릿 아우더브 힘

1165. 이건 어때요?
How does this sound?
하우 더즈 디스 사운드

1166. 그의 결심을 바꾸는 데 실패했어요.
I wasn't able to make him change his mind.
아이 워즌 에이블 투 메익 힘 체인지 히즈 마인드

1167. 부탁합니다.
I'm counting on you.
아임 카운팅 온 유
> 상대방에게 "당신만 믿습니다."라는 뉘앙스가 담긴 표현으로 I'm relying on you.라고 해도 무방하다.

Unit 02
고집을 피울 때

1168. 저에게 강요하지 마세요.
Don't force me to make a decision.
돈 포스 미 투 메이커 디시즌

1169. 그는 항상 자기 마음대로 하려고 해요.
He will always have his own way.
히 윌 올웨이즈 햅 히즈 온 웨이

1170. 나는 내 방식대로 하겠어요.
I'm bound to get it my way.
아임 바운드 투 게릿 마이 웨이

1171. 더 이상 이 일을 못 맡겠습니다.
I can't take this job any more.
아이 캔트 테익 디스 잡 애니 모어

1172. 제가 처리하도록 하겠습니다.
I'll take care of it.
아일 테익 케어 어브 잇

Unit 03
의중을 확인할 때

game은 우리가 보통 알고 있는 '게임, 경기'의 의미 외에 '계략, 속셈' 등의 뜻도 가지고 있으며 다소 비격식 언어이다.

1173. 그의 제안을 어떻게 처리하실 건가요?
What are you going to do with his proposal?
와라유 고잉 투 두 위드 히즈 프로포절

1174. 당신은 누구 편이세요?
Who do you agree with?
후 두 유 어그뤼 위드

1175. 진심으로 그런 말을 하시는 겁니까?
Do you seriously mean what you say?
두 유 씨리어슬리 민 왓 유 쎄이

1176. 어떻게 할 작정입니까?
What's the idea?
왓츠 디 아이디어

1177. 무엇을 할 생각이세요?
What do you want to do?
왓 두 유 원 투 두

1178. 당신의 속셈을 모르겠군요.
I don't know what your game is.
아이 돈 노우 왓 유어 게임 이즈

1179. 당신이 뭘 생각하고 있는지 알아요.
I know what you're thinking.
아이 노우 왓 유어 씽킹

Unit 04
당위성을 말할 때

1180. 이만 가 봐야 합니다.
I must go now.
아이 머슷트 고 나우

1181. 오늘은 야근을 해야 합니다.
I have to work late today.
아이 햅 투 웍 레잇 투데이

1182. 그렇게 말하지 않을 수 없었어요.
I couldn't help telling him.
아이 쿠든 헬ㅍ 텔링 힘

1183. 거기에 가시면 안 됩니다.
You're not supposed to go there.
유어 낫 써포즈ㄷ 투 고 데어

1184. 그에게도 기회를 줘야 합니다.
You should give him a chance.
유 슈드 깁 힘 어 챈스

당위성을 말할 때

1185. 그 사람 말을 그대로 믿으시면 안 됩니다.
You shouldn't take his word for it.
유 슈든 테익 히즈 워드 훠릿

1186. 그 일을 당신에게 말하면 안 돼요.
I'm not supposed to tell you about it.
아임 낫 써포즈드 투 텔 유 어바우릿

Unit 05
결심을 유보하거나 바꿀 때

1187. 지금은 말하고 싶지 않습니다.
I'd rather not say right now.
아이드 래더 낫 쎄이 롸잇 나우

1188. 그것에 대해 많이 생각해 봤어요.
I thought about it a lot.
아이 쏟 어바우릿 얼랏

1189. 글쎄, 어떻게 할까?
Well, let me see.
웰, 렛 미 씨

1190. 밤새 잘 생각해 보세요.
Consult your pillow.
컨썰트 유어 필로우

1191. 좀 더 두고 봅시다.
Let's wait and see.
렛츠 웨잇 앤 씨

1192. 좀 더 생각해 보세요.
Sleep on it, please.
슬립 온 잇, 플리즈

1193. 지금 곧 결심해 주세요.
You have to decide now.
유 햅 투 디싸이드 나우

1194. 지금 당장 결심하세요.
Please make up your mind right now.
플리즈 메이컵 유어 마인드 롸잇 나우

1195. 왜 마음을 바꾸셨습니까?
What made you change your mind?
왓 메이드 유 체인지 유어 마인드

1196. 다시 생각해 보니까,
On second thought,
온 쎄컨 쏟

생각을 바꿀 때 앞에 운을 띄우는 말에는 On second thought ~(다시 곰곰이 생각해 보니까 ~)이 있다. 비슷한 의미의 표현으로는 Now that I think about it again과 Now one comes to think of it 등이 있다.

Unit 06
결심했을 때

1197. 어려운 결심을 하셨군요.
You made a tough decision.
유 메이더 텁ㅎ 디씨즌

1198. 절대 입 밖에 내지 않기로 맹세할게요.
I swear my lips are sealed.
아이 스웨어 마이 립싸 씰드

1199. 나는 작가가 되기로 결심했어요.
I made up my mind to become a writer.
아이 메이드 업 마이 마인드 투 비컴 어 롸이러

1200. 나는 굳게 결심했어.
I had my heart set on going.
아이 해드 마이 핟ㅌ 쎄돈 고잉

1201. 죽을 때까지 기다리죠.
I'll wait an eternity.
아일 웨잇 턴 이터너티

1202. 두고 보십시오.
Just wait and see.
저슷 웨잇 앤 씨

1203. 우린 끝까지 싸울 겁니다.
We will fight it out.
위 윌 화잇 잇 아웃

Unit 07
결정할 때

1204. 결정하셨습니까?
Did you make up your mind?
디쥬 메이컵 유어 마인드

1205. 결정하기가 힘듭니다.
It's hard to decide.
잇츠 할 투 디싸이드

1206. 전 생각을 바꿨습니다.
I've decided to change my mind.
아이브 디싸이디드 투 체인지 마이 마인드

1207. 그것은 만장일치로 결정되었습니다.
It was a unanimous decision.
잇 워져 유내너머스 디씨즌

1208. 동전을 던져서 결정합시다.
Let's flip for it.
렛츠 홀립 훠릿

결심했을 때

1209. 그건 당신이 결정할 일이에요.
That's for you to decide.
댓츠 풔 유 투 디싸이드

1210. 당신이 결정하세요.
You be a judge.
유 비 어 저지

Unit 08

결정하기 곤란하거나 못했을 때

1211. 그건 제 마음대로 결정할 수가 없습니다.
I can't settle it on my own authority.
아이 캔트 쎄트릿 온 마이 온 어써리티

1212. 어떻게 해야 할지 모르겠군요.
I don't know where to turn.
아이 돈 노우 웨어 투 턴

1213. 어떻게 결정하셔도 저는 좋아요.
Whatever you decide is all right with me.
와레버 유 디싸이드 이즈 올 롸잇 위드 미

1214. 아직 결정을 못 했어요.
I haven't decided yet.
아이 해븐 디싸이디드 옛

1215. 아직 결정되지 않았습니다.
It's up in the air.
잇츠 업 인 디 에어

More Tips

상대방에게 대답을 유보하거나 회피하고자 할 때 직접적으로 거절할 경우에는 Don't ask me.(묻지 말아 주세요.)라고 표현한다. 우회적으로 거절하는 표현에는 I'll consider it.(고려해 볼게요.) / Let me think about it.(생각해 볼게요.) / I'll think it over.(검토해 볼게요.)로 나타낸다. 가령, 상대가 May I ask you a question?(질문해도 되나요?)라고 물어왔을 경우에 정중하게 거절하려면 I'm sorry, ~를 덧붙여 적절한 이유를 부연하면 된다.

Chapter 08 지시와 명령을 할 때

명령문은 주로 동사가 앞에 나오기 마련이다. 해당 동사(본동사)의 동사원형을 바로 문장 앞에 쓸 수도 있고, 강조 용법으로 do를 문두에 두어 강한 뉘앙스를 나타내기도 한다. 설령 명령문이라고 하더라도 문두에 please를 덧붙여 주면 공손한 느낌을 준다. ⟨be sure to + 동사⟩ 패턴도 활용할 수 있는데 간접적으로 '~하는 게 좋겠다'와 '~하는 게 바람직하다'는 영어 표현도 지시와 명령의 뜻을 나타낼 수 있다. 또한 상대방의 행위나 행동에 대하여 저지할 경우에는 ⟨Don't + 동사원형 ~⟩을 활용하면 '금지'를 나타낸다.

I don't know a thing about that computer being broken.

Stop lying! You were the last one to use it.

Conversation

컴퓨터가 고장 난 건 전혀 몰랐어.
거짓말 좀 그만해! 마지막에 쓴 사람은 너잖아!

Unit 01 지시할 때

1216. 이번 주 금요일까지 확실히 끝내게나.
Be sure to finish it by this Friday.
비 슈어 투 휘니쉿 바이 디스 흐라이데이

1217. 네, 최선을 다하겠습니다.
Yes, sir. I'll do my best.
예스 썰 아일 두 마이 베슷ㅌ

1218. 그 사람 빨리 좀 데려오세요.
Please bring him soon.
플리즈 브링 힘 순

1219. 그 사람 지시를 따르세요.
Follow his instructions.
팔로우 히즈 인스트럭션즈

1220. 그건 이렇게 하세요.
Do it this way.
두 잇 디스 웨이

1221. 당신한테 어떤 지시도 받지 않겠소.
I'll take no orders from you.
아일 테익 노 어덜스 흐롬 유

1222. 무슨 일이 있어도 그것을 해라.
Do it by all means.
두 잇 바이 올 민ㅅ

1223. 무슨 일이든지 분부만 하십시오.
I'm always at your service.
아임 올웨이즈 앳 유어 서비스

1224. 저는 누구의 지시도 받지 않습니다.
I won't be dictated to.
아이 원 비 딕테이티드 투

<be sure to + 동사>는 '~을 해라'라는 지시나 명령문을 만들 때 사용할 수 있다.

Unit 02 명령할 때

1225. 조심해!
Be careful!
비 케어훌

1226. 조용히 해!
Be quiet!
비 콰이엇ㅌ

1227. 자 조용히!
Calm down!
컴 다운

명령할 때

1228. 이것 좀 와서 봐 봐!
Come and look!
컴 앤 룩

1229. 언제 놀러 와.
Come and see me sometime.
컴 앤 씨 미 썸타임

1230. 이리 와.
Come here.
컴 히어

1231. 그만둬!
Come off it!
컴 어프 잇

> '헛소리 마!' 혹은 '잘난 척 좀 하지 마!' 등의 다양한 의미를 가지고 있다. 언행에 대하여 제지를 하고자 할 때 Stop it! / Cut it out! / Knock it off! 등도 빈출되는 표현으로서 활용된다.

1232. 어서 들어와.
Come on in.
컴 온 인

1233. 앞으로 나와!
Come to the front!
컴 투 더 후론트

1234. 우유를 마셔요.
Drink milk.
드링크 밀크

1235. 더 빨리.
Faster.
훼스터

1236. 가득 채워 주세요.
Fill it up, please.
휠 잇 업 플리즈

1237. 저리 가!
Get away!
게러웨이

1238. 여기서 꺼져.
Get out of here.
게라웃 어브 히어

1239. 꺼져!
Get out!
게라웃

1240. 저리 가버려!
Go away!
고 어웨이

명령할 때

1241. 직접 가져가.
Help yourself.
헬프 유어쎌ㅎ

1242. 나한테 맡겨.
Leave it to me.
리브 잇 투 미

1243. 비켜!
Look out!
룩 아웃

1244. 여섯 시까지 꼭 와야 해!
Make sure you come by six!
메익 슈어 유 컴 바이 씩스

1245. 계단 조심해!
Mind your step!
마인드 유어 스텝

1246. 움직여!
Move!
무우ㅂ

1247. 차 세워.
Pull over the car.
풀 오버 더 카

1248. 뭔가 말을 해 봐.
Say something.
쎄이 썸씽

1249. 보여 줘.
Show me.
쇼 미

1250. 입 닥쳐!
Shut up!
셔럽

1251. 일어서!
Stand up!
스탠덥

1252. 그만 좀 놀려!
Stop pulling my leg!
스탑 풀링 마이 레그

1253. 열심히 공부해라.
Study hard.
스터디 할ㄷ

명령할 때

1254. 몸조심해.
Take care.
테익 케어

1255. 쉬엄쉬엄 해.
Take it easy.
테이킷 이지

1256. 해 봐.
Try it.
트라이 잇

1257. 불 꺼.
Turn off the light.
턴 엎더 라잇ㅌ

1258. 더 빨리 걸어.
Walk faster.
웍 훼스터

1259. 조심해요!
Watch out!
와취 아웃

1260. 잠깐만요!
Hold on!
홀돈

1261. 잠깐!
Wait!
웨잇ㅌ

Unit 03

금지 명령을 할 때

상대방의 행위나 행동을 저지하고자 할 때 '~을 하지 마라'라는 부정의 명령은 <Don't + 동사원형> 문형을 사용한다. Don't 대신 Never를 써서 <Never + 동사원형> 형태가 되면 더욱 강하게 금지하는 의미를 담는다.

1262. 바보같이 굴지 마!
Don't be a fool!
돈 비 어 훌

1263. 버릇없이 굴지 마!
Don't be crazy!
돈 비 크뤠이지

1264. 화내지 마.
Don't be angry.
돈 비 앵그리

1265. 울지 마.
Don't cry.
돈 크라이

1266. 바보 같은 소리 마!
Don't be silly!
돈 비 씰리

Unit 04

경고할 때

경고할 때는 짧고 간단히, 동사원형 혹은 <Don't + 동사원형>으로 시작하는 명령문 형태로 말하게 된다.

1267. 간섭하지 마!
Mind your own business!
마인듀어 원 비지니스

1268. 꼼짝 마!
Freeze!
흐리즈

1269. 엎드려!
Duck!
덕ㅋ

1270. 손들어!
Hands up!
핸즈 업

1271. 멈춰!
Halt!
홀ㅌ

1272. 움직이지 마!
Don't move!
돈 무ㅂ

1273. 앞으로 가!
Move on!
무본

1274. 물러서!
Stand back!
스탠 백

1275. 체포한다!
You're under arrest!
유어 언더 어뤠슷ㅌ

1276. 위험해!
Heads up!
헤즈 업

1277. 엎드려!
Stay down!
스테이 다운

152

Chapter 09 재촉을 할 때

상대방이 어떤 일을 지체할 때 take 동사를 써서 Why are you taking it easy? / What's taking you so long?(뭘 꾸물거리세요?)라고 말할 수 있다. 명령문으로 직접적으로 Hurry up! / Rush it, please. / Step on the gas(= it). / Make it snappy. 등으로 나타낸다. 반대로 여유를 가지라고 할 경우에는 Take it easy. / There is no hurry. / Don't rush me. / Don't be so pushy. 등과 같은 표현이 널리 활용된다.

The bus leaves in ten minutes. Hurry up!

Oh! I didn't realize it was so late.

Conversation
버스가 10분이면 출발해요. 서둘러요!
아! 이렇게 늦은 줄 미처 몰랐어요.

Sentence Patterns

- Move on!
- Make it snappy!
- There's no time to lose.
- Do it quickly!
- Step on it.

* Take your time! / Let's not be too hasty. / Let's not jump the gun. / Let's not rush into things. 등도 유사한 표현이다.

Unit 01
재촉할 때

1278. 서두르세요!
Hurry up!
허뤼 업

1279. 서둘러 주시겠습니까?
Could you hurry up, please?
쿠쥬 허뤼 업 플리즈

1280. 서두르자.
Let's hurry.
렛츠 허뤼

1281. 저 몹시 급해요.
I'm in a hurry.
아임 인 어 허뤼

1282. 서둘러, 시간이 넉넉하지 않아.
Hurry up, we haven't got all day.
허뤼 업 위 해븐 갓 올 데이

1283. 지체할 시간이 없어요.
There's no time to lose.
데얼즈 노 타임 투 루즈

1284. 가능한 한 빨리 하세요.
Do it as quickly as you can.
두 잇 애즈 퀵클리 애즈 유 캔

1285. 빨리 나오세요!
Come on out!
커몬 아웃

1286. 서둘러.
Step on it.
스텝 온 잇

'자동차의 가속 페달을 밟다'라는 뜻으로 서두르라고 독려할 때 사용하는 관용표현이다.

1287. 속달로 해 주세요.
Send it express.
센딧 익스프레스

우편, 등기 등을 보낼 때 쓰는 말이다.

1288. 지금 당장 해 주세요.
I need this done right away.
아이 니드 디스 던 롸잇 어웨이

1289. 빨리 해 주세요.
Do it quickly.
두 잇 퀵클리

1290. 시간이 없어요.
We're short on time.
위어 숏 온 타임

Unit 02
여유를 가지라고 할 때

1291. 천천히 하세요.
You can't keep up with this pace.
유 캔트 킵 업 윗 디스 페이스

1292. 서두를 필요 없어요.
There is no hurry.
데어 이즈 노 허뤼

1293. 나중에 해도 돼요.
It can wait.
잇 캔 웨잇ㅌ

1294. 뭐가 그리 급하세요?
Where's the fire?
웨얼즈 더 화이어

1295. 너무 재촉하지 마세요!
Don't be so pushy!
돈 비 쏘 퍼시

1296. 그렇게 조급하게 굴지 마세요.
Don't be so impatient.
돈 비 쏘 임페이션트

1297. 서두른다고 일이 빨리 되진 않아요.
A watched pot never boils.
어 와취드 팟 네버 보일즈

1298. 천천히 하세요, 시간은 충분하니까요.
Take your time. We have plenty of time.
테익 유어 타임 위 햅 플렌티 어브 타임

1299. 진정해. 왜 서두르니?
Calm down. What's the rush?
컴 다운 왓츠 더 러쉬

1300. 너무 서두르지 마세요.
Don't be in such a hurry.
돈 비 인 써취 어 허뤼

1301. 서두를 필요 없어요.
There's no reason to hurry.
데얼즈 노 리즌 투 허뤼

1302. 시간이 많이 있습니다. / (여유나 시간이) 충분합니다.
We have plenty of time.
위 햅 플렌티 어브 타임

1303. 왜 그렇게 서두르니?
Why are you in such a rush?
와이 아 유 인 써취 어 러쉬

Chapter 10
추측과 확신을 할 때

상대방의 말이 도저히 믿기지 않을 때, 상대가 농담하는 듯한 인상을 줄 때, 맞장구를 칠 때 등과 같이 다양한 상황에서 활용될 수 있는 문장표현을 알아보자. You're joking! / You're kidding! / That can't be! / Unbelievable! / Incredible! 등이 흔하게 쓰이며 의문을 가지고 확인하기 위해 물어볼 때는 Really? / Are you joking? / Are you serious? / Do you mean it? / Are you sure? 등처럼 표현하면 된다.

Conversation

탐이 100만 달러 복권에 당첨되었어.
농담이겠지!

Sentence Patterns

- No kidding!
- You've got to be kidding!
- That can't be!
- You're joking!
- You're pulling my leg!

Unit 01
추측과 판단이 맞았을 때

상대방의 예상이나 추측이 옳을 때 I think you're right. / You may be right. 등과 같은 표현을 활용한다.

1304. 그 말에 일리가 있군요!
That makes sense!
댓 메익 쎈스

1305. 그럴 줄 알았어!
That figures!
댓 휘규어쓰

1306. 아무도 모르죠? / 누가 알겠어요?
Who knows?
후 노우즈

> 예측하기 힘들 경우에 사용하는 표현법으로 사용상 유의해야만 한다. 전혀 감이 잡히지 않을 경우에 I have no idea. / Beats me.라는 표현을 즐겨 사용한다.

1307. 당신 추측이 딱 맞았어요.
Your guess was right on the nose.
유어 게스 워즈 라잇 온 더 노우즈

1308. 제가 옳았다는 것이 판명되었어요.
It turned out that I was right.
잇 턴드 아웃 댓 아이 워즈 라잇

1309. 결과에 대한 우리 예측이 맞았어요.
Our guess about the results was right.
아우어 게스 어바웃 더 리절츠 워즈 라잇

1310. 결과는 우리 예상대로 되었어요.
The results met our expectations.
더 리절츠 멧 아우어 익스펙테이션스

Unit 02
추측과 판단이 다르거나 어려울 때

1311. 당신이 오리라고는 전혀 생각을 못 했어요.
I had no idea that you were coming.
아이 해드 노 아이디어 댓 유 워 커밍

1312. 그건 전혀 예상 밖의 상황이었어요.
That's a whole new ball game.
댓츠 어 홀 뉴 볼 게임

1313. 아직 모르는 일이에요.
The jury is still out.
더 쥬어리 이즈 스틸 아웃

1314. 전혀 짐작이 안 가요.
I haven't the faintest idea.
아이 해븐 더 페인테슷 아이디어

1315. 그 사람이 당선될 가능성이 전혀 없어요.
That guy doesn't have a chance of winning.
댓 가이 더즌 햅 어 챈스 어브 위닝

추측과 판단이 다르거나 어려울 때

1316. 그가 이길 거라는 사실은 전혀 예상 못 했어요.
We hadn't bargained on the fact that he might win.
위 해든 바건드 온 더 홱ㅌ 댓 히 마잇ㅌ 윈

1317. 속단하지 마세요.
Don't jump to conclusions.
돈 점ㅍ 투 컨클루젼ㅅ

1318. 최대한으로 추측해 보세요.
Make the best guess that you can.
메익 더 베슷 게스 댓 유 캔

1319. 대학 시절의 경험을 살려서 판단하세요.
Make a judgement based on your life in college.
메익 어 져지먼ㅌ 베이스드 온 유어 라입 인 컬리지

1320. 그건 예측하기 어려워요.
It's anybody's guess.
잇츠 애니바디스 게스

1321. 추측할 길이 없어요.
There is no guessing.
데어 이즈 노 게씽

1322. 당신 판단에 맡길게요.
I will leave you to judge for yourself.
아이 윌 립 유 투 저지 풔 유어쎌ㅎ

Unit 03
확신하는지 물을 때

1323. 확신하십니까?
Are you sure?
아 유 슈어

1324. 그거 확실한가요?
Are you sure about that?
아 유 슈어 어바웃 댓

1325. 무슨 근거로 그런 말을 하는 거지?
What makes you say so?
왓 메익ㅅ 유 쎄이 쏘

1326. 무슨 근거로 그렇게 확신하죠?
What makes you so positive?
왓 메익ㅅ 유 쏘 파지티브

1327. 왜 그렇게 확신하세요?
What makes you confident?
왓 메익스 유 컨피던ㅌ

Unit 04
확신할 때

1328. 물론이죠.
Certainly.
써튼리

1329. 물론이죠. / 당연하죠.
You bet.
유 벳

1330. 당신이 옳다고 확신합니다.
I bet you are right.
아이 벳 유 아 롸잇

1331. 내기를 해도 좋아요!
I can even bet on that!
아이 캔 이븐 베돈 댓

원래 bet은 '내기를 걸다'라는 뜻으로 I'd bet on it!이나 You can bet on it!도 확신할 때 사용하는 관용표현이다. 또한 슬랭으로 You betcha!라는 표현도 사용된다.

1332. 확실합니다.
Absolutely certain.
앱쏠루틀리 썰튼

1333. 그건 제가 보증합니다.
I give you my word for it.
아이 깁 유 마이 월드 훠릿

1334. 단언합니다.
I swear.
아이 스웨어

1335. 맹세합니다!
Cross my heart!
크로스 마이 핱트

종교적인 색채가 강한 표현으로 신에게 맹세할 정도로 사실이며, 진실이라고 말할 때 사용하는 표현법이다.

1336. 그것에 대해서는 의심할 여지가 없습니다.
There's no question about it.
데얼즈 노 퀘스쳔 어바우릿

1337. 이 시합은 우리 팀이 꼭 이길 거야.
I'm convinced our team will win this game.
아임 컨빈스드 아우어 팀 윌 윈 디스 게임

Unit 05
확신하지 못할 때

1338. 아직은 확실하지 않습니다.
I'm not sure yet.
아임 낫 슈어 옛

1339. 확실한 것은 모르겠습니다.
Your guess is as good as mine.
유어 게스 이즈 애즈 굳 애즈 마인

확신하지 못할 때

1340. 그 점에 대해선 확실하지 않습니다.
I'm not positive about that point.
아임 낫 파지티브 어바웃 댓 포인트

1341. 장담할 수는 없습니다.
I can't say for sure.
아이 캔ㅌ 쎄이 훠 슈어

1342. 노력하겠지만, 장담은 못 하겠습니다.
I'll try, but I can't promise.
아일 트라이, 벗 아이 캔ㅌ 프라미스

Chapter 11
허가와 양해를 구할 때

상대방에게 허가를 구할 경우에는 먼저 Excuse me.(실례합니다.)라는 표현을 한 다음 자신의 의사를 드러내야만 한다. 그리고 이러한 표현을 나타내는 문형은 May I ~? / Can I ~? / Would you mind ~? / Let me ~ 등과 같은 표현을 사용함에 유의하길 바란다. 부탁을 해야 할 경우 또는 전화 통화 시 부재중일 경우 메시지를 남겨 달라고 할 때 쓸 수 있는 표현을 알아본다. '메시지를 남기다'는 leave a message, '메시지를 받다'는 take a message라고 한다.

May I speak with Mr. Johnson, please?

I'm sorry, he's not here. Could I take a message?

Conversation

존슨 씨 좀 바꿔 주시겠어요?
미안합니다만, 자리에 안 계십니다. 메모를 남겨 드릴까요?

Sentence Patterns

- May I take a message?
- Do you have any message?
- Could I have ~ call you?
- Is there any message?
- Would you like to leave a message?

Unit 01
양해를 구할 때

단순히 사과하는 표현으로 Excuse me. / Pardon me. / Forgive me. 등을 사용하지만 단지 형식적으로 하는 말이라고 보면 무방할 것이다.

1343. 실례합니다.
Excuse me.
익스큐즈 미

1344. 잠깐 실례하겠습니다.
Excuse me for a moment.
익스큐즈 미 풔 러 모먼트

1345. 잠깐 실례해도 되겠습니까?
Would you excuse me for a moment?
우쥬 익스큐즈 미 풔 러 모먼트

1346. 여기서 담배를 피워도 됩니까?
Would you mind if I smoke here?
우쥬 마인드 이프 아이 스목 히어

1347. 말씀 도중에 죄송합니다만,
Forgive me for interrupting you, but ~
포깁 미 풔 인터럽팅 유, 벗

1348. 여기 앉아도 되겠습니까?
Mind if I sit here?
마인드 이파이 씻 히어

> 구어에서는 Would you ~?를 생략한 표현법을 활용하는 경향이 있다.

1349. 한 시간만 당신 컴퓨터를 쓸게요.
Let me use your computer for just one hour.
렛 미 유즈 유어 컴퓨터 풔 저슷 원 아우어

1350. 실례합니다. 좀 지나가도 될까요?
Excuse me. May I get by, please?
익스큐즈 미. 메이 아이 겟 바이, 플리즈

Unit 02
허가를 구할 때

1351. 하나 가져가도 돼요?
Can I take one?
캔 아이 테익 원

1352. 들어가도 돼요?
May I come in?
메이 아이 컴 인

1353. 질문 하나 해도 되겠습니까?
May I ask you a question?
메이 아이 애스큐 어 퀘스쳔

1354. 잠시 실례해도 되겠습니까?
May I be excused for a moment?
메이 아이 비 익스큐즈드 풔 러 모먼트

162

허가를 구할 때

1355. 이 책 빌려가도 돼요?
May I borrow this book?
메이 아이 바로우 디스 북

1356. 이제 집에 가도 돼요?
May I go home now?
메이 아이 고 홈 나우

1357. 나가서 놀아도 돼요?
May I go out to play?
메이 아이 고 아웃 투 플레이

1358. 영어로 이야기해도 되겠습니까?
May I speak in English?
메이 아이 스피킨 잉글리쉬

1359. 여기서 사진을 찍어도 됩니까?
May I take a photo(= picture) here?
메이 아이 테익 어 포토(= 픽쳐) 히어

1360. 전화 좀 써도 되겠습니까?
Could I use your telephone?
쿠드 아이 유즈 유어 텔러폰

1361. 여기에 잠시 주차해도 되겠습니까?
Might I park here for a moment?
마잇 아이 팍 히어 훠 러 모먼

1362. 여기서 담배를 피워도 되겠습니까?
Do you mind if I smoke here?
두 유 마인드 잎 아이 스목 히어

1363. 무엇을 도와드릴까요?
May I help you?
메이 아이 헬퓨

> 유사한 표현법으로 What can I do for you?라는 표현도 즐겨 사용한다.

1364. 전화번호 좀 주시겠어요?
Can I have your phone number?
캔 아이 햅 유어 폰 넘버

Unit 03
허가할 때

1365. 예, 그렇게 해도 됩니다.
Yes, you may.
예스 유 메이

1366. 좋아요.
Okay.
오케이

1367. 물론이지요.
Sure.
슈어

허가할 때

Can I ~?나 May I ~?로 질문했을 때 해도 된다고 허가할 때는 Yes, you may. 혹은 Yes, you can.으로 대답할 수 있다. Do you mind if I ~?로 질문했을 때 허가한다고 대답하려면 No, not at all. / Of course not. / No, I don't. 등 부정형을 써야 한다.

1368. 어서 하세요.
Go ahead.
고 어헤드

1369. 문제없습니다.
No problem.
노 프라블럼

1370. 왜 안 되겠어요?
Why not?
와이 낫

1371. 전혀요, 괜찮습니다.
No, not at all.
노 낫 앳 올

1372. 그럼요, 어서 하세요.
Of course not. Go ahead.
업 콜스 낫 고 어헤드

1373. 들어와도 됩니다.
You may come in.
유 메이 컴 인

1374. 이제 집에 가도 됩니다.
You may go home now.
유 메이 고우 홈 나우

1375. 여기서 담배 피워도 됩니다.
You may smoke here.
유 메이 스목 히어

1376. 가도 돼요.
It's alright to go.
잇츠 올라잇 투 고

1377. 여기서 사진을 찍어도 됩니다.
You can take a picture here.
유 캔 테이커 픽쳐 히어

1378. 하고 싶은 일은 뭐든지 해도 돼.
You may do whatever you like (to).
유 메이 두 와레버 유 라익 (투)

1379. 신발을 신고 방에 들어가도 됩니다.
You may enter the room with shoes on.
유 메이 엔터 더 룸 위드 슈즈 온

1380. 가져가고 싶은 것은 뭐든지 가져가도 돼.
You may take whatever you want.
유 메이 테익 와레버 유 원트

허가할 때

1381. 언제든지 원하시면 제 차를 사용하셔도 됩니다.
You can use my car whenever you want.
유 캔 유즈 마이 카 웨네버 유 원트

Unit 04
허가하지 않을 때

1382. 아니오, 안됩니다.
No, you may not.
노 유 메이 낫

1383. 죄송합니다만, 안됩니다.
I'm sorry, you can't.
아임 쏘리 유 캔트

1384. 여기에 주차할 수 없습니다.
You can't park here.
유 캔트 팍 히어

1385. 이 물을 마셔서는 안 됩니다.
You cannot drink this water.
유 캔낫 드링ㅋ 디스 워터

1386. 밤에 밖에 나가면 안 돼.
You must not go out at night.
유 머슷 낫 고 아웃 앳 나잇

1387. 여기서 담배 피워서는 안 됩니다.
You should not smoke here.
유 슈드 낫 스목 히어

1388. 남에게 욕하면 안 돼.
You should not speak ill of others.
유 슈드 낫 스픽 일 어브 아덜스

1389. 사람은 약속을 어겨서는 안 됩니다.
You should not break a promise.
유 슈드 낫 브레이커 프라미스

1390. 여기서 담배를 피우면 안 됩니다.
You are not allowed to smoke here.
유 아 낫 얼라우드 투 스목 히어

1391. 절대 다른 사람에게 이야기하지 마세요.
Never tell others.
네버 텔 아덜스

1392. 어린이들이 혼자 가게 하지 마세요.
Don't let the children go alone.
돈 렛 더 칠드런 고 얼론

허가할 때는 Yes, you may. 혹은 Yes, you can.으로 대답할 수 있으므로, 허가하지 않을 때는 부정형을 만들어 No, you may not. 혹은 No, you can't.라고 할 수 있다. You must not ~ / You should not ~ / You are not allowed ~ 역시 가능하다.

허가하지 않을 때

1393. 나를 어린애 취급하지 마세요.
Don't treat me like a child.
돈 트릿 미 라이커 촤일드

1394. 그럴 기분이 아닙니다.
I don't feel like it.
아이 돈 휠 라이킷

1395. 죄송하지만 즉시 해 드릴 수는 없겠는데요.
I'm afraid I can't make it right away.
아임 어흐레이드 아이 캔트 메이킷 롸잇 어웨이

Chapter 12 — 예정과 계획

일반적으로 상대방에게 What are you doing now?(지금 뭐해?)하면 지금 현재 상황을 묻는 표현이지만 미래를 물을 때는 Are you free ~?(~ 시간이 되겠어?) / How about ~?(~은 어때?) / When is it ~?(~은 언제로 할까?) 등의 문형을 사용한다. 상대방과 약속 시간을 정할 경우에 What time can you make it?(언제로 정할까요?)라는 표현을 사용하며, 방문 요청을 할 경우에는 When can you come over?(언제 들르시겠어요?), 반면에 방문 허락을 구할 경우에는 When can I visit? / When can I stop by? / When can I drop by? / When can I come over?(언제 들르면 됩니까?) 등과 같이 표현하면 된다.

Unit 01
예정과 계획을 물을 때

1396. 주말에는 무엇을 할 예정입니까?
What are you doing this weekend?
와라유 두잉 디스 위켄드

1397. 언제 출발합니까?
When are you leaving?
웬아유 리빙

1398. 언제쯤이 좋을까요?
When is convenient for you?
웬 이즈 컨비년ㅌ 풔 유

> 누군가와 약속을 정할 때 상대방에게 질문하는 표현으로 When is good for you?라고 해도 무방하다.

1399. 공항으로 마중 나오시겠습니까?
Are you going to meet me at the airport?
아 유 고잉 투 밋 미 앳 디 에어폿ㅌ

1400. 한국에 얼마 동안 체류할 예정입니까?
How long are you going to stay in Korea?
하우 롱 아 유 고잉 투 스테이 인 코리아

1401. 오늘 저녁 할 일이 있으십니까?
Are you doing anything this evening?
아 유 두잉 애니씽 디스 이브닝

1402. 내일 저녁 한가하신지 알고 싶습니다.
I wonder if you're free tomorrow evening.
아이 원더 잎 유어 흐리 투마로 이브닝

1403. 내일 계획은 어떻습니까?
What are your plans for tomorrow?
왓 아 유어 플랜즈 풔 투마로우

1404. 내일 어떤 계획이 있으십니까?
Do you have anything planned tomorrow?
두 유 햅 애니씽 플랜 투마로우

1405. 다음 주 일정이 어떻게 되십니까?
What's your schedule for next week?
왓츠 유어 스케쥴 풔 넥슷ㅌ 윅

1406. 이게 끝나면 뭘 할 예정이죠?
What are you planning to do when all this is over?
와라유 플래닝 투 두 웬 올 디스 이즈 오버

Unit 02

예정과 계획을 말할 때

1407. 다음 주 토요일에 파티를 열 예정입니다.
We're having a party next Saturday.
위아 해빙 어 파리 넥슷ㅌ 쌔러데이

1408. 저의 예정이 꽉 차 있어요.
My schedule's pretty tight.
마이 스케쥴스 프리디 타잇

1409. 5월 하순경에 프랑스를 방문할 예정입니다.
I'm going to visit France around the end of May.
아임 고잉 투 비짓 프랜스 어라운드 디 엔드 어브 메이

1410. 내일 찾아뵙겠습니다.
I'm coming to see you tomorrow.
아임 커밍 투 씨 유 투마로우

1411. 낭비한 시간을 보충할 생각입니다.
I'm thinking of making up for all the time I've wasted.
아임 씽킹 어브 메이킹 업 훠 올 더 타임 아이브 웨이슷티드

1412. 생일에 친구들을 초대할 생각입니다.
I'm planning to invite my friends on my birthday.
아임 플래닝 투 인바잇 마이 프렌즈 온 마이 벌쓰데이

1413. 이번 휴가 때는 하와이에 갈 생각입니다.
I'm planning to go to Hawaii this coming vacation.
아임 플래닝 투 고 투 허와이 디스 커밍 베케이션

1414. 이 일은 내일까지 마무리할 생각입니다.
I intend to finish this work by tomorrow.
아이 인텐 투 휘니쉬 디스 웍 바이 투마로우

1415. 언젠가 이집트에 가 볼 생각입니다.
I mean to visit Egypt someday.
아이 민 투 비짓 이집 썸데이

1416. 갈 생각이었지만 그럴 수가 없었어요.
I really meant to go there, but I wasn't able to.
아이 륄리 민 투 고 데어, 벗 아이 워즌 에이블 투

1417. 정말 미안합니다. 놀라게 할 생각은 아니었어요.
I'm terribly sorry. I didn't mean to frighten you.
아임 테러블리 쏘리. 아이 디든 민 투 후라이튼 유

1418. 점심으로 햄버거를 먹을까 해.
I think I'll have a hamburger for lunch.
아이 씽크 아일 해버 햄버거 훠 런치

1419. 그에게 얘기해 두려고 합니다.
I think I'll tell him.
아이 씽 아일 텔 힘

예정이나 계획을 나타내는 표현은 be going to / be planning to / intend to / mean to / be supposed to 등의 어구를 활용하여 나타내면 된다.

예정과 계획을 말할 때

1420. 이틀 더 체류하려고 합니다.
I (rather) think I'll stay for another couple of days.
아이 (래더) 씽 아일 스테이 훠 어나더 커플 어브 데이즈

1421. 그는 3시경에 돌아올 겁니다.
He's supposed to be back around three.
히즈 써포즈 투 비 백 어라운드 쓰리

1422. 그 파티에 뭘 입고 가기로 되어 있습니까?
What are we supposed to wear to the party?
왓 아 위 써포즈 투 웨어 투 더 파리

1423. 좌측통행이에요.
You are supposed to keep to the left.
유 아 써포즈 투 킵 투 더 레풋ㅌ

Chapter 13 가능과 불가능

조동사 can은 '가능(possible)'을 나타내는 대표적인 단어이다. can과 과거형이자 정중한 표현에 쓰이는 could를 활용해 가능과 불가능을 묻고 답하는 표현을 알아보도록 하자. can으로 묻는다고 해서 전부 가능·불가능을 묻는 뉘앙스가 아니라 가볍게 요청을 의미하는 표현으로도 쓰인다는 사실에 주목해야 한다.

Jack, can you help me? My computer is causing trouble again.

Uh, oh. Here we go again.

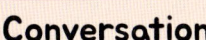

Conversation

잭, 도와줘. 컴퓨터가 또 이상해.
아이구, 또야.

Unit 01
가능 여부를 물을 때

Can you ~?는 '당신은 ~ 할 수 있나요?'라는 의미를 가진 기본 문형이다.

1424. 무얼 할 수 있습니까?
What can you do?
왓 캔 유 두

1425. 수영할 줄 아세요?
Can you swim?
캔 유 스윔

1426. 영어로 전화할 수 있어요?
Can you make a phone call in English?
캔 유 메이커 폰 콜 인 잉글리쉬

1427. 피아노 칠 수 있어요?
Can you play the piano?
캔 유 플레이 더 피애노

1428. 제시간에 끝낼 수 있겠어요?
Can you make it on time?
캔 유 메이킷 온 타임

1429. 좀 깎아 주실 수 없습니까?
Can you come down a little?
캔 유 컴 다운 어 리를

1430. 정말 믿어도 되겠어?
Can I really count on you?
캔 아이 릴리 카운톤 유

1431. 시간에 늦지 않게 도착하실 수 있겠습니까?
Can you arrive in time?
캔 유 어라이빈 타임

Unit 02
가능하다고 대답할 때

1432. 난 운전할 수 있어.
I can drive.
아이 캔 드라이ㅂ

1433. 금요일까지 끝낼 수 있어요.
I can finish it by Friday.
아이 캔 휘니쉬잇 바이 흐라이데이

1434. 난 중국어를 읽을 수 있어요.
I can read Chinese.
아이 캔 뤼드 차이니즈

1435. 그는 글씨를 읽을 줄 알아.
He is able to read letters.
히 이즈 에이블 투 뤼드 레러스

가능하다고 대답할 때

be able to는 can과 같은 의미로 '~할 수 있다'이다. will과 같은 조동사에 조동사 can이 연달아 나올 수 없으므로 이런 경우에는 can 대신 be able to를 써야 한다.

1436. 그는 그 일에 적합하다.
He is equal to the job.
히 이즈 이퀄 투 더 잡

1437. 영어를 할 수 있을 거야.
You will be able to speak English.
유 윌 비 에이블 투 스픽 잉글리쉬

1438. 이 음식은 먹을 만해.
This food is edible.
디스 후드 이즈 에더블

1439. 이 가게에서는 물을 살 수가 있어.
Water is available in this store.
워터 이즈 어베일러블 인 디스 스토어

1440. 그 정도는 알아서 하셔야지요.
You can do better than that.
유 캔 두 베러 댄 댓

1441. 알겠습니다. 그러죠 뭐.
Roger (wilco).
라저 (윌코우)

관용표현으로 wilco는 will comply를 생략한 표현이다.

Unit 03 불가능을 말할 때

1442. 난 자전거 타지 못해요.
I can't ride a bike.
아이 캔트 라이더 바이크

1443. 그 질문에 답해 드릴 수가 없군요.
I can't answer the question.
아이 캔트 앤써 더 퀘스쳔

1444. 당신과 사랑에 빠지지 않을 수 없군요.
I can't help falling in love with you.
아이 캔트 헬프 훨링 인 러브 위듀

1445. 난 한 가지라도 제대로 하는 것이 없다니까!
I can't do anything right!
아이 캔트 두 애니씽 라잇

1446. 저와 함께 가실 수 없겠습니까?
Can't you go with me?
캔츄 고 위드 미

1447. 모르겠어요?
Can't you see?
캔츄 씨

1448. 이 음식은 먹을 수가 없습니다.
This food is not edible.
디스 후드 이즈 낫 에더블

Part 4

감정 표현
Expressions of Emotions

누군가 "말은 그 사람의 인격"이라고 했던 것처럼 감정을 드러내는 여러 가지 표현인 기쁨, 걱정, 슬픔. 노여움, 비난, 불평, 놀라움 등은 상대적인 개념이기 때문에 행동(action)이나 표정(expression), 몸짓(gesture), 말(speech) 따위에서부터 표출하거나 절제하는 법을 익혀 보자.

Chapter 01 기쁨과 즐거움을 나타낼 때

기쁨과 즐거움을 나타내는 표현은 대개 감탄문이거나 문장이 짧다. 응원이나 격려를 할 때도 짧은 단문을 활용할 수 있다. 우리가 아주 흔하게 쓰는 Fighting!은 싸움을 할 때 투쟁하자는 뜻이므로 Come on! / Way to go!를 쓰도록 하자.

Josephine and I have been chosen to do the advertising campaign.

Well, good for you! I'm sure you'll do a great job.

Conversation

조세핀과 내가 광고 캠페인을 맡게 되었어요.
아유, 잘됐구나! 분명히 잘할 거야.

Sentence Patterns

- That's great!
- (You did a) Good job!
- That's good!
- Well done!
- Way to go!

Unit 01
즐거울 때

1449. 정말 재미있군!
What fun!
왓 훤

1450. 즐거워요.
I'm having fun.
아임 해빙 훤

1451. 정말 즐거워요!
What a lark!
왓 어 락ㅋ

1452. 좋아서 미치겠어요.
I'm tickled pink.
아임 티클드 핑크

1453. 정말 기분이 좋군!
Oh! How glad I am!
오! 하우 글래드 아이 앰

1454. 콧노래라도 부르고 싶은 기분입니다.
I feel like humming.
아이 휠 라익 허밍

1455. 난 정말로 만족스러워.
I'm completely content.
아임 컴플리틀리 컨텐트

1456. 마음이 아주 편안해요.
My mind is completely at ease.
마이 마인드 이즈 컴플리틀리 앳 이즈

1457. 당신이 있어서 즐거웠습니다.
I enjoyed having you.
아이 인조이드 해빙 유

1458. 즐거운 시간을 보냈습니다.
I had the time of my life.
아이 해드 더 타이머브 마이 라잎

1459. 파티에서 정말 즐거웠습니다.
I had a very good time at the party.
아이 해더 베리 굳 타임 앳 더 파리

1460. 만나서 즐거웠습니다.
It was nice meeting you.
잇 워즈 나이스 미딩 유

lark
장난, 희롱

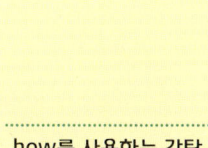

how를 사용하는 감탄문은 <How + 형용사 + 주어 + 동사> 형태로 표현한다

Unit 02
기쁠 때

I'm happy.는 "나는 행복해요."이며, 의미를 강조하고 싶다면 부사를 사용하여 I'm very happy.(무척 행복해요.)라고 쓸 수 있다. 이보다도 더 강하게 표현하려면 <부정어 + 비교급>을 사용하여 I couldn't be happier with it.(더 이상 기쁠 수 없을 거야.)이라고 할 수 있다.

1461. 무척 기뻐요!
I'm very happy!
아임 베뤼 해피

1462. 몹시 기뻐.
I'm overjoyed.
아임 오버조이드

1463. 기뻐서 펄쩍 뛸 것 같아.
I'm about ready to jump out of my skin.
아임 어바웃 뤠디 투 점ㅍ 아웃 어브 마이 스킨

1464. 기뻐서 날아갈 것 같았어요.
I jumped for joy.
아이 점프ㅌ 훠 죠이

1465. 제 생애에 이보다 더 기쁜 적이 없었어요.
I've never been happier in my life.
아이브 네버 빈 해피어 인 마이 라잎

1466. 날아갈 듯해.
I'm flying.
아임 흘라잉

1467. 기분 끝내주는군!
What a great feeling!
왓 어 그뤠잇 휠링

1468. 너무 기뻐서 말이 안 나와요.
I'm so happy, I don't know what to say.
아임 쏘 해피, 아이 돈 노우 왓 투 쎄이

1469. 제 아들이 성공해서 무척 기뻐요.
I'm very pleased with my son's success.
아임 베리 플리즈드 위드 마이 썬ㅅ 썩쎄스

1470. 더 이상 기쁠 수 없을 거야.
I couldn't be happier with it.
아이 쿠든 비 해피어 위드 잇

Unit 03
기쁜 소식을 들었을 때

1471. 그 소식을 들으니 정말 기쁩니다.
I'm glad to hear that.
아임 글래드 투 히어 댓

1472. 대단한 소식이야!
What wonderful news!
왓 원더훨 뉴스

기쁜 소식을 들었을 때

1473. 듣던 중 반가운데요.
That's nice to hear.
댓츠 나이스 투 히어

1474. 그거 반가운 소식이군요.
That's good news.
댓츠 굳 뉴스

1475. 좋은 소식이군요. 당신을 만나기를 고대하고 있겠습니다.
Good news. I'll be looking forward to meeting you.
굳 뉴스 아일 비 룩킹 훠워드 투 미링 유

Unit 04
기쁠 때 외치는 소리

1476. 만세!
Hurrah!
허레이

1477. 브라보!
Bravo!
브라보

1478. 만세!
Hip, hip, hurray!
힙 힙 허레이

1479. 야, 만세!
Yippee!
이삐

1480. 야호!
Yahoo!
야후

1481. 이야!
Oh, boy!
오 보이

1482. 와!
Wow!
와우

1483. 와! 멋져!
Whoopee!
우삐

Unit 05
재미있을 때

1484. 아주 재미있어요!
How exciting!
하우 익싸이팅

1485. 무슨 재미있는 일이라도 있니?
What's happening?
왓츠 해프닝

1486. 재미있겠군요.
That sounds interesting.
댓 사운즈 인터뤠스팅

1487. 너무 재미있어서 웃음이 멈추지 않네요.
It's so funny that I couldn't stop laughing.
잇츠 쏘 훠니 댓 아이 쿠든 스탑 래횡

1488. 골라먹는 재미가 있습니다.
It's fun picking out my favorite.
잇츠 훤 피킹 아웃 마이 훼이버릿

Unit 06
행운을 얻었을 때

1489. 잘됐다!
Lucky!
럭키

1490. 오늘은 재수가 좋아!
I lucked out today!
아이 럭ㅌ 아웃 투데이

1491. 운이 좋았어!
It's your lucky day!
잇츠 유어 럭키 데이

1492. 하나님 고맙습니다!
Thank heavens!
쌩ㅋ 해븐스

1493. 대성공이야!
I hit the jackpot!
아이 힛 더 잭팟

1494. 단지 운이 좋았을 뿐이야.
I was just lucky.
아이 워즈 저슷 럭키

1495. 이렇게 좋을 수가!
Talk about luck!
토커바웃 럭

행운을 얻었을 때

1496. 바로 이거야!
It's it!
댓츠 잇

Unit 07
행복할 때

1497. 너무 행복해요.
I'm very happy.
아임 베리 해피

1498. 행복하세요!
Be happy!
비 해피

1499. 꿈이 이루어졌어!
It's a dream come true!
잇츠 어 드림 컴 트루

1500. 우리는 모두 행복해.
We are all happy.
위 아 올 해피

1501. 그는 행복에 넘쳐 있습니다.
His cup runs over.
히즈 컵 런즈 오버

1502. 돈으로 행복을 살 수는 없어.
Money cannot buy happiness.
머니 캔낫 바이 해피니스

Unit 08
안심할 때

1503. 휴!
Whew!
휴

1504. 아!
Aah!
아

relieve는 '(불쾌감 등을) 덜어 주다, 완화하다; 안심하다'라는 의미이다. 명사형은 relief이다. relief에는 '안심, 안도; 경감' 외에도 '구호품; 위안; 교대자; 구출; 두드러짐' 등의 다양한 의미가 있다.

1505. 정말 안심했어요!
What a relief!
왓 어 릴립ㅎ

1506. 그 말을 들으니 안심이네요.
It's a relief to hear that.
잇츠 어 릴립 투 히어 댓

1507. 그 말을 들으니 안심이 됩니다.
I'm relieved to hear it.
아임 릴리브ㄷ 투 히어 잇

181

Chapter 02 — 화가 났을 때

상대방의 말이 믿기지 않거나 농담처럼 들릴 경우에는 You are kidding me?(농담이죠?) / It can't be true!(아니, 그럴 수가!) 등을 쓸 수 있고, 너무 놀라운 소식이나 소문을 접했을 경우에는 Gee! / Oh, my God! / Oh, dear! / Oh, my gosh! 등으로 나타낼 수 있다. 상대방에게 동정이나 위로를 표명할 때 사용하는 표현으로써 Don't worry. / Never mind. / Forget it. 등이 있다. 연민을 나타내는 표현에는 Poor thing!이라는 문장도 있다.

Conversation

놀라게 해 주고 싶진 않지만, 누군가가 막 당신 차를 박은 것 같아요.
뭐라고요! 얼마나 망가졌는지 보러 가야겠어요.

Sentence Patterns

- That's too bad.
- What a shame!
- How awful!
- Try not to get depressed.
- That's a pity.
- I'm so sorry.
- I sympathize with you.

Unit 01
자신이 화가 날 때

1508. **빌어먹을!**
I'm sorry, (Oh, my) Gosh!
(오 마이) 가쉬

1509. **꼴좋다!**
Serves you right!
써브쥬 라잇

1510. **너무 화가 나는군요.**
I'm so angry with you.
아임 쏘 앵그리 위듀

1511. **저런, 심하군요!**
What a shame!
와러 쉐임

1512. **바보 같은!**
Silly!
씰리

1513. **알았어, 알겠다고.**
All right, I will.
올 라잇, 아이 윌

1514. **내게 말하지 마.**
Don't talk to me.
돈 톡 투 미

1515. **당신 때문에 미치겠어요.**
You drive me crazy.
유 드라이브 미 크레이지

1516. **더 이상은 못 참겠어요(됐습니다).**
Enough is enough.
이넙ㅎ 이즈 이넙ㅎ

1517. **미치겠어요.**
I'm going crazy.
아임 고잉 크레이지

1518. **너무 화가 나서 터질 것만 같아.**
I'm so angry I could blow(= explode).
아임 쏘 앵그리 아이 쿠드 블로우(= 익스플로우드)

1519. **참는 것도 한도가 있어요.**
My patience is worn out.
마이 페이션스 이즈 원 아웃

1520. **그 사람을 볼 때마다 열 받아요.**
I get fired up everytime I see him.
아이 겟 화이어드 업 에브리타임 아이 씨 힘

자신이 화가 날 때

1521. 너무 약 올라!
How exasperating!
하우 이그재스퍼레이팅

1522. 끔찍해!
That's awful!
댓츠 어훨

1523. 그를 죽여 버렸으면.
I could have killed him.
아이 쿠드 햅 킬드 힘

1524. 이것은 몹시 불쾌해.
I'm extremely unhappy about this.
아임 익스트림ㄴ리 언해피 어바웃 디스

1525. 이 TV 때문에 정말 화나는군.
This TV really makes me angry.
디스 티비 릴리 메익스 미 앵그리

1526. 지금 도대체 뭐하는 거야?
What kind of question is it?
왓 카인더브 퀘스쳔 이즈 잇

Unit 02
상대방이 화가 났을 때

angry는 '화난'이라는 의미의 형용사이다. 비슷한 의미의 표현으로 furious, in a rage, on the warpath 등이 있다. mad와 crazy는 우리가 흔히 '미친'이라는 의미로 알고 있지만, 미친 것처럼 화가 났다는 의미에서 '화가 난'이라는 의미로도 많이 쓰인다.

1527. 화났어요?
Are you angry?
아 유 앵그리

1528. 아직도 화나 있어요?
Are you still angry?
아 유 스틸 앵그리

1529. 그래서 나한테 화가 났어요?
Are you angry with me on that score?
아 유 앵그리 위드 미 온 댓 스코어

1530. 뭐 때문에 그렇게 씩씩거리니?
What's got you all in a huff?
왓츠 갓 유 올 인 어 헙

1531. 왜 그런지 모르겠어요.
I don't know why.
아이 돈 노우 와이

1532. 그는 몹시 화가 나 있어요.
He's on the warpath.
히즈 온 더 월패쓰

1533. 그녀는 화가 나 있어.
She's furious.
쉬즈 휴어리어스

184

상대방이 화가 났을 때

1534. 그녀는 격분하고 있어.
She's in a rage.
쉬즈 인 어 뤠이지

Unit 03
화를 달랠 때

1535. 진정하세요!
Calm down!
컴 다운

> Don't get excited. / Cool it. 등으로 표현할 수 있다.

1536. 화내지 마세요.
Please don't get angry.
플리즈 돈 겟 앵그리

1537. 흥분을 가라앉혀.
Simmer down.
씨머 다운

1538. 이성을 잃으면 안 돼.
Don't lose your temper.
돈 루즈 유어 템퍼

1539. 나한테 화내지 마라.
Don't take it out on me.
돈 테이킷 아웃 온 미

1540. 이런 일에 화낼 필요 없어.
Don't get so uptight about this.
돈 겟 쏘 업타잇 어바웃 디스

1541. 너무 화내지 마.
Don't get so upset.
돈 겟 쏘 업셋

1542. 진정해. 이 정도도 다행이지 뭐.
Relax. It could be worse, you know.
릴렉스 잇 쿠드 비 월스 유 노우

1543. 이제 제발 그만두게나!
That's enough of that!
댓츠 이넙 어브 댓

Chapter 03 슬픔과 우울을 나타낼 때

유감, 슬픔, 우울함, 괴로움, 안타까움을 나타내는 문장 표현은 대체로 〈의문사 + 형용사〉 형태의 문장이거나 '내가 어떤 상태(형용사)이다'라는 문장 형태를 사용한다. 아울러 위로와 격려를 나타내는 문장 표현도 익혀 두자. 가령 What's eating you?(무슨 고민 있어요?) / Why do you look so blue?(왜, 무슨 일 있어요?) / You look depressed.(우울해 보여요.) 등과 같은 질문에 대해서는 Cheer up! / Don't be too discouraged! 따위로 응답하면 좋을 것이다.

I was invited to dinner by three men on the same day.

What a shame!

Conversation
같은 날에 세 사람의 남자에게서 저녁 초대를 받았어.
딱하기도 해라!

Sentence Patterns
- What a shame!
- Don't sweat it.
- Not to worry.
- Never mind!
- Don't be nervous!
- Don't go to pieces.

Unit 01
슬플 때

1544. 아, 슬퍼요!
Alas!
얼래스

1545. 슬퍼요.
I'm sad.
아임 쌔드

1546. 너무 슬퍼요.
I'm so sad.
아임 쏘 쌔드

1547. 어머, 가엾어라!
What a pity!
와러 피리

1548. 어머, 가엾어라!
Oh, poor thing!
오 푸어 씽

1549. 저는 비참해요.
I feel miserable.
아이 휠 미저러블

1550. 저는 조금 슬픕니다.
I'm feeling rather sad.
아임 휠링 래더 쌔드

1551. 그거 조금 슬픈 기분이에요.
I'm just feeling a little sad.
아임 저슷 휠링 어 리를 쌔드

1552. 영화가 너무 슬퍼요.
The movie is so sad.
더 무비 이즈 쏘 쌔드

1553. 세상이 꼭 끝나는 것 같아.
I feel like the world is coming to an end.
아이 휠 라익 더 월드 이즈 커밍 투 언 엔드

Unit 02
슬퍼서 울 때

1554. 슬퍼서 울고 싶은 심정이에요.
I'm so sad I could cry.
아임 쏘 쌔드 아이 쿠드 크라이

1555. 울고 싶어요.
I feel like crying.
아이 휠 라익 크라잉

슬퍼서 울 때

cry one's eye out은 '눈이 통통 붓도록 울다'라는 의미를 가진다. eye를 heart로 바꿔 주면 '가슴이 터지도록 울다'가 된다. weep 역시 '울다'라는 의미의 동사이며, 흐느껴 우는 것은 sob이라고 한다. 울부짖는 울음은 wail을 사용하여 표현한다.

1556. 눈물을 닦으세요.
Wipe your eyes.
와잎 유어 아이즈

1557. 우세요, 실컷 우세요.
Cry, just cry to your heart's content.
크라이 저슷 크라이 투 유어 할츠 컨텐트

1558. 영화를 보고 울어 본 적이 있으세요?
Have you ever cried from watching a movie?
해뷰 에버 크라이드 흐롬 와칭 어 무비

1559. 몹시 울었어요.
I cried my eyes out.
아이 크라이드 마이 아이즈 아웃

Unit 03
우울할 때

1560. 저는 우울해요.
I'm depressed.
아임 디프레슷ㅌ

1561. 저는 희망이 없어요.
I'm hopeless.
아임 호플리스

1562. 아무것도 하고 싶은 생각이 없어요.
I don't feel like doing anything.
아이 돈 휠 라익 두잉 애니씽

1563. 저는 지금 절망적인 상태예요.
I'm in a no-win situation now.
아임 이너 노-윈 씨츄에이션 나우

1564. 저를 우울하게 만들지 마세요.
Don't make me depressed.
돈 메익 미 디프레슷ㅌ

Unit 04
슬픔과 우울함을 위로할 때

1565. 내가 당신 옆에서 돌봐 줄게요.
I'll stick by you.
아윌 스틱 바이 유

1566. 너무 우울해하지 마.
Don't get too down.
돈 겟 투 다운

1567. 기운 내.
Cheer up.
취어럽

슬픔과 우울함을 위로할 때

1568. 너는 이겨낼 거야.
You'll get through this.
유윌 겟 쓰루 디스

1569. 슬픔에 굴복해서는 안 돼요.
Don't give way to grief.
돈 깁 웨이 투 그립ㅎ

1570. 잠을 자고 슬픔을 잊어버리세요.
Sleep off your sorrow.
슬립 엎 유어 써로우

Chapter 04
놀람과 두려움을 느낄 때

놀라운 일을 경험하거나 두려움을 느낄 때 하는 표현과 진정하고 위로를 받을 때 쓸 수 있는 표현이다. Oh, my God! / My goodness! / No way! 등은 우리 귀에 익숙한 놀람의 표현들이다. Calm down.과 함께 유사한 여러 가지 표현도 함께 알아보자.

> Boy, am I tired of standing at the counter.

> Sit down and take it easy for a while.

Conversation

아이고, 카운터에 계속 서 있었더니 지겨워.
앉아서 잠시 좀 쉬어.

Sentence Patterns

- Easy does it.
- Calm down.
- Chill out.
- Don't over do it.
- Take care.
- Cool down.
- Take your time.

Unit 01

놀랐을 때

1571. 저런, 세상에!
Oh, my God!
오 마이 갓

1572. 하느님 맙소사!
My goodness!
마이 굿니스

1573. 말도 안 돼!
No way!
노 웨이

1574. 아차!
Oh, dear!
오 디어

1575. 어머나!
Good God!
굳 갓

1576. 오, 안 돼!
Oh, no!
오 노

1577. 세상에(와! 신난다)!
Yahoo!
야후

1578. 아이 깜짝이야!
Whoa!
워우

1579. 놀랍군요!
How surprising!
하우 써프라이징

1580. 아이, 깜짝 놀랐잖아.
Oh, I'm surprised.
오 아임 써프라이즈ㄷ

1581. 정말 놀랐어.
I was completely surprised.
아이 워즈 컴플릿틀리 써프라이즈ㄷ

1582. 놀라워!
What a surprise!
와러 써프라이즈

1583. 믿을 수 없어.
I don't believe it.
아이 돈 빌리빗

---

surprise는 '놀라게 하다'라는 의미의 타동사이므로, 내가 놀랐다고 말하고 싶을 때에는 I'm surprised!라고 수동태로 표현해야 한다. 현재분사 surprising을 사용하면 누군가를 놀라게 만드는 것이 주어로 와야 한다.

놀랐을 때

1584. **굉장한데!**
That's awesome!
댓츠 어썸

1585. **정말 충격이야.**
It was a total shock.
잇 워즈 어 토를 셕ㅋ

1586. **이거 큰일 났군!**
We really are in trouble!
위 륄리 아 인 트러블

1587. **놀랍군요!**
Amazing!
어메이징

1588. **너 때문에 놀랐잖아.**
You startled me.
유 스타틀드 미

1589. **내 눈을 믿을 수가 없어.**
I couldn't believe my eyes.
아이 쿠든 빌리브 마이 아이즈

1590. **굉장하군요!**
That's terrific!
댓츠 터리휙

1591. **멋져요!**
Fantastic!
홴태스틱

1592. **휴, 깜짝 놀랐네!**
Whew! I was frightened!
휴 아이 워즈 흐라이튼ㄷ

1593. **휴, 하마터면 큰일 날 뻔했네!**
Whew! That was close!
휴 댓 워즈 클로즈

1594. **그 말을 듣고서 너무 놀랐어요.**
I was surprised to hear that.
아이 워즈 써프라이즈 투 히어 댓

1595. **그 사고에 충격을 받았습니다.**
I was shocked by the accident.
아이 워즈 셕ㅌ 바이 디 액시던ㅌ

1596. **굉장할 것 같아!**
Sounds great!
사운즈 그뤠잇ㅌ

놀랐을 때

1597. 글쎄, 그거 매우 놀라운걸.
Well, that's very surprising.
웰 댓츠 베리 써프라이징

Unit 02
놀람을 진정시킬 때

1598. 놀랐니?
Are you surprised?
아 유 써프라이즈ㄷ

1599. 진정해.
Calm down.
컴 다운

1600. 놀라지 마세요.
Don't alarm yourself.
돈 얼람 유어쎌ㅎ

> alarm은 [라]에 강세를 두고 길게 발음한다.

1601. 전혀 놀랄 것 없어요.
There's no cause for alarm.
데얼즈 노 커즈 풔 얼람

1602. 놀랄 것까지는 없어요.
This is hardly a cause for surprise.
디스 이즈 하들리 어 커즈 풔 써프라이즈

1603. 여러분, 침착하세요. 놀랄 거 없어요.
Relax, everyone. There's no cause for alarm.
릴렉스 에브리원 데얼즈 노 커즈 풔 얼람

1604. 앉아서 긴장을 푸는 게 좋겠어요.
You'd better go sit down and relax.
유드 베러 고 씻 다운 앤 릴렉스

1605. 숨을 깊이 들이쉬세요.
Take a deep breath.
테이커 딥 브레쓰

Unit 03
믿기 힘든 경우에

1606. 정말?
Really?
륄리

1607. 믿을 수 없어!
That's incredible!
댓츠 인크레더블

1608. 설마, 믿을 수 없어.
No! I can't believe it.
노! 아이 캔ㅌ 빌리브 잇

믿기 힘든 경우에

1609. 농담하시는 건가요?
Are you kidding?
아 유 키딩

1610. 진정인가요?
Are you serious?
아 유 씨어리어스

1611. 그것은 금시초문인데요.
That's news to me.
댓츠 뉴스 투 미

Unit 04
무서울 때

1612. 무서워요.
I'm scared.
아임 스케얼드

1613. 으스스한데요.
It's scary.
잇츠 스케어리

1614. 그 생각만 하면 무서워요.
I dread the thought of that.
아이 드레드 더 쏱 오브 댓

1615. 등골에 땀이 나요.
I have perspiration on my back.
아이 햅 퍼스퍼레이션 온 마이 백

scare는 '겁주다, 놀라게 하다'라는 의미의 타동사이다. 따라서 내가 무섭다고 표현하려면 I'm scared.라고 하여 수동태로 표현해야 한다. 상황이 무섭다고 이야기하려면 scary를 사용한다.

1616. 정말 무서운 영화였어.
That was a really scary movie.
댓 워져 륄리 스케어리 무비

1617. 간 떨어질 뻔했어요.
I almost dropped a load.
아이 얼모스트 드랍트 어 로드

1618. 그것 때문에 소름이 끼쳤어요.
That gave me the creeps.
댓 게입 미 더 크립스

1619. 내 팔에 소름 끼치는 것 좀 보세요.
Look at these goose bumps on my arms.
루켓 디즈 구즈 범쓰 온 마이 암즈

1620. 무서운 생각이야.
It's a frightening thought.
잇츠 어 프라이트닝 쏱

1621. 난 무서워서 아무것도 할 수가 없었어.
I was too scared to do anything.
아이 워즈 투 스케얼드 투 두 애니씽

Unit 05

진정시킬 때

1622. <u>진정하세요.</u>
Calm down.
컴 다운

1623. <u>무서워하지 마세요.</u>
Don't be scared.
돈 비 스케얼드

1624. <u>진정하세요.</u>
Put your mind at ease.
풋 유어 마인드 앳 이즈

1625. <u>두려워하지 마세요!</u>
Never fear!
네버 휘어

Chapter 05 걱정과 긴장이 될 때

걱정스러운 표정의 사람에게 '무슨 문제가 있습니까?'의 뜻으로 What's the matter? / What's wrong? / What's the problem?이라고 물어볼 수 있다. 이 밖에도 걱정스럽다는 말을 나타낼 때는 What shall I do now?(저는 이제 어떡하죠?) / I'm feeling out of it today.(오늘은 어쩐지 기분이 이상해요.)로 간접적으로 나타낼 수도 있다.

> There's a crowd of people in front of the office. What's happening?

> They are applying for the jobs we advertised in the newspaper.

Conversation

회사 앞에 사람들이 많이 있는데 어떻게 된 겁니까?
신문에 낸 구인광고에 응모해서 온 거예요.

Sentence Patterns

- What happened?
- What's on your mind?
- Is anything bothering you?
- What's happening?
- What are you worried about?

Unit 01

걱정이 있는지 물을 때

1626. 무슨 일이지요?
What's the matter with you?
왓츠 더 매러 위듀

1627. 뭐 잘못됐나요?
Is anything wrong?
이즈 애니씽 롱

1628. 잘못된 일이라도 있나요?
Is something wrong with you?
이즈 썸씽 롱 위듀

1629. 무슨 일이야?
What's the problem?
왓츠 더 프라블럼

1630. 무슨 일로 걱정하세요?
What's your worry?
왓츠 유어 워리

1631. 무슨 일이세요?
What's wrong?
왓츠 롱

1632. 뭣 때문에 괴로워하고 있는 거야?
What's bothering you?
왓츠 바더링 유

1633. 걱정되는 일이라도 있으세요?
Do you have something on your mind?
두 유 햅 썸씽 온 유어 마인드

1634. 집에 무슨 일이 있으세요?
Do you have any trouble at home?
두 유 햅 애니 트러블 앳 홈

1635. 뭘 그리 초조해하고 있니?
What are you fretting over?
와라유 프레팅 오버

1636. 안색이 형편없군요.
You look terrible.
유 룩 테러블

1637. 걱정되는 일이 있었나요?
Did you have something on your mind?
디드 유 햅 썸씽 온 유어 마인드

1638. 왜 그러세요? 몸이 편찮으세요?
What's the matter? Don't you feel well?
왓츠 더 매러 돈츄 휠 웰

걱정이 있는지 물을 때

1639. 피곤해 보이는데 웬일인가요?
How come you look so tired?
하우 컴 유 룩 쏘 타이어드

1640. 오늘 기분이 언짢아 보이네요.
You look under the weather today.
유 룩 언더 더 웨더 투데이

1641. 우울해 보이네요.
You look down.
유 룩 다운

1642. 무슨 걱정이 있으시지요?
Are you in some kind of trouble?
아 유 인 썸 카인더브 트러블

1643. 염려하지 마세요.
Don't worry about it.
돈 워리 어바우릿

Unit 02
걱정스러울 때

1644. 저는 이제 어떡하죠?
What shall I do now?
왓 쉘 아이 두 나우

1645. 그녀가 안 오면 어떡하죠?
What if she doesn't come?
와리프 쉬 더즌 컴

1646. 어젯밤에 당신 걱정이 돼서 잠을 못 잤어요.
I lost sleep because of your troubles last night.
아이 로스트 슬립 비코즈 어뷰어 트러블즈 라슷 나잇

1647. 오늘은 어쩐지 기분이 이상해요.
I'm feeling out of it today.
아임 휠링 아웃 어브 잇 투데이

1648. 말 못할 사정이 있어요.
I've got something on my chest.
아이브 갓 썸씽 온 마이 체슷ㅌ

1649. 이제는 어쩔 수 없어요.
I'm burnt out.
아임 번 아웃

> 밑천이 다 드러났다는 뜻

shall은 '~할 것이다'라는 의미의 조동사로 주로 I 나 we와 결합하여 사용된다.

Unit 03
걱정하지 말라고 할 때

1650. 걱정하지 마세요.
Don't worry.
돈 워리

1651. 걱정할 것 없어요.
You have nothing to worry about.
유 햅 나씽 투 워리 어바웃

1652. 너무 걱정 마세요. 다 잘될 거예요.
Don't worry so. Everything will be all right.
돈 워리 쏘 에브리씽 윌 비 올 롸잇

1653. 결과에 대해서 걱정하지 마세요.
Don't worry about the results.
돈 워리 어바웃 더 리절ㅊ

1654. 그런 사소한 일로 걱정하지 마세요.
Don't worry over such a trifle.
돈 워리 오버 써춰 트라이흘

1655. 너무 심각하게 받아들이지 마세요.
Don't take it seriously.
돈 테이킷 씨어리어슬리

1656. 다 잊어버리세요.
Leave it all behind.
리빗 올 비하인드

1657. 긍정적으로 생각하세요.
Be positive.
비 파지티ㅂ

1658. 아직도 늦지 않아요.
It is still not too late.
잇 이즈 스틸 낫 투 레잇ㅌ

1659. 그것 때문에 골치 아파하지 마세요.
Don't get a headache over it.
돈 겟 어 헤드에익ㅋ 오버 잇

1660. 빨리 해결하길 바라요.
I hope you resolve it soon.
아이 호퓨 리절빗 순

Unit 04
긴장하거나 초조할 때

1661. **난 지금 좀 긴장돼.**
I'm a little nervous right now.
아임 어 리를 널버스 라잇 나우

1662. **왜 손톱을 물어뜯고 있니?**
Why are you chewing your fingernails?
와이 아 유 츄잉 유어 휭거네일즈

1663. **나는 마음이 조마조마해.**
I've got butterflies in my stomach.
아이브 갓 버터홀라이즈 인 마이 스토먹ㅋ

1664. **나 좀 봐. 무릎이 덜덜 떨려.**
Look at me. My knees are shaking.
루켓 미 마이 니즈 아 쉐이킹

1665. **난 너무 걱정이 돼서 안절부절못하겠어.**
I'm so anxious I feel like I have ants in my pants.
아임 쏘 앵셔스 아이 휠 라익 아이 햅 앤츠 인 마이 팬츠

1666. **너무 불안하다.**
I'm so restless.
아임 쏘 레스틀리스

1667. **난 긴장하고 있어요.**
I'm on the ball.
아임 온 더 볼

1668. **그는 할 말을 잃었어.**
The cat got his tongue.
더 캣 갓 히즈 텅

1669. **그녀는 긴장을 해요.**
She is tense.
쉬 이즈 텐스

1670. **너무 긴장이 돼서 심장이 쿵쾅거려.**
I'm so nervous my heart is pounding like a drum.
아임 쏘 널버스 마이 핱ㅌ 이즈 파운딩 라이커 드럼

1671. **너무 긴장해서 손이 땀으로 흠뻑 젖었다.**
I'm so nervous my hands are sweaty.
아임 쏘 널버스 마이 핸즈 아 스웨티

1672. **항상 긴장합니다.**
I'm always tense.
아임 올웨이즈 텐스

Unit 05
긴장과 초조함을 진정시킬 때

1673. 앉아서 긴장을 푸는 게 좋겠어.
You'd better go sit down and relax.
유드 베러 고 씻 다운 앤 릴렉스

1674. 여러분, 침착하세요. 놀랄 거 없어요.
Relax, everyone. There's no cause for alarm.
릴렉스 에브리원 데얼즈 노 커즈 훠 얼람

1675. 숨을 깊이 들이쉬세요.
Take a deep breath.
테이커 딥 브레쓰

> breath의 th는 [θ] 발음으로, breath를 발음할 때는 [브레쓰]의 느낌으로 혀를 윗니와 아랫니 사이에 두고 바람 빠지는 소리를 내는 것으로 마무리한다.

1676. 긴장을 풀어 봐.
Calm your nerves.
컴 유어 널브ㅅ

1677. 그렇게 긴장하지 마.
Try not to be so nervous.
트라이 낫 투 비 쏘 널버스

1678. 그렇게 긴장할 이유가 없어요. 긴장을 풀어요.
There's no reason to be so uptight. Relax.
데얼즈 노 리즌 투 비 쏘 업타잇ㅌ 릴렉스

Chapter 06 불평을 말할 때

살다보면 짜증스럽고 지루하고 피곤하여 불평불만이 생길 때가 많다. '정말 짜증난다'는 표현으로 흔히 I'm sick and tired of it.를 쓰고, '정말 지루해'라는 표현은 It is so boring.을 흔하게 사용한다. Time hangs heavy on my hands.는 '시간이 두 손에 무겁게 걸려 있다', 즉, 의역하면 '지루해 죽겠다'는 뜻이 된다. 지루하고 지겹다 등 불평을 말하는 다양한 표현을 알아보자.

I'm afraid I've been boring you with my story.

Not at all, Go on. It's quite interesting.

Conversation

내 얘기가 지루하게 해 드린 건 아닌지요.
아닙니다. 계속하세요. 아주 재미있는걸요.

Unit 01
귀찮을 때

1679. 아, 귀찮아.
Oh, bother!
오 바더

1680. 정말 귀찮군.
What a nuisance!
와러 뉴쓴스

1681. 누굴 죽일 생각이세요?
Do you want to see me dead?
두 유 원 투 씨 미 데드

1682. 당신은 참 짜증나게 하는군요.
You're very trying.
유어 베리 트라잉

> trying은 [트라잉]과 [츄라잉]의 중간으로 발음한다.

1683. 또 시작이군.
Here we go again.
히어 위 고 어겐

1684. 나 지금 바빠. 제발 저리 좀 비켜라.
I'm busy right now. Please buzz off.
아임 비지 롸잇 나우 플리즈 버즈 엎

Unit 02
지겹고 지루할 때

1685. 진짜 지겹다, 지겨워.
I'm sick and tired of it.
아임 씩 앤 타이어드 어브 잇

1686. 하는 일에 싫증나지 않으세요?
Aren't you tired of your job?
안츄 타이어 어뷰어 잡

1687. 이젠 일에 싫증이 나요.
I'm tired of my work.
아임 타이어드 어브 마이 웍

1688. 따분하죠, 그렇죠?
It's boring, isn't it?
잇츠 보링 이즌 잇

1689. 지루해 죽겠어요.
Time hangs heavy on my hands.
타임 행즈 헤비 온 마이 핸즈

1690. 그건 생각만 해도 지긋지긋해요.
It makes me sick even to think of it.
잇 메익스 미 씩 이븐 투 씽커브 잇

지겹고 지루할 때

1691. **맥이 빠지는군!**
What a drag!
와러 드래ㄱ

1692. **이 일은 해도 해도 끝이 없군.**
This job never ends.
디스 잡 네버 엔즈

1693. **이것보다 더 지루한 일이 있을까?**
Is there anything more tedious than this?
이즈 데어 애니씽 모어 티디어스 댄 디스

Unit 03 짜증날 때

1694. **정말 짜증스러워요.**
I'm really pissed off.
아임 륄리 피스ㄷ 엎

1695. **그는 매우 짜증나게 해.**
He frustrates me to no end.
히 프러스트레잇ㅊ 미 투 노 엔

1696. **정말 스트레스 쌓이는군!**
It's really stressful!
잇츠 륄리 스트뤠쓰훌

Unit 04 불평할 때

1697. **당신 또 불평이군요.**
You're always complaining.
유어 얼웨이즈 컴플레이닝

1698. **무엇을 불평하고 계십니까?**
What are you complaining about?
와라유 컴플레이닝 어바웃

1699. **너무 투덜거리지 마!**
Don't whine so much!
돈 와인 쏘 머취

1700. **너무 그러지 마.**
Why don't you give it a rest?
와이 돈츄 기브 잇 어 뤠숫ㅌ

1701. **불평불만 좀 그만해.**
Quit your bitching and moaning.
큇 유어 비칭 앤 모닝

1702. **이제 그만 좀 불평해.**
Keep your complaints to yourself.
킵 유어 컴플레인츠 투 유어쎌ㅎ

불평할 때

우리가 어떤 가게나 업체에 불만을 이야기하는 것을 컴플레인한다고 이야기한다. 이 컴플레인이 바로 complain으로, '불평하다'라는 의미를 가진다. 명사형은 complaint이다. '불평하다, 투덜거리다'라는 의미를 갖는 다른 단어들로는 bellyache, grumble, whine, moan 등이 있다.

1703. 그만 좀 불평해.
Stop your bellyaching.
스탑 유어 벨리에이킹

1704. 당신 불평에 정말 넌더리가 나요.
I'm really fed up with your grumbling(= whining).
아임 릴리 훼덥 위듀어 그럼블링(= 와이닝)

1705. 저로서는 불만입니다.
As for myself, I'm not satisfied.
애즈 훠 마이쎌ㅎ 아임 낫 쌔디스화이ㄷ

1706. 나한테 불만 있어요?
Do you have something against me?
두 유 햅 썸씽 어겐슷ㅌ 미

1707. 뭐가 그렇게 불만족스러운가요?
What are you so dissatisfied about?
와라유 쏘 디쌔디스화이 더바웃

Chapter 07 후회와 실망

자기 자신의 어떤 행위나 말투로 인한 실수에 대하여 후회를 할 때는 I blew it.(망쳤어.) / I'm distressed.(너무 괴롭군요.) / Oh, dear!(오, 이런!) / Oh, my gosh!(빌어먹을!) / Damn it!(젠장!) 따위와 같은 표현을 사용한다. 상대방의 잘못으로 낙담을 하거나 실망을 했을 때 유감을 표명할 때는 That's too bad! / What a pity! / What a shame! / What a disappointment! 따위의 표현을 사용한다.

Conversation

네가 갖고 싶다고 한 잡지를 가지고 오는 것을 잊어버렸구나.
신경 쓰지 마세요. 다음에 주셔도 돼요.

Unit 01
아쉬워할 때

1708. 당신에게 그걸 보여 주고 싶었는데요.
You should have been there to see it.
유 슈드 햅 빈 데어 투 씨 잇

1709. 정말 집이 그리워.
I really miss home.
아이 륄리 미스 홈

1710. 그 사람이 실패하다니 정말 안됐군요.
It is a great pity that he failed.
잇 이져 그뤠잇 피리 댓 히 훼일ㄷ

1711. 그건 피할 수도 있었는데.
That could have been avoided.
댓 쿠드 햅 빈 어보이디드

1712. 영어공부를 좀 열심히 했더라면 좋았을 텐데.
I wish I had studied English harder.
아이 위시 아이 해드 스터디드 잉글리쉬 하더

1713. 네 동정 따윈 필요 없어.
I don't need your sympathy.
아이 돈 니드 유어 씸패씨

1714. 운이 없었을 뿐이야.
It's unfortunate.
잇츠 언훠쳐닛ㅌ

1715. 난 정말 이곳을 그리워할 거야.
I'm really going to miss this place.
아임 륄리 고잉 투 미스 디스 플레이스

Unit 02
후회할 때

1716. 그에게 사과했어야 하는 건데.
I would have apologized to him.
아이 우드 햅 어폴로자이즈 투 힘

1717. 일을 저질러 놓고 보니 후회가 막심해요.
I feel awfully sorry for what I have done.
아이 휠 어훨리 쏘리 훳 와라이 햅 던

1718. 언젠가는 후회할 겁니다.
Someday you'll be sorry.
썸데이 유윌 비 쏘리

1719. 나는 후회가 많이 남는다.
I have so many regrets.
아이 햅 쏘 매니 리그렛ㅊ

후회할 때

1720. 이젠 너무 늦었어.
It's too late now.
잇츠 투 레잇 나우

1721. 난 후회하지 않아.
I don't have any regrets.
아이 돈 햅 애니 리그렛츠

1722. 언젠가 너는 그것을 후회하게 될 거야.
Someday you'll regret it.
썸데이 유일 리그뤠릿

1723. 나는 이 일을 맡은 것에 대해 결코 후회해 본 적이 없어.
I've never regretted taking on this job.
아이브 네버 리그뤠티드 테이킹 온 디스 잡

1724. 좋아, 나중에 후회하지 마라.
All right, you shall regret this.
올 롸잇 유 쉘 리그렛 디스

1725. 담배를 피우면 나중에 후회할 거야.
Smoking will catch up with you.
스모킹 윌 캐취 업 위듀

1726. 그 점은 후회하지 않아.
I have no regret on that score.
아이 햅 노 리그렛 온 댓 스코어

1727. 내가 왜 그리 했던가 후회가 됩니다.
I have come to regret that I did that.
아이 햅 컴 투 리그렛 댓 아이 디드 댓

Unit 03

실망스러울 때

1728. 참 실망스럽군!
What a disappointment!
와러 디써포인트먼트

1729. 참 안됐군!
What a pity!
와러 피리

1730. 그거 정말 실망스러운 일인데요.
That's very disappointing, (I must say).
댓츠 베리 디써포인팅 (아이 머슷 쎄이)

1731. 실망이야. 그 전시회를 정말 보고 싶었는데.
I am disappointed. I really wanted to see the exhibition.
아이 앰 디써포인티드 아이 륄리 원티드 투 씨 더 익써비션

실망스러울 때

disappoint는 '실망스럽게 하다'라는 타동사이다. 내가 실망했으면 I'm disappointed. 라고 수동태를 써 주어야 한다. 어떠한 사물이나 사실이 나에게 실망스러운 감정을 느끼게 했다면 현재분사형인 disappointing을 사용해야 한다.

1732. 나를 실망시키지 마세요.
Don't let me down.
돈 렛 미 다운

1733. 전 실망했습니다.
I'm disappointed.
아임 디써포인티드

1734. 당신에게 실망했어요.
I'm disappointed in you.
아임 디써포인티딘 유

1735. 그는 나를 정말 실망시켰어요.
He really let me down.
히 륄리 렛 미 다운

1736. 그 말을 들을 때 가슴이 철렁 내려앉았습니다.
My heart sank when I heard that.
마이 핱ㅌ 쌩ㅋ 웬 아이 헐ㄷ 댓

1737. 이거 실망했는데!
What a let down!
와러 렛 다운

1738. 속았구나! / 실망했어!
What a fraud!
와러 후러ㄷ

Unit 04
낙담할 때

1739. 낙담하지 말아요.
Never say die.
네버 쎄이 다이

1740. 낙담하지 마라, 기운을 내라.
Keep your chin up.
킵 유어 취넢

1741. 그렇게 낙담하지 말게.
Don't be so down.
돈 비 쏘 다운

1742. 오죽이나 낙담했겠니.
I can well imagine your disappointment.
아이 캔 웰 이매진 유어 디써포인트먼ㅌ

1743. 그 소식에 우리는 낙담했어.
The news depressed us.
더 뉴스 디프레스더스

1744. 그는 시험에 떨어져서 낙담하고 있어.
He is discouraged by his failure in the examination.
히 이즈 디스커리지ㄷ 바이 히즈 훼일류어 인 디 이그재미네이션

Unit 05
유감스러울 때

I'm sorry.는 일반적으로 미안하다고 사과하는 말이지만, 유감을 표현할 때도 사용할 수 있다. 안 좋은 일을 겪은 사람에게 위로의 의미로 I'm so sorry.라고 말할 수 있다. I'm sorry만 듣고 무조건 사과하는 것이라고 생각하지 말고 문맥을 잘 파악하도록 한다.

1745. 대단히 유감이오.
I am frightfully sorry.
아이 앰 후라잇훌리 쏘리

1746. 참으로 유감천만입니다.
I'm more than unhappy about it.
아임 모어 댄 언해피 어바우릿

1747. 유감스럽지만, 찬성합니다.
I hate to say it, but I agree.
아이 헤잇 투 쎄잇 벗 아이 어그뤼

1748. 유감스럽지만, 당신에게 동의할 수 없습니다.
I'm afraid I can't agree with you.
아임 어흐레이드 아이 캔트 어그뤼 위듀

1749. 유감스럽지만, 안 될 것 같군요.
I'm afraid not.
아임 어흐레이드 낫

1750. 유감스럽지만, 그건 사실입니다.
It is only too true.
잇 이즈 온리 투 트루

1751. 그는 유감의 뜻을 표명했어.
He expressed his regret.
히 익스프레스드 히즈 리그렛

Chapter 08 비난과 다툼

상대가 바보 같은 행동을 했을 때는 That's not like you.(그건 당신답지 못하군요.) / Shame on you.(창피한 줄 아세요.) / It serves you right.(당해도 싸지.)라고 말하는 반면에 상대방에게 화내지 말라고 요청할 때는 Don't be angry. / Don't be upset. / Don't lose your temper. 등과 같이 표현하면 된다. 그 밖에 Have you lost mind?(당신 정신 나갔어요?) / You're an idiot.(당신은 바보로군요.) / You're insane.(당신 미쳤군요.) 등 비난의 강도가 높은 여러 표현을 아울러 알아 두자. 또한 상대방의 간섭이나 참견에 제동을 걸 경우에는 Stop it! / Cut it out! / That's enough already! / None of your business. 등의 표현을 사용한다.

I want to get back together again.

You are insane. Shame on you.

Conversation

당신과 재결합하고 싶소.
당신 미쳤군요. 창피한 줄 아세요.

Unit 01

비난할 때

1752. **창피한 줄 아세요.**
You're Shame on you.
쉐임 온 유

1753. **당신 정신 나갔어요?**
Have you lost your mind?
해뷰 로스트 유어 마인드

1754. **당신은 바보로군요.**
You're an idiot.
유어 런 이디엇ㅌ

1755. **당신 미쳤군요.**
You're insane.
유어 인쎄인

1756. **왜 이런 식으로 행동하죠?**
Why are you acting this way?
와이 아 유 액팅 디스 웨이

1757. **그 사람 말을 믿다니 당신도 어리석군요.**
It's silly of you to trust him.
잇츠 씰리 어뷰 투 트러슷ㅌ 힘

1758. **너도 마찬가지야.**
The same applies to you.
더 쎄임 어플라이즈 투 유

1759. **저질!**
That's disgusting!
댓츠 디스거스팅

1760. **바보 짓 하지 마!**
Don't make a fool of yourself!
돈 메이커 훌 어뷰어쎌ㅎ

1761. **정말 뻔뻔하군!**
What impudence!
왓 임퓨던스

1762. **도대체 무슨 생각으로 그러세요!**
What the big idea!
왓 더 빅 아이디어

1763. **진짜 유치하군.**
You're so childish.
유어 쏘 촤일디쉬

1764. **그는 정말 멍청해.**
He's dumber than a doornail.
히즈 더머 댄 어 도어네일

212

비난할 때

1765. 뭐라고! 그래 그것도 몰라?
What! You don't know that?
왓! 유 돈 노우 댓

1766. 철 좀 들어라!
Grow up!
그로우 업

Unit 02
말싸움을 할 때

1767. 너 내 말대로 해!
You heard me!
유 헐 미

1768. 이봐요! 목소리 좀 낮춰요!
Hey! Keep your voice down!
헤이! 킵 유어 보이스 다운

1769. 바보 같은 소리 하지 마세요.
Don't be silly.
돈 비 씰리

1770. 당신한테 따질 게 있어요.
I've got a score to settle with you.
아이브 가러 스코어 투 쎄를 위듀

1771. 너 두고 보자.
You won't get away with this.
유 원 게러웨이 윗 디스

1772. 내가 뭐가 틀렸다는 거야?
How am I at fault?
하우 앰 아이 앳 훨트

1773. 내가 너한테 뭘 어떻게 했다는 거야?
What did I ever do to you?
왓 디드 아이 에버 두 투 유

1774. 네가 완전히 망쳤어.
You really blew it.
유 릴리 블루 잇

1775. 당신이 잘못한 거예요.
You were in the wrong.
유 워 인 더 롱

1776. 감히 나한테 어떻게 그렇게 얘기할 수 있어?
How dare you say that to me?
하우 데어 유 쎄이 댓 투 미

1777. 우리 밖에서 한판 붙자.
Let's take this outside.
렛츠 테익 디스 아웃싸이드

말싸움을 할 때

1778. 덤벼!
Bring it on!
브링 잇 온

1779. 바보나 그렇게 하겠다.
Only an idiot would do such a thing.
온리 언 이디엇 우드 두 써취 어 씽

1780. 당신 할 줄 아는 게 뭐예요?
Don't you know how to do anything right?
돈츄 노우 하우 투 두 애니씽 라잇

Unit 03

욕설할 때

1781. 제기랄!
Damn it!
대밋

1782. 개새끼!
Son of a bitch!
썬 어버 비취

1783. 엿 먹어라!
Bull shit!
불 쉿

이 유닛에서 다루는 욕설들은 매우 거친 말로, 사용하지 않는 것이 좋다. 이런 표현이 있다는 것만 알아 두고 넘어가자.

1784. 빌어먹을!
Devil take it!
데블 테이킷

1785. 야, 이 놈(년)아!
Fuck you!
훠큐

1786. 저런 바보 같으니!
That fool!
댓 훌

1787. 벼락 맞은 놈!
Drop dead!
드랍 데드

1788. 욕하지 마세요.
Don't call me names.
돈 콜 미 네임즈

1789. 제발 욕 좀 그만하지 그래요.
Won't you stop cursing all the time?
원츄 스탑 커싱 올 더 타임

214

Unit 04
책망할 때

1790. 다시는 절대 그러지 말게나.
You'll never do that again.
유윌 네버 두 댓 어겐

1791. 그런 법이 어디 있어요?
How did you get that way?
하우 디쥬 겟 댓 웨이

1792. 행동으로 옮기든지, 입 다물고 있든지 해!
Put up or shut up!
푸럽 오어 셔럽

1793. 너희들 나머지도 다 마찬가지야.
The same goes for the rest of you.
더 쎄임 고우즈 풔 더 뤠슷ㅌ 어뷰

1794. 당신 정신 나갔어요?
Are you out of your mind?
아 유 아웃 어뷰어 마인드

1795. 그런 식으로 말하지 마세요.
Don't talk to me like that.
돈 톡 투 미 라익 댓

1796. 저만 잘못했다고 탓하지 마세요.
Don't lay the blame on me.
돈 레이 더 블레임 온 미

1797. 그만해! 날 좀 혼자 내버려 둬!
Stop it! Leave me alone!
스타핏 립 미 얼론

Unit 05
화해할 때

1798. 흥분하지 마세요.
Don't get excited.
돈 겟 익싸이티드

1799. 이제 됐어요!
Enough of this!
이넙 훠브 디스

1800. 싸움을 말리지 그랬어요?
Why didn't you break up the fight?
와이 디든츄 브레익컵 더 화잇ㅌ

1801. 진정하세요.
Keep your shirt on.
킵 유어 셜ㅊ온

215

화해할 때

1802. 두 사람 화해하세요.
Why don't you guys just make up?
와이 돈츄 가이즈 저슷 메이컵

1803. 그 일은 잊어버리세요.
Forget about it.
훠겟 어바우릿

1804. 남자 대 남자로 이야기합시다.
Let's have a man-to-man talk.
렛츠 해버 맨-투-맨 톡

1805. 네가 동생에게 양보해라.
Be nice to your brother.
비 나이스 투 유어 브라더

Chapter 09 — 감탄과 칭찬

놀라거나 감탄할 때 Oh, no! / Oh, yeah! / Oh, my God! / Oh, dear! / Oh, really! 등과 같은 표현은 익숙할 것이다. 그밖에 놀라움을 나타내는 감탄사로써 Oops!(야단났군!) / Eek!(앗!, 아이쿠!) / Ouch!(아얏!, 아파!) / Uh-oh!(아차!, 이런!) / Whew!(아휴!) / Yuck!(윽!) / Wow! / Good grief! / Yipes! / Well! 등이 있다. 칭찬을 할 때는 How nice! / How lucky! 등과 같은 표현을 쓰도록 하며, 그밖에도 Good job! / Well done! / That's great! 등과 같은 칭찬 표현도 활용해 보자.

Conversation

Everyone is here and ready to go.
Excellent! Let's hit the road.

전원 집합해서 출발할 준비가 되었습니다.
좋아! 출발하자.

Conversation

How did it go today?
Couldn't be better!

오늘 어땠어요?
아주 좋았어요!

Sentence Patterns

- Great!
- Fantastic!
- Couldn't be better!
- Perfect!
- Super!

Unit 01
감탄의 기분을 나타낼 때

감탄문은 <How + 형용사 (+ 주어 + 동사)> 혹은 <What + a(n) + 형용사 + 명사 (+주어 + 동사)> 형태로 만든다.

1806. **와, 정말 아름답네요!**
Wow, beautiful!
와우 뷰티훌

1807. **경치가 멋지네요!**
What a lovely view!
와러 러블리 뷰

1808. **맛있네요!**
Good!
굳

1809. **잘했어요!**
Good job!
굳 잡

1810. **재미있네요!**
How interesting!
하우 인터뤠스팅

1811. **엄청나네요!**
That's really super!
댓츠 륄리 슈퍼

1812. **멋진 그림이군요!**
What a wonderful picture!
와러 원더훌 픽춰

1813. **정말 날씨가 좋죠!**
What a glorious day!
왓 어 글로뤼어ㅅ 데이

1814. **아름다운 꽃이죠!**
What lovely flowers!
왓 러블리 플라워즈

Unit 02
칭찬할 때

1815. **대단하군요!**
Great!
그뤠잇ㅌ

1816. **잘하시는군요!**
You're doing well!
유어 두잉 웰

1817. **정말 훌륭하군요!**
How marvelous!
하우 마블러스

칭찬할 때

칭찬할 때 쓸 수 있는 긍정적인 의미의 형용사로는 good, great, wonderful, marvelous, fantastic, awesome, excellent, nice 등이 있다.

1818. 잘한다!
Good man!
굳 맨

1819. 당신이 최고예요!
You're the best!
유어 더 베슷ㅌ

1820. 당신 평판이 대단하던데요.
Your reputation precedes you.
유어 레퓨테이션 프리씨쥬

1821. 당신이 부러워요.
I envy you.
아이 엔비 유

1822. 친절하기도 하셔라!
You're so nice!
유어 쏘 나이스

1823. 친절도 하시네요.
That's very nice of you.
댓츠 베리 나이스 어뷰

1824. 당신은 참 인사성이 밝으시군요.
You always know the right thing to say.
유 얼웨이즈 노우 더 롸잇 씽 투 쎄이

1825. 잘 지적해 주셨어요.
You've got a good point.
유브 갓 어 굳 포인ㅌ

1826. 어려운 결심을 하셨군요.
You made a tough decision.
유 메이더 터ㅎ 디씨즌

Unit 03
성과를 칭찬할 때

1827. 대단하군요!
That's great!
댓츠 그뤠잇ㅌ

1828. 잘하셨어요!
You have done well!
유 햅 던 웰

1829. 정말 훌륭하군요!
How marvelous!
하우 마블러스

1830. 참 잘하셨어요.
You did a good job.
유 디더 굳 잡

219

성과를 칭찬할 때

1831. 나는 당신이 자랑스럽습니다.
I am very proud of you.
아이 앰 베리 프라우드 어뷰

1832. 초보로서는 상당히 잘하는군요.
For a beginner, you're pretty good.
휘 러 비기너 유어 프리디 굳

1833. 아주 잘하고 있어요.
You are coming along well.
유 아 커밍 얼롱 웰

1834. 정말 잘 하셨습니다.
I'm so glad to hear that.
아임 쏘 글래드 투 히어 댓

1835. 정말 큰일을 해내셨군요!
You've come a long way!
유브 컴 어 롱 웨이

Unit 04
능력을 칭찬할 때

1836. 기억력이 참 좋으시군요.
You have a very good memory.
유 해버 베리 굳 메모리

1837. 당신은 모르는 게 없군요.
You must be a walking encyclopedia.
유 머숫 비 어 워킹 엔싸이클로피디어

1838. 못하는 게 없으시군요.
Is there anything you can't do?
이즈 데어 애니씽 유 캔트 두

1839. 당신의 입장이 부럽습니다.
I wish I were in your shoes.
아이 위시 아이 워 인 유어 슈즈

1840. 어떻게 그렇게 영어를 잘하십니까?
How come you speak such good English?
하우 컴 유 스픽 써취 굳 잉글리쉬

1841. 영어를 참 잘하시는군요.
You speak English very well.
유 스픽 잉글리쉬 베리 웰

1842. 마치 미국 사람처럼 영어를 잘하십니다.
You speak English without an accent.
유 스픽 잉글리쉬 위다웃 언 액쎈트

1843. 당신은 참 부지런하시군요.
You're an early bird, aren't you?
유아 런 얼리 버드 안츄

능력을 칭찬할 때

1844. 노래를 잘하시는군요.
You are a good singer.
유 아 러 굳 씽어

1845. 요리를 잘하시는군요.
You did a fine job cooking.
유 디더 화인 잡 쿠킹

1846. 다재다능하시군요.
You're a jack of all trades.
유어 러 잭 어브 올 트레이즈

Unit 05
외모를 칭찬할 때

1847. 멋있군요!
That's beautiful!
댓츠 뷰티훌

1848. 나이에 비해 젊어 보이시는군요.
You look young for your age.
유 룩 영 훠 유어 에이지

1849. 아이가 참 귀엽군요!
What a cute baby!
와러 큐트 베이비

1850. 당신은 눈이 참 예쁘군요.
You have beautiful eyes.
유 햅 뷰티훌 아이즈

외모를 칭찬할 때 쓸 수 있는 긍정적인 의미의 형용사들은 beautiful, pretty, young, cute, cool, sweet, stunning, lovely, fit 등이 있다.

1851. 어머, 멋있군요!
Oh, that's cool(sweet / fly)!
오, 댓츠 쿨(스윗트/흘라이)

1852. 그거 참 잘 어울립니다.
You look stunning in it.
유 룩 스터닝 이닛

1853. 사진보다 실물이 더 예쁘네요.
You're lovelier than your pictures.
유어 러블리어 댄 유어 픽춰스

1854. 건강해 보이시는군요.
You look fit.
유 룩 휫

1855. 어쩜 그렇게 날씬하세요?
How do you keep in shape?
하우 두 유 킵 인 쉐입

1856. 나는 당신에게 반했습니다.
I fell in love with you.
아이 휄린 럽 위듀

| 외모를 칭찬할 때 | 1857. 인기가 대단하시겠어요.
You must be very popular.
유 머슷 비 베리 파퓰러 |

Unit 06
물건을 보고 칭찬할 때

1858. 그거 잘 사셨군요.
That's a good buy.
댓쳐 굳 바이

1859. 그거 정말 좋은데요.
It's so very nice.
잇츠 쏘 베리 나이스

1860. 정말 근사한데요!
It's a real beauty!
잇쳐 뤼얼 뷰리

1861. 멋진 집을 갖고 계시군요.
You have a lovely home.
유 해버 러블리 홈

1862. 이거 당신이 직접 짜셨어요?
Did you knit this (for) yourself?
디쥬 닛 디스 (훠) 유어쎌ㅎ

Unit 07
칭찬에 대해 응답할 때

1863. 칭찬해 주시니 고맙습니다.
Thank you, I'm flattered.
쌩큐 아임 훌래터ㄷ

1864. 과찬의 말씀입니다.
I'm so flattered.
아임 쏘 훌래터ㄷ

1865. 너무 치켜세우지 마세요.
Please don't sing my praises.
플리즈 돈 씽 마이 프레이지ㅅ

1866. 비행기 태우지 마세요.
Don't make me blush.
돈 메익 미 블러쉬

1867. 그렇게 말씀해 주시니 고맙습니다.
It's very nice of you to say so.
잇츠 베리 나이스 어뷰 투 쎄이 쏘

1868. 칭찬해 주시니 도리어 부끄럽습니다.
Your compliments put me to shame.
유어 컴플러먼ㅊ 풋 미 투 쉐임

칭찬에 대해 응답할 때

1869. 저는 칭찬 들을 자격이 없습니다.
I don't deserve your praise.
아이 돈 디절브 유어 프레이즈

Unit 08
부끄러울 때

1870. 부끄러워.
I'm shy.
아임 샤이

1871. 나 자신이 부끄러워.
I'm ashamed of myself.
아임 어쉐임드 어브 마이쎌ㅎ

1872. 그런 짓을 한 게 부끄럽습니다.
I'm ashamed that I did that.
아임 어쉐임드 댓 아이 디드 댓

1873. 창피한 줄 알아요!
Shame on you!
쉐임 온 유

1874. 그 말씀을 들으니 얼굴이 붉어집니다.
You make me blush.
유 메익 미 블러쉬

shy는 주로 성격이 수줍음이 많은 것을 의미한다면 ashamed는 잘못된 행동으로 창피해하거나 수치스러워하는 것을 의미한다. 아주 심각하거나 중요한 일이 아니라면 ashamed는 가급적 쓰지 않는 것이 좋다.

Chapter 10 좋고 싫음을 나타낼 때

상대방에게 어떤 것을 좋아하는지 그 여부를 물을 경우에는 What kind of ~ do you like?라는 문형을 즐겨 사용하며, 단지 자신이 하고 싶은 것을 말할 때는 I feel like -ing ~라는 문형을 사용한다는 사실을 잊지 않도록 하자. Do you like jazz?처럼 '좋아하다'라는 표현은 like, love, prefer, enjoy 등의 동사를 써서 나타낼 수 있고, 그 반대로 '싫어하다'는 hate, dislike, don't like 등의 동사를 쓸 수 있다. 그 강도가 센 경우 I'm crazy about Internet games.처럼 '빠져 있다, 열광적이다'로 표현할 수 있다.

This restaurant serves great fish. How do you like that?

Sounds great. I like fish.

Conversation

이 레스토랑은 생선이 맛있는데 어떠세요?
좋아요. 저는 생선을 좋아해요.

Unit 01
좋고 싫음을 물을 때

상대방에게 어떤 것을 좋아하는지 그 여부를 물을 경우에는 What kind of ~ do you like? 라는 문형을 즐겨 사용한다.

1875. 어떤 TV프로를 좋아하세요?
What kind of TV programs do you like?
왓 카인더브 티비 프로그램ㅅ 두 유 라익

1876. 어떤 종류의 영화를 좋아하세요?
What sort of movies do you like?
왓 쏠터브 무비즈 두 유 라익

1877. 재즈를 좋아하세요?
Do you like jazz?
두 유 라익 째즈

1878. 어느 프로그램을 가장 좋아합니까?
Which program do you enjoy the most?
위치 프로그램 두 유 인조이 더 모숫ㅌ

1879. 어떤 날씨를 좋아하세요?
What kind of weather do you like?
왓 카인더브 웨더 두 유 라익

1880. 어떤 영화를 좋아하세요?
What kind of movies do you like?
왓 카인더브 무비즈 두 유 라익

Unit 02
좋아하는 것을 말할 때

1881. 나는 음악 비디오를 굉장히 좋아합니다.
I like music videos a lot.
아이 라익 뮤직 비디오ㅅ 어 랏

1882. 나는 수영장에서 수영하는 것을 좋아합니다.
I like swimming in the pool.
아이 라익 스위밍 인 더 풀

1883. 나는 춤추러 가는 것을 좋아합니다.
I love to go dancing.
아이 럽 투 고 댄싱

1884. 나는 음악을 좋아합니다.
I love music.
아이 럽 뮤직

1885. 그는 내가 특히 좋아하는 사람 중의 한 사람입니다.
He's one of my favorites.
히즈 워너브 마이 훼이버릿 ㅊ

1886. 나는 비디오게임에 열광적입니다.
I'm crazy about video games.
아임 크레이지 어바웃 비디오 게임ㅅ

좋아하는 것을 말할 때

1887. 나는 정말로 공상과학 소설을 좋아합니다.
I really prefer science fiction.
아이 릴리 프리풔 싸이언스 휙션

1888. 나는 그곳에 혼자 가는 것이 더 좋습니다.
I prefer to go there alone.
아이 프리풔 투 고 데어 얼론

1889. 나는 포도주보다는 맥주가 좋습니다.
I prefer beer to wine.
아이 프리풔 비어 투 와인

1890. 나는 가만히 앉아 있기보다는 책을 읽는 게 좋습니다.
I prefer to read rather than sit idle.
아이 프리풔 투 리드 래더 댄 씻 아이들

1891. 나는 한국 음식을 먹고 싶습니다.
I feel like eating some Korean food.
아이 퓔 라익 이딩 썸 코리언 후드

'~을 좋아한다'는 가장 기본적인 문형은 I like ~이다. 자신이 하고 싶은 것을 말할 때는 I feel like -ing ~라는 문형을 사용하며, 비교의 뜻을 넣어 어떤 것을 선호한다는 말을 하고 싶다면 prefer를 사용한다.

1892. 나는 누군가와 얘기하고 싶었습니다.
I felt like talking to somebody.
아이 풸ㅌ 라익 토킹 투 썸바디

1893. 난 그가 좋아 미칠 지경이야.
I'm just crazy about him.
아임 저슷ㅌ 크뤠이지 어바웃 힘

1894. 집에 있느니 차라리 산책하러 가는 것이 좋겠습니다.
I'd rather go out for a walk than stay home.
아이드 래더 고 아웃 풔 러 웍 댄 스테이 홈

1895. 커피보다는 홍차를 마시겠습니다.
I'd rather have tea than coffee.
아이드 래더 햅 티 댄 커피

1896. 어느 프로그램을 가장 좋아합니까?
Which program do you enjoy the most?
위치 프로그램 두 유 인조이 더 모슷ㅌ

1897. 토크쇼를 가장 좋아합니다.
I enjoy talk shows the most.
아이 인조이 토크 쇼우ㅅ 더 모슷ㅌ

Unit 03 싫어하는 것을 말할 때

1898. 나는 춤추는 것을 몹시 싫어합니다.
I hate to dance.
아이 헤잇 투 댄스

1899. 나는 이런 종류의 음식이 싫습니다.
I dislike this kind of food.
아이 디스라익 디스 카인더브 후드

**싫어하는 것을
말할 때**

1900. 나는 파티를 좋아하지 않습니다.
I don't like parties.
아이 돈 라익 파티ㅅ

1901. 나는 이런 더운 날씨가 참을 수 없을 만큼 싫습니다.
I can't stand this hot weather.
아이 캔ㅌ 스탠드 디스 핫 웨더

1902. 그다지 좋아하지는 않아요.
I don't like it very much.
아이 돈 라이킷 베리 머취

1903. 나는 팝 음악을 싫어해.
I don't like pop music.
아이 돈 라익 팝 뮤직

Part 5

사교를 위한 표현
Expressions of Social Gatherings

상호간에 밀접한 사이라면 약속이나 방문, 초대 등 다양한 교류 활동을 하게 될 것이다. 이럴 경우에는 상대방을 배려하는 마음이 무엇보다 중요하다.

Chapter 01 약속

약속하기(make an appointment)와 관련된 문장 표현을 알아보자. appointment를 직접 써서 Do you have any appointments tomorrow?(내일 약속 있으세요?)라고도 할 수 있고 보다 간단하게 Are you free this weekend?(이번 주말에 시간 있으세요?), 또는 친한 사이에 Let's get together sometime.(언제 한번 만나요.)라고도 쓸 수 있다. 만약 시간 약속을 어겼다면 일단 먼저 I'm sorry. I'm late. / I'm sorry to keep you waiting. 이라는 사과의 말을 해야 할 것이다. 약속 시간에 늦지 않도록 서두르라고 할 때는 Make it snappy! / Step on it! / Snap to it. 따위와 같은 표현을 활용하자.

Hurry up! We don't want to be late for our appointment.

I'll be right with you.

Conversation

서둘러! 약속 시간에 늦는 걸 원하지 않으니까. 곧바로 갈게.

Sentence Patterns

- Don't be late.
- Be punctual!
- Don't break your appointment.
- Don't stand me up.
- Hurry up!
- Don't forget it.

Unit 01
약속을 청할 때

1904. 시간 좀 있어요?
Do you have time?
두 유 햅 타임

> 시간을 묻는 표현은 Do you have the time?(몇 시입니까?)이므로 사용상 유의해야 한다.

1905. 잠깐 만날 수 있을까요?
Can I see you for a moment?
캔 아이 씨 유 훠 러 모먼ㅌ

1906. 내일 한번 만날까요?
Do you want to get together tomorrow?
두 유 원 투 겟 투게더 투마로우

1907. 언제 한번 만나요.
Let's get together sometime.
렛츠 겟 투게더 썸타임

1908. 다음 주 편하신 시간에 만날 약속을 하고 싶습니다.
I'd like to make an appointment to meet you at your convenience next week.
아이드 라익 투 메이컨 어포인ㅌ먼ㅌ 투 미츄 앳 유어 컨비년스 넥슷ㅌ 윅

1909. 말씀드릴 매우 중요한 용무가 있습니다.
I have some very important business to talk about.
아이 햅 썸 베리 임폴턴ㅌ 비지니스 투 토커바웃

1910. 이번 주말에 시간 있으세요?
Are you free this weekend?
아 유 흐리 디스 위켄드

1911. 내일 약속 있으세요?
Do you have any appointments tomorrow?
두 유 햅 애니 어포인ㅌ먼츠 투마로우

1912. 다음 주 일정이 어떻게 되십니까?
What's your schedule for next week?
왓츠 유어 스케쥴 훠 넥슷ㅌ 윅

1913. 다른 약속이 있습니까?
Do you have another appointment?
두 유 햅 어나더 어포인ㅌ먼ㅌ

1914. 몇 시쯤에 시간이 납니까?
What time will you be available?
왓 타임 윌 유 비 어베일러블

Unit 02
스케줄을 확인할 때

1915. 이번 주 스케줄을 확인해 보겠습니다.
I'll check my schedule for this week.
아일 첵 마이 스케쥴 풔 디스 윅ㅋ

1916. 다음 주쯤으로 약속할 수 있습니다.
I can make it sometime next week.
아이 캔 메이킷 썸타임 넥슷ㅌ 윅ㅋ

1917. 그날은 약속이 없습니다.
I have no engagements that day.
아이 햅 노 인게이지먼ㅊ 댓 데이

1918. 오늘 오후는 한가합니다.
I'm free this afternoon.
아임 흐리 디스 애후터눈

1919. 3시 이후 2시간 정도 시간이 있습니다.
I'm free for about two hours after 3.
아임 흐리 풔 어바웃 투 아우얼ㅅ 애후터 쓰리

1920. 내일은 특별하게 정해 놓은 일이 없습니다.
I have nothing in particular to do tomorrow.
아이 햅 나씽 인 파티큘러 투 두 투마로우

1921. 그날 아침엔 아무런 약속이 없습니다.
I have no appointments in the morning that day.
아이 햅 노 어포인ㅌ먼ㅊ 인 더 모닝 댓 데이

1922. 오늘 오후는 한가합니다.
I'm free this afternoon.
아임 흐리 디스 애후터눈

1923. 좋아요. 다음 주 목요일 오전 내내 시간이 있습니다.
Fine, I will be free all morning next Thursday.
화인, 아이 윌 비 흐리 올 모닝 넥스ㅌ 썰쓰데이

Unit 03
약속 시간과 날짜를 정할 때

1924. 몇 시로 했으면 좋겠어요?
What time is good for you?
왓 타임 이즈 굳 풔 유

1925. 몇 시로 약속하겠습니까?
What time shall we make it?
왓 타임 쉘 위 메이킷

1926. 3시는 괜찮겠습니까?
Is three o'clock OK for you?
이즈 쓰리 어클락 오케이 풔 유

약속 시간과 날짜를 정할 때

1927. 언제 만나면 될까요?
When can we meet?
웬 캔 위 밋

1928. 언제가 가장 좋을까요?
What day suits you best?
왓 데이 수츠 츄 베슷트

1929. 화요일이라면 괜찮으십니까?
Would Tuesday be all right?
우드 튜즈데이 비 올 라잇

1930. 얼마 정도 시간을 내 주실 거예요?
How long could you give me?
하우 롱 쿠쥬 깁 미

Unit 04
약속 장소를 정할 때

1931. 어디서 만날까요?
Where should we make it?
웨어 슈드 위 메이킷

1932. 어디서 만나기로 할까요?
Where can you make it?
웨어 캔 유 메이킷

1933. 거기가 만나기에 괜찮은 곳이네요.
That's a good place to get together.
댓츠 어 굳 플레이스 투 겟 투게더

1934. 당신을 방문할까요?
Shall I call on you?
쉘 아이 콜 온 유

1935. 이곳으로 올 수 있습니까?
Can you come here?
캔 유 컴 히어

1936. 당신에게 달려 있습니다.
It's up to you.
잇츠 업 투 유

1937. 제 사무실은 어떻습니까?
How about at my office?
하우 어바웃 앳 마이 어휘스

1938. 예, 좋습니다.
Yes, that would be fine.
예스, 댓 우드 비 화인

Part 5 사교를 위한 표현

Unit 05
약속 제안에 승낙할 때

1939. 좋아요, 시간 괜찮아요.
Yeah, I'm free.
예 아임 후리

1940. 이번 주말엔 별다른 계획이 없어요.
I have no particular plans for this weekend.
아이 햅 노 퍼티큘러 플랜ㅅ 풔 디스 위켄ㄷ

1941. 어느 정도 시간을 주시겠습니까?
How long could you give me?
하우 롱 쿠쥬 깁 미

1942. 감사합니다. 그 시간에 그곳으로 가겠습니다.
Thanks. I'll be there then.
쌩즈 아일 비 데어 덴

1943. 그럼 그때 만납시다. 안녕.
See you then. Bye.
씨 유 덴 바이

Unit 06
약속 제안을 거절할 때

1944. 미안해요, 제가 오늘 좀 바빠서요.
I'm sorry, I'm a little busy today.
아임 쏘리 아이머 리를 비지 투데이

1945. 오늘 손님이 오기로 돼 있어요.
I'm expecting visitors today.
아임 익스펙팅 비짓터ㅅ 투데이

1946. 미안해요, 제가 오늘은 스케줄이 꽉 차 있어요.
I'm sorry, I'm booked up today.
아임 쏘리 아임 북ㅌ 업 투데이

1947. 선약이 있습니다.
I have an appointment.
아이 해번 어포인ㅌ먼ㅌ

1948. 죄송한데 다른 약속이 있습니다.
I'm sorry I have another appointment.
아임 쏘리 아이 햅 어나더 어포인ㅌ먼ㅌ

1949. 정말 죄송합니다! 선약이 있습니다.
Oh, what a shame! We have a previous engagement.
오 와러 쉐임 위 해버 프리비어스 인게이지먼ㅌ

Unit 07
약속을 변경할 때

1950. 한 시간만 뒤로 미룹시다.
Let's push it back an hour.
렛츠 푸쉬 잇 백건 아우어

1951. 다음 기회로 미뤄도 될까요?
Can I take a rain check?
캔 아이 테이커 뤠인 첵

1952. 다음으로 미룹시다.
Let's make it some other time.
렛츠 메이킷 썸 아더 타임

1953. 약속시간을 좀 당기면 어떨까요?
Why don't you make it a little earlier?
와이 돈츄 메이킷 어 리를 얼리어

1954. 내 약속을 연기해야겠습니다.
I have to postpone my appointment.
아이 햅 투 포스트폰 마이 어포인트먼트

1955. 우리 약속시간을 변경할 수 있나요?
Can we reschedule our appointment?
캔 위 리스케쥴 아우어 어포인트먼트

1956. 우리 약속 장소 바꿀 수 있을까?
Can we change the place of our appointment?
캔 위 체인지 더 플레이스 어브 아우어 어포인트먼트

Unit 08
약속을 취소할 때

1957. 약속을 취소해야겠어요.
I have to cancel.
아이 햅 투 캔슬

1958. 약속을 지키지 못한 걸 용서해 주세요.
Please forgive me for breaking my promise.
플리즈 풔깁 미 풔 브레이킹 마이 프라미스

1959. 약속에 못 나갈 것 같아요.
I'm not going to be able to make it.
아임 낫 고잉 투 비 에이블 투 메이킷

1960. 약속을 취소해도 될까요?
Can I call off the appointment?
캔 아이 콜 엎 더 어포인트먼트

1961. 사정이 생겨서 내일 찾아 뵐 수 없게 되었습니다.
A problem has come up, and I can't come to see you tomorrow.
어 프라블럼 해즈 컴 업 앤 아이 캔트 컴 투 씨 유 투마로우

약속을 취소할 때

1962. 우리 약속시간을 변경할 수 있나요?
Can we reschedule our appointment?
캔 위 리스케쥴 아우어 어포인트먼트

Unit 09

기타 약속에 관한 표현

1963. 새끼손가락 걸고 약속하자.
Let's pinky-swear.
렛츠 핑키-스웨어

1964. 나는 약속을 잘 지키는 사람이야.
I am as good as my word.
아이 앰 애즈 굳 애즈 마이 워드

1965. 약속 어기지 마라.
Don't break your promise.
돈 브레익ㅋ 유어 프라미스

1966. 너는 무슨 일이 있어도 약속을 지켜야 한다.
You must keep your promise at all costs.
츄 머슷 킵 유어 프라미스 앳 올 코슷c

1967. 약속합시다. 날짜를 정합시다.
Let's make a pledge.
렛츠 메이커 플리지

1968. 기다리게 해서 죄송합니다.
Sorry to have kept you waiting.
쏘리 투 햅 켑츄 웨이링

흔히 동일한 표현으로서 Sorry to keep you waiting.이라고 표현한다.

Chapter 02 초대

파티나 식사 초대가 일반적인데 상대방의 의향을 묻는 표현에는 Would you come ~? / Could you come ~? / Why don't you ~? 따위와 같은 패턴 문형을 활용하며, 반드시 초대를 받은 사람은 Thank you for inviting me.라는 인사말을 잊지 말도록 하자. '초대하다'라는 의미의 동사는 invite이며, 명사는 invitation이다. 초대할 때의 일반적인 표현 I'd like to invite you to dinner.(당신을 초대해 저녁식사를 하고 싶습니다.)를 비롯하여, 초대를 받아들이거나 거절할 때의 표현을 익혀 두자.

Mary, glad you came. Make yourself at home.

Thanks. It was nice of you to invite me to your party, Jan.

Conversation

메리, 와 줬구나. 편히 앉아.
파티에 초대해 줘서 고마워. 잔.

Unit 01
초대할 때

'초대하다'라는 동사는 invite이며, 명사는 invitation이다.

1969. 놀러 오십시오.
Come and see me.
컴 앤 씨 미

1970. 언제 한번 들러 주시지 않겠습니까?
Why don't you drop in sometime?
와이 돈츄 드라빈 썸타임

1971. 파티에 오시지 그러세요?
Why don't you come to the party?
와이 돈츄 컴 투 더 파리

1972. 이번 주말 제 생일 파티에 당신을 초대하고 싶습니다.
I'd like to invite you to my birthday.
아이드 라익 투 인바잇츄 투 마이 벌쓰데이

1973. 당신을 초대해 저녁식사를 하고 싶습니다.
I'd like to invite you to dinner.
아이드 라익 투 인바잇츄 투 디너

1974. 당신은 그 파티에 초대를 받았습니까?
Did you get an invitation to the party?
디쥬 게런 인비테이션 투 더 파리

Unit 02
초대에 응할 때

1975. 예, 좋습니다.
Yes, with pleasure.
예스 위드 플레져

1976. 좋은 생각이에요.
That's a good idea.
댓쳐 굳 아이디어

1977. 기꺼이 그렇게 하겠습니다.
I'd be happy to.
아이드 비 해피 투

1978. 그거 아주 좋겠는데요.
That sounds great.
댓 사운즈 그뤠잇ㅌ

1979. 멋진데요.
Sounds good.
사운즈 굳

1980. 저는 좋습니다.
That's fine with me.
댓츠 화인 위드 미

초대에 응할 때

1981. 감사합니다. 기꺼이 가겠습니다.
Thank you. I'd be glad to come.
쌩큐 아이드 비 글래드 투 컴

1982. 고맙습니다. 기꺼이 하죠.
Thank you. I'd like to.
쌩큐 아이드 라익 투

1983. 고맙습니다, 그러죠.
Thank you, I will.
쌩큐 아이 윌

1984. 고맙습니다, 기쁜 마음을 가겠습니다.
Thank you. I'd love to come.
쌩큐 아이드 럽 투 컴

1985. 좋습니다. 그렇게 합시다.
Oh, that's very kind of you. I'd love to.
오 댓츠 베리 카인더브 유 아이드 럽 투

1986. 대단히 기쁜 마음으로 초대를 받아들이겠습니다.
I accept your invitation with great pleasure.
아이 엑셉ㅌ 유어 인비테이션 위드 그뤠잇 플레져

1987. 오늘 밤 저희들을 초대해 주시다니 정말 친절하시군요.
It's so kind of you to invite us tonight.
잇츠 쏘 카인더뷰 투 인바이더스 투나잇

Unit 03
초대에 응할 수 없을 때

1988. 죄송하지만, 그럴 수 없습니다.
I'm sorry, but I can't.
아임 쏘리 벗 아이 캔ㅌ

1989. 죄송하지만, 그럴 수 없을 것 같군요.
I'm sorry, but I don't think I can.
아임 쏘리 벗 아이 돈 씽ㅋ 아이 캔

1990. 죄송하지만, 해야 할 일이 있습니다.
Sorry, but I have some work to do.
쏘리 벗 아이 햅 썸 웍 투 두

1991. 유감스럽지만 안 될 것 같군요.
I'm afraid not.
아임 어흐레이ㄷ 낫

1992. 그럴 수 있다면 좋겠군요.
I wish I could.
아이 위시 아이 쿠드

1993. 그러고 싶지만 오늘 밤은 이미 계획이 있습니다.
I'd love to, but I already have plans tonight.
아이드 럽 투 벗 아이 얼레디 햅 플랜스 투나잇

초대에 응할 수 없을 때

1994. 오늘 저녁은 안 되겠습니다.
I'd rather not this evening.
아이드 래더 낫 디스 이브닝

1995. 죄송하지만 갈 수 없습니다.
I'm afraid I won't be able to come.
아임 어흐레이드 아이 원 비 에이블 투 컴

1996. 정말 그럴 기분이 나지 않습니다.
I'm not really in the mood.
아임 낫 륄리 인 더 무드

Chapter 03 방문

일상생활에서 가정이나 사무실로 손님이 방문하였을 때 "어서 오세요."라는 인사말로 흔히 Please come on in. / Welcome! / May I help you?라고 표현하면 되며, 방문을 환영할 때는 Welcome home!을 쓰면 된다. 초대받은 방문객은 Thank you for inviting me.(초대해 줘서 고맙습니다.)로 응답하면 적절하다. 대개 서양인들은 타인의 집을 방문하거나 파티에 초대되어 갈 경우에는 뭐라도 들고 가는 것이 몸에 배어 있다.

Nice to see you, John. Come on in.

Thanks. How you been?

Conversation

존, 만나서 반갑다. 어서 들어와.
고마워. 잘 지냈어?

Sentence Patterns

- Welcome home!
- Please come in!
- Welcome to our house!
- Welcome back!
- Welcome abroad!

Unit 01
방문했을 때

1997. 우리를 초대해 주어서 고맙습니다.
Thank you for inviting us.
쌩큐 풔 인바이팅 어스

1998. 여기 조그만 선물입니다.
Here's something for you.
히얼즈 썸씽 풔 유

1999. 아주 멋진 집이군요.
You have a very nice home.
유 해버 베리 나이스 홈

2000. 안녕하세요, 베이커 씨, 저를 초대해 주셔서 감사합니다.
Good evening, Mr. Baker. Thank you for inviting me.
굳 이브닝 미스터 베이커 쌩큐 풔 인바이팅 미

Unit 02
손님을 맞이할 때

2001. 어서 들어오십시오.
Please come in.
플리즈 커민

2002. 잘 오셨습니다.
It was so nice of you to come.
잇 워즈 쏘 나이스 어뷰 투 컴

2003. 이쪽으로 오시죠.
Why don't you come this way?
와이 돈츄 컴 디스 웨이

2004. 멀리서 와 주셔서 감사합니다.
Thank you for coming such a distance.
쌩큐 풔 커밍 써치 어 디스턴스

2005. 여기 오시는 데 고생하지 않으셨어요?
Did you have any trouble getting here?
디쥬 햅 애니 트러블 게링 히어

2006. 앉으시겠습니까?
Would you like to sit down?
우쥬 라익 투 씻 다운

2007. 앉으십시오.
Have a seat, won't you?
해버 씻 원 츄

2008. 집을 보여 드리겠습니다.
Let me show you around our house.
렛 미 쇼 유 어라운드 아우어 하우스

> 방문객을 맞이하면서 We are so glad you could come.(잘 오셨습니다.)라고 인사를 한다. 신발을 현관에 벗게 하고 Please put on the slippers.(슬리퍼를 신으십시오.)라고 권하고, This way, please.(이쪽으로 오세요.)라고 거실로 안내한다.

손님을 맞이할 때

2009. 코트를 주십시오.
Let me take your coat.
렛 미 테익 유어 콧ㅌ

2010. 편히 하세요.
Make yourself at home.
메익 유어쎌ㅎ 앳 홈

Unit 03 방문객을 대접할 때

2011. 뭐 좀 마시겠습니까?
Would you like something to drink?
우쥬 라익 썸씽 투 드링ㅋ

2012. 과자라도 드십시오.
Please help yourself to the cookies.
플리즈 헬ㅍ 유어쎌ㅎ 투 더 쿠키즈

2013. 케이크를 좀 더 드시겠습니까?
Would you like some more cake?
우쥬 라익 썸 모어 케익

2014. 저녁식사로 불고기를 준비하고 있습니다.
We're having bulgogi for dinner.
위어 해빙 불고기 풔 디너

2015. 저녁식사 준비가 되었습니다.
Dinner is ready.
디너 이즈 뤠디

2016. 자, 드십시오.
Please help yourself.
플리즈 헬ㅍ 유어쎌ㅎ

2017. 드시고 싶은 것을 맘껏 드세요.
Help yourself to anything you like.
헬ㅍ 유어쎌ㅎ 투 애니씽 유 라익

2018. 어서 드십시오.
Go ahead and start eating.
고 어헤드 앤 스탓ㅌ 이딩

2019. 좀 더 드시지요.
Why don't you help yourself to some more?
와이 돈츄 헬ㅍ 유어쎌ㅎ 투 썸 모어

2020. 고기를 좀 더 드시겠습니까?
Care for some more meat?
케어 풔 썸 모어 밋

2021. 좋아하지 않으시면 남기십시오.
If you don't like it, just leave it.
이프 유 돈 라이킷 저슷 리빗

> Help yourself.는 음식을 권할 때 가장 흔히 사용되는 말로 '마음껏 드세요.'라는 의미이다. 또는 <Do you want some + 음식?>의 형태로 음식을 권하기도 한다. 이럴 때 Yes, please.라고 대답할 수도 있고, No, thanks.라고 거절할 수도 있다.

| 방문객을 대접할 때 | 2022. 훌륭한 저녁식사였습니다.
This was a wonderful dinner.
디스 워져 원더훌 디너 |

Unit 04
방문을 마칠 때

2023. 가 봐야겠어요.
I guess I'll leave.
아이 게스 아일 리브

2024. 떠나려고 하니 아쉽습니다.
I'm sorry that I have to go.
아임 쏘리 댓 아이 햅 투 고

2025. 그럼, 저 가 볼게요.
Well, I'd better be on my way.
웰 아이드 베러 비 온 마이 웨이

2026. 가봐야 할 것 같네요.
(I'm afraid) I have to go now.
(아임 어흐레이드) 아이 햅 투 고 나우

2027. 이제 일어서는 게 좋을 것 같네요.
I'm afraid I'd better be leaving.
아임 어흐레이드 아이드 베러 비 리빙

2028. 너무 늦은 것 같군요.
I'm afraid I stayed too long.
아임 어흐레이드 아이 스테이드 투 롱

2029. 이제 가 봐야겠습니다.
I must be going now.
아이 머슷 비 고잉 나우

2030. 미안하지만, 제가 좀 급합니다.
I'm sorry, but I'm in a hurry.
아임 쏘리 벗 아임 이너 허뤼

2031. 아, 벌써 아홉 시입니까? 가 봐야겠네요.
Oh, is it 9 already? I must go.
오 이짓 나인 얼레디 아이 머슷ㅌ 고

2032. 미안합니다, 이제 일어서야 할 것 같아요.
I'm sorry, but I've got to be on my way.
아임 쏘리 벗 아이브 갓 투 비 온 마이 웨이

2033. 정말로 식사 잘 했습니다.
I really enjoyed the meal.
아이 륄리 인죠이드 더 밀

2034. 오늘 저녁 정말 즐거웠습니다.
I really had a pleasant evening.
아이 륄리 해더 플레즌ㅌ 이브닝

방문을 마칠 때

2035. 멋진 파티 정말 고맙게 생각해요.
Thank you very much for a wonderful party.
쌩큐 베리 머취 훠 러 원더훌 파리

2036. 그럼, 다음에 뵐게요. 안녕히 계세요.
Well, see you later. Good bye.
웰 씨 유 레이러 굳 바이

2037. 다음에는 꼭 저희 집에 와 주세요.
Next time you must come and visit me.
넥스트 타임 유 머슷ㅌ 컴 앤 비짓 미

Unit 05
주인으로서의 작별 인사

2038. 방문해 주셔서 고맙습니다.
Thank you for coming.
쌩큐 훠 커밍

2039. 지금 가신다는 말입니까?
Do you mean you're going now?
두 유 민 유어 고잉 나우

2040. 저녁 드시고 가시지 않으시겠어요?
Won't you stay for dinner?
원 츄 스테이 훠 디너

2041. 오늘 밤 재미있었어요?
Did you have fun tonight?
디쥬 햅 훤 투나잇

2042. 오늘 즐거우셨어요?
Did you have a good time today?
디쥬 해버 굳 타임 투데이

2043. 다시 만날 수 있을까요?
Can we meet again?
캔 위 밋 어겐

2044. 또 오세요.
Come again.
컴 어겐

2045. 제가 바래다 드릴까요?
Can I give you a lift?
캔 아이 깁 유 어 리훗ㅌ

2046. 조심하십시오.
Take care.
테익 케어

2047. 조심해서 돌아가십시오.
Take care on the way home.
테익 케어 온 더 웨이 홈

방문을 마치고 돌아가는 사람들에게 감사 인사(Thank you.)와 오늘 어땠는지 물어보는 말(Did you have fun tonight?)을 하고, 사람들을 보내면서 조심해서 돌아가라는 의미로 Take care on the way home.이라고 말하는 것도 잊지 말자.

Chapter 04 — 식사를 할 때

Let's go out for lunch.(점심 식사하러 나갑시다.) / Let's go out for a snack.(뭐 간단히 먹으러 나갑시다.)라는 표현을 사용한다. 일반적으로 계산할 때 It's on me.(제가 살게요.) / Let me treat you to lunch.(제가 점심을 대접하겠습니다.) 등이 활용되며, 동료나 친한 사람에게는 treat를 써서 I'll treat you to a drink.(제가 한잔 사겠습니다.)라고 하면 된다.

Conversation

- Can I have a cup of coffee?
- Help yourself. And have a donut if you want, too.

커피 한 잔 마실 수 있을까요?
어서 드세요. 좋아하시면 도넛도 드세요.

Sentence Patterns

- Go ahead.
- Be my guest.
- Please take as much as you like.
- After you.
- Help yourself to whatever you want.

Unit 01
식사를 제의할 때

2048. 우리 점심 식사나 같이할까요?
Shall we have lunch together?
쉘 위 햅 런치 투게더

2049. 저녁 식사 같이하시겠어요?
Would you join me for dinner today?
우쥬 조인 미 풔 디너 투데이

2050. 저녁 식사하러 오세요.
Come on, dinner's ready.
컴 온, 디널스 뤠디

2051. 오늘 저녁에 외식하자.
Let's eat out tonight.
렛츠 이라웃 투나잇

> eat out은 연음되어 [이라웃]처럼 발음한다.

2052. 같이 식사를 할 수 있도록 일찍 오세요.
Come home early, so that we can eat dinner together.
컴 홈 얼리, 쏘 댓 위 캔 잇 디너 투게더

2053. 나가서 먹는 게 어때?
How about going out for something to eat?
하우 어바웃 고잉 아웃 풔 썸씽 투 잇

2054. 내일 저녁 식사 같이하러 가실까요?
May I take you to dinner tomorrow?
메이 아이 테익 유 투 디너 투마로우

2055. 점심 식사하러 나갑시다.
Let's go out for lunch.
렛츠 고 아웃 풔 런치

2056. 뭐 좀 간단히 먹으러 나갑시다.
Let's go out for a snack.
렛츠 고 아웃 풔 러 스낵

2057. 언제 식사나 같이합시다.
We'll have to do lunch sometime.
위일 햅 투 두 런치 썸타임

2058. 여기 들러서 뭐 좀 먹읍시다.
Let's stop here for a bite to eat.
렛츠 스탑 히어 풔 러 바잇 투 잇

2059. 좀 더 있다가 저녁 드시고 가시죠?
Won't you stay for dinner?
원 츄 스테이 풔 디너

2060. 식사 초대에 응해 주시면 감사하겠습니다.
I am happy that you will join me for dinner.
아이 앰 해피 댓츄 윌 조인 미 풔 디너

식사를 제의할 때

2061. 식사하러 오십시오.
Please come (and) dine with me.
플리즈 컴 (앤ㄷ) 다인 위드 미

Unit 02

대접할 때

2062. 자 갑시다! 제가 살게요.
Come on! It's on me.
컴 온 잇츠 온 미

2063. 제가 점심을 대접하겠습니다.
Let me treat you to lunch.
렛 미 트릿ㅌ 유 투 런치

treat은 '대하다, 취급하다'라는 뜻인데 식사하는 데 있어서는 '대접하다, 한턱 쏘다'라는 의미로 사용된다.

2064. 걱정 마, 내가 살게.
Don't worry about it. I'll get it.
돈 워리 어바우릿 아일 게릿

2065. 오늘 저녁을 제가 사겠습니다.
Let me take you to dinner tonight.
렛 미 테익 유 투 디너 투나잇

2066. 제가 한잔 사겠습니다.
I'll treat you to a drink.
아일 트릿ㅌ 유 투 어 드링크

2067. 제가 접대하게 해 주십시오.
Please be my guest.
플리즈 비 마이 게슷ㅌ

2068. 내가 초대했으니 내가 내야지.
I invited you out, so I should pay.
아이 인바이티듀 아웃 쏘 아이 슈드 페이

2069. 당신에게 특별히 한턱내고 싶습니다.
I'd like to treat you to something special.
아이드 라익투 트릿 유 투 썸씽 스페셜

Unit 03

식사 제의를 받았을 때

2070. 그러죠, 고맙습니다.
I'd love to. Thank you.
아이드 럽 투 쌩큐

2071. 다음 기회에는 꼭 합시다.
Give me a rain check, please.
깁 미 어 뤠인 첵 플리즈

2072. 글쎄요, 다음 기회에.
Well, maybe some other time.
웰 메이비 썸 아더 타임

식사 제의를 받았을 때

2073. 다음 기회에 합시다.
Let's make it some other time.
렛츠 메이킷 썸 아더 타임

Unit 04
식사를 할 때

2074. 식사 전에 손을 씻어라.
Wash your hands before eating.
워시 유어 핸즈 비훠 이링

2075. 저녁으로 불고기를 마련했습니다.
We're having bulgogi for dinner.
위어 해빙 불고기 훠 디너

2076. 어서 드십시오.
Please help yourself.
플리즈 헬ㅍ 유어쎌ㅎ

2077. 고기를 좀 더 드시겠어요?
Care for some more meat?
케어 훠 썸 모어 밋

2078. 좋아하지 않으신다면 남기십시오.
If you don't like it, just leave it.
이퓨 돈 라이킷 저슷 리빗

care for는 '~을 돌보다'라는 의미이지만, 음식을 권유할 때 Would you care for ~?라고 하면 '~을 드시겠어요?'라는 의미로 사용된다. I don't care for anything.이라고 하면 '아무것도 먹고 싶지 않아요.'가 된다.

2079. 필요한 게 있으시면 말씀해 주십시오.
Let me know if you need anything.
렛 미 노우 이퓨 니드 애니씽

2080. 식사시간이 언제죠?
When do you serve meals?
웬 두 유 썰ㅂ 밀즈

2081. 식사 전에 술을 한잔하겠어요.
I want to have a drink before the meal.
아이 원 투 해버 드링크 비훠 더 밀

2082. 당신은 한국음식을 먹어 본 적이 있습니까?
Do you ever eat Korean?
두 유 에버 잇 코리언

2083. 국수 전문점에는 가십니까?
Do you go to noodle restaurants?
두 유 고 투 누들 뤠스토런ㅊ

2084. 당신은 보쌈요리를 먹어 본 적이 있나요?
Have you ever had bossam?
해뷰 에버 해드 보쌈

식사를 할 때

2085. 불고기는 1년 내내 한국인들에게 가장 인기 있는 음식이죠.
Bulgogi is the most popular food with Korean people all year-round.
불고기 이즈 더 모숫ㅌ 파퓰러 후드 위드 코리언 피플 올 이어-라운드

2086. 저는 하루에 두 끼 식사하는 것을 습관으로 하고 있어요.
I'm making a habit of having two meals a day.
아임 메이킹 어 해비더브 해빙 투 밀져 데이

2087. 저는 푸짐한 저녁 식사보다 푸짐한 점심 식사가 더 좋아요.
I prefer a big lunch to a big dinner.
아이 프리훠러 빅 런치 투 어 빅 디너

Unit 05 식사를 마칠 때

2088. 잘 먹었습니다.
I've had enough.
아이브 해드 이넢ㅎ

2089. 잘 먹었습니다, 감사합니다.
I'm satisfied, thank you.
아임 쌔디스화이드 쌩큐

2090. 배가 부릅니다.
I'm full.
아임 훌

2091. 훌륭한 식사였습니다.
That was an excellent dinner.
댓 워젼 엑설런ㅌ 디너

2092. 정말 맛있는 저녁을 먹었습니다.
I thoroughly enjoyed that dinner.
아이 쓰롤리 인죠이드 댓 디너

2093. 저녁 식사 아주 맛있게 먹었습니다.
I enjoyed the dinner very much.
아이 인죠이드 더 디너 베리 머취

2094. 식사를 맛있게 하셨기를 바랍니다.
I hope you had a pleasant meal.
아이 호퓨 해더 플레즌ㅌ 밀

Unit 06 차를 마실 때

2095. 저녁 식사 후에 커피를 마시겠습니다.
I'll have coffee after dinner.
아일 햅 커피 애흐터 디너

2096. 커피와 홍차 중 어느 쪽이 좋으십니까?
Which would you prefer, tea or coffee?
위치 우쥬 프리훠 티 오어 커피

차를 마실 때

2097. 커피에 설탕이나 크림을 넣어 드릴까요?
How would you like your coffee, with sugar or cream?
하우 우쥬 라이큐어 커피 위드 슈거 오어 크림

2098. 커피를 좀 더 드시겠습니까?
Would you like some more coffee?
우쥬 라익 썸 모어 커피

2099. 크림과 설탕을 넣어 주십시오.
With cream and sugar, please.
위드 크림 앤 슈거 플리즈

2100. 크림만 넣어 주십시오.
Just cream, please.
저슷ㅌ 크림 플리즈

2101. 블랙으로 주십시오.
Black, please.
블랙 플리즈

Unit 07
술을 권할 때

2102. 술 한잔하시겠어요?
Would you care for a drink?
우쥬 케어 훠 러 드링ㅋ

2103. 오늘 밤 한잔하시죠?
How about having a drink tonight?
하우 어바웃 해빙 어 드링ㅋ 투나잇

2104. 한잔 사고 싶은데요.
Let me buy you a drink.
렛 미 바이 유 어 드링ㅋ

2105. 술 마시는 걸 좋아하세요?
Do you like to drink?
두 유 라익 투 드링ㅋ

2106. 저희 집에 가서 한잔합시다.
Let's go have a drink at my place.
렛츠 고우 해버 드링ㅋ 앳 마이 플레이스

2107. 술은 어때요?
How about something hard?
하우 어바웃 썸씽 할드

2108. 술 드시러 오셨으면 해요.
We'd love to have you over for some drinks.
위드 럽 투 해뷰 오버 훠 썸 드링ㅅ

drink는 명사로 '음료, 마실 것, 술'이라는 뜻도 있고, 동사로 '마시다'라는 뜻도 있다. 술만을 지칭하는 것이 아니라는 것을 기억해 두면 좋다. '취한'이라는 의미로는 drink의 과거분사형인 drunken을 사용한다.

251

Unit 08
건배를 할 때

2109. 건배합시다!
Let's have a toast!
렛츠 해버 토숏ㅌ

2110. 건배!
Cheers!
취얼ㅅ

2111. 당신을 위하여! 건배!
Here's to you! Cheers!
히얼ㅅ 투 유 취얼ㅅ

2112. 건배!(행운을 빕니다!)
Happy landings!
해피 랜딩ㅅ

2113. 우리들의 건강을 위해!
To our health!
투 아우어 헬쓰

2114. 여러분 모두의 행복을 위해!
To happiness for all of you!
투 해피니즈 풔 얼 어뷰

Unit 09
계산할 때

2115. 어디서 계산하나요?
Where shall I pay the bill?
웨어 쉘 아이 페이 더 빌

2116. 계산해 주세요.
Bill, please.
빌 플리즈

> Check, please. / I'd like the check, please.로도 쓸 수 있다.

2117. 전부 해서 얼마입니까?
How much is it altogether?
하우 머취 이짓 얼투게더

2118. 따로 지불하고 싶은데요.
Separate checks, please.
쎄퍼레잇 첵스 플리즈

2119. 계산이 틀린 것 같습니다.
I'm afraid the check is wrong.
아임 어흐레이드 더 첵 이즈 롱

2120. 영수증을 주세요.
May I have the receipt, please?
메이 아이 햅 더 리씻 플리즈

2121. 잔돈은 가지세요.
Keep the change.
킵 더 췌인지

Chapter 05 전화 영어

전화로 개인의 이름을 말할 때는 I am ~이 아니라 This is ~ speaking을 사용하는데 흔히 This is를 생략해서 〈이름 + speaking〉이라고 말해도 상관없다. 전화를 바꿔 달라고 부탁할 때는 May I speak to ~, please?(~와 이야기를 해도 되겠습니까?)라고 말하며, 다소 정중하게는 I'd like speak to ~, please?(~와 이야기하고 싶습니다만)와 같이 표현하면 된다. 당사자가 전화를 받지 못했다거나 부재 중일 때 메시지를 남길 경우에는 leave a message라는 표현을 사용하며, 더불어 Could you ~?라고 할 수 있는지 없는지 가능성을 묻기도 한다.

Who would you like to speak to?

Ms. Collins, please.

I'm sorry, but she is away on business.

Conversation

누구를 찾으십니까?
콜린즈 씨 부탁합니다.
미안합니다. 출장 중입니다.

Unit 01
전화를 걸기 전에

요새는 대부분 휴대전화 (cell phone)를 가지고 있고, 여행할 때도 로밍을 하지만, 그렇지 않은 경우 사용할 수 있는 말을 알아보자.

2122. **전화를 사용해도 될까요?**
May I use your phone?
메이 아이 유즈 유어 폰

2123. **공중전화는 어디에 있습니까?**
Can you tell me where the pay telephone is?
캔 유 텔 미 웨어 더 페이 텔러폰 이즈

2124. **이 근처에 공중전화가 있습니까?**
Is there a pay phone near here?
이즈 데어 어 페이 폰 니어 히어

2125. **실례합니다. 저것이 공중전화입니까?**
Excuse me. Is that a pay phone?
익스큐즈 미 이즈 댓 어 페이 폰

2126. **이 전화로 시외전화를 할 수 있습니까?**
Can I make a long distance call from this phone?
캔 아이 메이커 롱 디스턴스 콜 흐롬 디스 폰

2127. **전화번호부가 있습니까?**
Do you have a telephone directory?
두 유 해버 텔러폰 디렉토리

2128. **뉴욕의 지역번호는 몇 번입니까?**
What's the area code for New York?
왓츠 디 에어리어 코드 훠 뉴욕

2129. **전화를 걸어 주시겠습니까?**
Could you call me, please?
쿠쥬 콜 미 플리즈

2130. **장거리 전화를 부탁합니다.**
Long distance, please.
롱 디스턴스 플리즈

Unit 02
전화를 걸 때

2131. **거기가 701-6363입니까?**
Is this 701-6363?
이즈 디스 쎄븐지로원-씩스쓰리씩스쓰리

2132. **여보세요! 저는 김인데요.**
Hello! This is Mr. Kim speaking.
헬로우 디스 이즈 미스터 김 스피킹

2133. **서울에서 토니 장입니다.**
This is Tony Chang from Seoul.
디스 이즈 토니 장 흐롬 서울

전화를 걸 때

2134. 김 씨 계세요?
Is Mr. Kim in?
이즈 미스터 김 인

2135. 여보세요, 브라운 부인이십니까?
Hello, Ms. Brown?
헬로우 미쓰 브라운

> A : Hello. This is Angela. May I speak to John, please?
> B : Yes. Just a moment.
>
> 여보세요. 안젤라입니다. 존 부탁합니다.
> 네, 잠시 기다려 주십시오.

전화로 개인의 이름을 말할 때는 I am ~라고 말하면 안 된다. 전화상으로 신원을 밝힐 때는 This is ~ speaking을 사용하며, 흔히 This is를 생략해서 <이름 + speaking.>이라고 말해도 상관없다.

2136. 김 씨 거기에 있습니까?
Is Mr. Kim there?
이즈 미스터 김 데어

2137. 거기 김 씨 댁 아닙니까?
Isn't this the Kim residence?
이즌 디스 더 김 레지던스

2138. 누구십니까?
Who am I speaking to, please?
후 앰 아이 스피킹 투 플리즈

2139. 메리 좀 바꿔 주세요.
Mary, please.
메리 플리즈

2140. 애슐리 좀 바꿔 주세요.
I'd like to talk to Ashley, please.
아이드 라익 투 톡 투 애슐리 플리즈

Unit 03
전화가 걸려 왔을 때

2141. 전화 왔습니다.
There's a call for you.
데얼즈 어 콜 풔 유

> A : I'm sorry, but Tom is not here now.
> B : Could I leave a message?
> A : Sure.
> B : Please tell him I called.
>
> 미안합니다. 지금 탐은 외출 중입니다.
> 메시지를 남겨도 되나요?
> 좋습니다.
> 저한테 전화가 왔었다고 전해 주십시오.

전화가 걸려 왔을 때

2142. 전화는 제가 받을게요.
I'll cover the phones.
아일 커버 더 폰즈

2143. 전화한 사람이 누구예요?
Who was that on the telephone?
후 워즈 댓 온 더 텔러폰

2144. 전화 좀 받아 주세요.
Please answer the phone.
플리즈 앤써 더 폰

2145. 전화 좀 받아 주실래요?
Would you get that phone, please?
우쥬 겟 댓 폰 플리즈

Unit 04
전화를 받을 때

2146. 내가 전화를 받을 거야.
I'll answer it.
아일 앤써 릿

2147. 여보세요.
Hello.
헬로우

2148. 예, 강입니다.
Yes, Mr. Kang speaking.
예스 미스터 강 스피킹

2149. 전데요.
That's me.
댓츠 미

2150. 네! 전화 주셔서 감사합니다.
O.K! Thank you for calling.
오케이 쌩큐 풔 콜링

2151. 전화하시는 분은 누구시죠?
Who's calling, please?
후즈 콜링 플리즈

2152. 김입니다. 전화하시는 분은 누구십니까?
Mr. Kim speaking. Who is calling, please?
미스터 김 스피킹 후 이즈 콜링 플리즈

2153. 누구시죠?
Who's this?
후즈 디스

2154. 성함을 알려 주시겠습니까?
May I have your name, please?
메이 아이 해뷰어 네임 플리즈

전화상으로 상대방에게 누구냐고 물을 때는 Who are you?라고 묻지 않는다. Who's calling? / Who is it? / Who's this? 등으로 묻는다. 혹은 "성함을 알려 주시겠어요?"라고 묻기도 하는데 이를 표현할 때는 May I have your name, please?라고 한다.

전화를 받을 때

2155. 철자를 불러 주시겠습니까?
Can you spell that, please?
캔 유 스펠 댓 플리즈

2156. 누구에게 전화하셨습니까?
Who are you calling?
후 아 유 콜링

2157. 어떤 용건인지 여쭤 봐도 될까요?
May I ask what this is regarding?
메이 아이 애슷ㅋ 왓 디스 이즈 뤼가딩

2158. 무엇을 도와드릴까요?
How may I help you?
하우 메이 아이 헬ㅍ 유

2159. 그는 어떤 부서에서 일합니까?
What department does he work in?
왓 디팟ㅌ먼ㅌ 더즈 히 워킨

2160. 어느 부서로 전화하셨습니까?
What department are you calling?
왓 디팟ㅌ먼ㅌ 아 유 콜링

2161. 다시 한 번 말씀해 주시겠어요?
I beg your pardon?
아이 베규어 파든

2162. 이름을 한 번 더 말해 주시겠어요?
May I have your name again, please?
메이 아이 해뷰어 네임 어겐 플리즈

2163. 죄송합니다. 좀 더 크게 말씀해 주시겠어요?
I'm sorry. Could you speak up a little?
아임 쏘리 쿠쥬 스피컵 어 리를

2164. 조금만 더 천천히 말해 주세요.
Please speak a little more slowly.
플리즈 스피커 리를 모어 슬로우리

Unit 05
전화를 바꿔 줄 때

2165. 잠깐만 기다려 주세요.
One moment, please.
원 모먼ㅌ 플리즈

2166. 누구 바꿔 드릴까요?
Who do you wish to speak to?
후 두 유 위쉬 투 스픽 투

2167. 테일러 씨, 해리 전화예요.
Mr. Taylor, Harry is on the line.
미스터 테일러 해리 이즈 온 더 라인

전화를 바꿔 줄 때

2168. 그대로 기다려 주시겠어요?
Can you hold the line, please?
캔 유 홀 더 라인 플리즈

2169. 이쪽에서 다시 전화할 때까지 끊고 기다려 주십시오.
Please hang up and wait till we call you back.
플리즈 행 업 앤 웨잇 틸 위 콜 유 백

2170. 기다리게 해서 죄송합니다.
I'm sorry to keep you waiting.
아임 쏘리 투 킵 유 웨이링

2171. 기다려 주셔서 감사합니다.
Thank you for waiting.
쌩큐 풔 웨이링

2172. 김 씨에게 전화를 돌려 드리겠습니다.
I'll put you through to Mr. Kim.
아윌 풋 유 쓰루 투 미스터 김

2173. 화이트 씨, 전화입니다.
Mr. White, telephone.
미스터 화잇 텔러폰

Unit 06

전화를 받을 수 없을 때

2174. 지금 자리에 안 계세요.
He's not in right now.
히즈 나린 롸잇 나우

2175. 그는 지금 통화하기 힘들어요.
He's not available now.
히즈 낫 어베일러블 나우

2176. 통화 중입니다.
The line is busy.
더 라인 이즈 비지

2177. 미안합니다. 그는 아직도 통화 중입니다.
Sorry, he's still on the line.
쏘리 히즈 스틸 온 더 라인

2178. 나중에 그에게 다시 전화해 주시겠어요?
Could you call him again later?
쿠쥬 콜 힘 어겐 레이러

2179. 누군가 다른 사람에게 돌려 드릴까요?
Shall I put you through to someone else?
쉘 아이 풋 유 쓰루 투 썸원 엘스

2180. 전화 안 받아요.
There's no answer.
데얼즈 노 앤써

전화를 받을 수 없을 때

2181. 죄송합니다, 김 씨는 지금 자리에 없는데요.
I'm sorry, but Mr. Kim is not at his desk right now.
아임 쏘리 벗 미스터 김 이즈 낫 앳 히즈 데스ㅋ 롸잇 나우

2182. 죄송합니다, 지금 그는 전화를 받을 수 없는데요.
I'm afraid he's not available now.
아임 어흐레이드 히즈 낫 어베일러블 나우

2183. 미안합니다, 그는 지금 몹시 바쁜데요.
Sorry, he's tied up at the moment.
쏘리 히즈 타이덥 앳 더 모먼ㅌ

2184. 지금은 외출 중입니다. 곧 돌아오실 겁니다.
She's out now. She'll be back at any moment.
쉬즈 아웃 나우 쉬윌 비 백 앳 애니 모먼ㅌ

2185. 점심식사를 하러 나가셨습니다.
She's out to lunch.
쉬즈 아웃 투 런치

2186. 지금 회의 중입니다.
He's in a meeting.
히즈 인 어 미링

2187. 그는 지금 외출 중입니다.
He's out now.
히즈 아웃 나우

2188. 그는 지금 사무실에 없습니다.
He's not in the office.
히즈 낫 인 더 어휘스

2189. 그는 지금 여기 없습니다.
He's not available right now.
히즈 낫 어베일러블 롸잇 나우

2190. 그는 오늘 쉽니다.
He's not working today.
히즈 낫 워킹 투데이

2191. 죄송하지만, 그는 지금 부산으로 출장 중입니다.
I'm sorry, but he's on a business trip to Busan now.
아임 쏘리 벗 히즈 온 어 비지니스 트립 투 부산 나우

2192. 퇴근하셨습니다.
He's gone for the day.
히즈 건 풔 더 데이

2193. 지금 다른 전화를 받고 있습니다.
He's on another line.
히즈 온 어나더 라인

259

Unit 07
다시 전화를 할 때

2194. 다시 전화하겠습니다.
I'll call you back.
아일 콜 유 백

2195. 나중에 다시 전화하겠습니다.
Let me call you back later.
렛 미 콜 유 백 레이러

2196. 알았어요, 20분 후에 다시 전화하겠습니다. 고마워요.
OK, I'll call you again in 20 minutes. Thank you.
오케이 아일 콜 유 어겐 인 트웨니 미닛ㅌ 쌩큐

2197. 3시간 후에 다시 전화하겠어요.
Let me call you back in three hours.
렛 미 콜 유 백 인 쓰리 아우얼ㅅ

Unit 08
메시지를 받을 때

2198. 그에게 메시지를 전해 드릴까요?
May I take a message for him?
메이 아이 테이커 메세쥐 훠 힘

2199. 메시지를 남기시겠습니까?(전할 말씀 있으세요?)
Would you like to leave a message?
우쥬 라익 투 리버 메세쥐

2200. 그에게 전화드리라고 할까요?
Would you like him to call(= phone) you back?
우쥬 라익 힘 투 콜(= 폰) 유 백

2201. 그에게 메시지를 남겨도 될까요?
Can I leave him a message, please?
캔 아이 립 힘 어 메세쥐 플리즈

2202. 메시지를 받아 둘까요?
Can I take a message?
캔 아이 테이커 메세쥐

2203. 맥의 전화번호를 가르쳐 주십시오.
May I have your number, please?
메이 아이 해뷰어 넘버 플리즈

2204. 전화번호를 알려 주십시오.
What's your phone number?
왓츠 유어 폰 넘버

내가 메시지를 받겠다고 말할 때는 take a message를, 상대에게 메시지를 남기겠냐고 물을 때는 leave a message를 사용한다. 내가 메시지를 남겨도 되냐고 물을 때는 leave 뒤에 목적어를 넣어 말한다.

Unit 09
메시지를 부탁할 때

2205. 그녀에게 메시지를 남기고 싶은데요.
I'd like to leave her a message, please.
아이드 라익 투 립 허러 메세쥐 플리즈

2206. 제게 전화해 달라고 그에게 전해 주시겠습니까?
Could you ask him to call me back, please?
쿠쥬 애슷 킴 투 콜 미 백 플리즈

2207. 돌아오면 저한테 전화해 달라고 전해 주시겠습니까?
Please tell him to call me back.
플리즈 텔 힘 투 콜 미 백

2208. 제가 전화했었다고 그에게 좀 전해 주시겠습니까?
Will you tell him I called, please?
윌 유 텔 힘 아이 콜드 플리즈

2209. 그에게 제가 다시 전화하겠다고 좀 전해 주십시오.
Please tell him I'll call back.
플리즈 텔 힘 아일 콜 백

2210. 그냥 제가 전화했다고 그에게 말하세요.
Just tell him that I called.
저슷 텔 힘 댓 아이 콜드

Unit 10
잘못 걸려 온 전화를 받았을 때

2211. 전화를 잘못 거셨습니다.
You have the wrong number.
유 햅 더 롱 넘버

2212. 몇 번을 돌리셨나요?
What number did you dial?
왓 넘버 디쥬 다이얼

2213. 전화번호를 다시 확인해 보세요.
You'd better check the number again.
유드 베러 첵 더 넘버 어겐

2214. 미안합니다만, 여긴 잭이라는 사람이 없는데요.
I'm sorry, we don't have a Jack here.
아임 쏘리 위 돈 해버 잭 히어

2215. 아닌데요.
No, it isn't.
노 잇 이즌ㅌ

2216. 여보세요. 누구를 찾으세요?
Hello. Who are you calling?
헬로우 후 아 유 콜링

2217. 여긴 그런 이름 가진 사람 없는데요.
There is no one here by that name.
데어 이즈 노 원 히어 바이 댓 네임

Unit 11

국제전화를 이용할 때

2218. 이 전화로 한국에 걸 수 있습니까?
Can I call Korea with this telephone?
캔 아이 콜 코리아 위드 디스 텔러폰

2219. 한국에 전화하고 싶은데요.
I'd like to call Korea.
아이드 라익 투 콜 코리아

2220. 수신자 요금 부담으로 부탁합니다.
By collect call, please.
바이 콜렉ㅌ 콜 플리즈

2221. 수신자 요금 부담으로 하고 싶습니다.
I'd like to place a collect call.
아이드 라익 투 플레이스 어 콜렉ㅌ 콜

2222. 직접 (국제)전화를 걸 수 있습니까?
Can I dial directly?
캔 아이 다이얼 디렉틀리

2223. 신용카드로 전화를 걸고 싶습니다.
I'd like to make a credit card call.
아이드 라익 투 메이커 크레딧 카드 콜

2224. 번호 통화를 부탁합니다.
Make it a station-to-station call, please.
메이키더 스테이션-투-스테이션 콜, 플리즈

2225. 신용카드로 전화를 걸고 싶습니다.
I'd like to make a credit card call.
아이드 라익 투 메이커 크레딧 카드 콜

2226. 지명 통화를 하고 싶은데요.
Make it a person-to-person call please.
메이키더 퍼슨-투-퍼슨 콜 플리즈

2227. 제 방에서 한국으로 직접 전화를 할 수 있습니까?
Can I make a direct dial call to Korea from my room?
캔 아이 메이커 다이렉ㅌ 다이얼 콜 투 코리아 흐롬 마이 룸

2228. 뉴욕으로 5분 동안 전화하는 데 얼마입니까?
How much does it cost for five minutes to New York?
하우 머취 더짓 코슷ㅌ 훠 화이브 미닛ㅊ 투 뉴욕

요새는 해외에 나갈 때 거의 대부분 휴대전화를 로밍해 가기 때문에 휴대전화로 직접 국제전화를 걸 수 있지만, 그렇지 않은 경우에 호텔 등에서 한 단계를 걸쳐서 전화를 걸어야 할 일이 있을 수도 있다. 그럴 때 사용할 수 있는 문장들이다.

국제전화를 이용할 때

2229. 전화요금은 얼마입니까?
How much was the charge?
하우 머취 워즈 더 촤지

2230. 통화료는 얼마입니까?
How much was the call?
하우 머취 워즈 더 콜

2231. 걸린 시간과 요금을 가르쳐 주십시오.
Could you tell me the time and charge?
쿠쥬 텔 미 더 타임 앤 촤지

Unit 12
통화에 문제가 있을 때

2232. 잘 안 들립니다.
I can't hear you very well.
아이 캔트 히어 유 베리 웰

2233. 거의 들리지 않습니다.
I can barely hear you.
아이 캔 베얼리 히어 유

2234. 회선 상태가 안 좋은 것 같습니다.
We have a bad connection.
위 해버 배드 커넥션

2235. 큰 소리로 말씀해 주시겠습니까?
Could you speak up, please.
쿠쥬 스픽 업, 플리즈

2236. 혼선입니다.
The lines are crossed.
더 라인즈 아 크로쓰드

2237. 잘못된 번호로 연결되었습니다.
You gave me the wrong number.
유 게입 미 더 롱 넘버

Unit 13
전화를 끊을 때

2238. 이만 전화를 끊어야겠어요.
I have to get off the line now.
아이 햅 투 게럽ㅎ 더 라인 나우

2239. 다른 전화가 왔어요.
I have a call on the other line.
아이 해버 콜 온 디 아더 라인

2240. 전화 주셔서 고맙습니다.
Thank you for calling.
쌩큐 풔 콜링

전화를 끊을 때

2241. 너무 많은 시간을 빼앗아서 죄송합니다.
I'm sorry I've taken up so much of your time.
아임 쏘리 아이브 테이큰 업 쏘 머취 어뷰어 타임

2242. 미안해요. 긴 이야기는 못 하겠어요.
I'm sorry. I can't talk long.
아임 쏘리. 아이 캔트 톡 롱

2243. 빨리 얘기해.
Make it snappy.
메이킷 스내피

2244. 그쪽에서 전화를 끊었어요.
He hung up on me.
히 헝 업 온 미

Part 6

화제 표현
Expressions of Topics

대개 외국인과 만났을 때의 화제는 목적이 여행(sightseeing)이냐, 아니면 비즈니스(business)냐, 유학(studyking)이냐 등에 따라 달라지겠지만 일이나 학업보다는 개인의 취향이나 신상에 관한 정보가 먼저 떠오르게 된다. 특히 국적, 출신지, 나이, 생년월일, 종교, 취미 등도 궁금할 것이다.

Chapter 01 — 개인 신상

서양인들은 자신만의 사생활(privacy)을 상당히 중시하는 경향이 있다. 따라서 서로 친한 상황이 아니라면 절대로 상대편의 약점(weakness)을 들추거나 개인의 성격(personality)에 대하여 묻는 것을 삼가야만 한다. 처음부터 가족관계나 그 사람의 사적 부분에 관하여 묻는 것은 결례가 되므로 꼭 물어야 할 사항이 있다면 먼저 양해를 구하는 듯한 어감을 풍기는 것이 중요하다.

- Where are you from?
- I'm from Seoul.
- What's your nationality?
- I am Korean by birth but American by citizenship.
- What's your first impression of Korea?
- Wonderful! I'm especially interested in Korean history.

Conversation

고향은 어디세요?
서울입니다.
어느 나라 분이시죠?
태생은 한국인이지만 국적은 미국인입니다.
서울에 대한 첫인상은 어떻습니까?
너무 아름다워요! 특히 저는 한국의 역사에 관심이 많아요.

Sentence Patterns

- I am a Christian.
- I am a Roman Catholic.
- I am an atheist.
- I believe in Buddhism.
- I am a Muslim.

Unit 01
출신지에 대해 물을 때

2245. 고향은 어디세요?
Where are you from?
웨어 아 유 흐롬

> 유사한 표현으로 Where do you come from?으로 묻기도 한다.

2246. 실례지만, 고향이 어디십니까?
May I ask where you are from?
메이 아이 애슥ㅋ 웨어 유 아 흐롬

2247. 서울입니다.
I'm from Seoul.
아임 흐롬 서울

2248. 어디에서 자라셨습니까?
Where did you grow up?
웨어 디쥬 그로 업

2249. 서울에서 자랐어요.
I grew up in Seoul.
아이 그루 업 인 서울

2250. 태어나서 자란 곳이 어디입니까?
Where were you born and raised?
웨어 워 유 본 앤 레이즈ㄷ

2251. 서울 토박입니다.
I was born and bred in Seoul.
아이 워즈 본 앤 브레드 인 서울

2252. 고향 생각나지 않으세요?
Don't you feel homesick?
돈츄 휠 홈씩ㅋ

2253. 명절에 고향에 다녀오실 건가요?
Are you going home for the holidays?
아 유 고잉 홈 훠 더 할러데이즈

2254. 고향이 그리워요.
I long for my hometown.
아이 롱 훠 마이 홈타운

2255. 어느 나라 분이시죠? *국적
What's your nationality?
왓츠 유어 내셔낼러티

2256. 태생은 한국인이지만 국적은 미국인입니다.
I am a Korean by birth but an American by citizenship.
아이 앰 어 코리언 바이 벌쓰 버던 어메리칸 바이 씨티즌쉽

Unit 02
나이에 대해 물을 때

2257. 몇 살이세요?
How old are you?
하우 올드 아 유

2258. 당신의 나이를 알려 주시겠습니까?
Could you tell me your age?
쿠드 유 텔 미 유어 에이쥐

2259. 나이가 어떻게 되십니까?
What's your age?
왓츠 유어 에이쥐

2260. 나이를 여쭤 봐도 될까요?
May I ask how old you are?
메이 아이 애스ㅋ 하우 올드 유 아

2261. 그가 몇 살인지 물어봐도 될까요?
May I ask how old he is?
메이 아이 애스ㅋ 하우 올드 히 이즈

2262. 그들은 몇 살이죠?
How old are they?
하우 올드 아 데이

2263. 나이를 말하고 싶지 않습니다.
I'd rather not tell you how old I am.
아이드 래더 낫 텔 유 하우 올드 아이 앰

2264. 제가 몇 살인지 추측해 보세요.
Guess how old I am.
게스 하우 올드 아이 앰

2265. 제가 몇 살인지 알면 놀랄걸요?
How old do you think I am?
하우 올드 두 유 씽ㅋ 아이 앰

2266. 서른다섯입니다.
I'm 35 years old.
아임 써리 화이브 이얼즈 올드

2267. 20대 초반입니다.
I'm in my early twenties.
아임 인 마이 얼리 트웨니쓰

2268. 30대 후반입니다.
I'm in my late thirties.
아임 인 마이 레잇 써리쓰

2269. 40대입니다.
I'm in my forties.
아임 인 마이 훠리쓰

서양인들은 신상을 묻는 것에 민감하지만, 특히 나이를 묻는 것은 더더욱 그렇다. 나이를 묻는 말을 익혀 두되 상황을 보아 적절히 사용해야 한다. 그런 부분을 신경 쓰지 않는다면 I'd rather not tell you how old I am.(나이를 말하고 싶지 않습니다.) 이라는 대답을 듣게 될지도 모른다.

나이에 대해 물을 때

2270. 저는 당신과 동갑입니다.
I'm just your age.
아임 저슷ㅌ 유어 에이쥐

2271. 저와 동갑이군요.
You're my age.
유아 마이 에이쥐

2272. 저보다 3살 위이군요.
You're three years older than I.
유아 쓰리 이얼즈 올더 댄 아이

2273. 나이에 비해 젊어 보이시는군요.
You look young for your age.
유 룩 영 훠 유어 에이쥐

2274. 나이에 비해 들어 보이시는군요.
You look old for your age.
유 룩 올드 훠 유어 에이쥐

Unit 03
생일에 대해 물을 때

2275. 언제 태어났습니까?
When were you born?
웬 워 유 본

2276. 생일이 언제입니까?
What date is your birthday?
왓 데이티즈 유어 벌쓰데이

2277. 당신의 별자리가 뭐죠?
What sign are you?
왓 싸인 아 유

2278. 며칠에 태어났어요?
What date were you born?
왓 데잇 워 유 본

2279. 몇 년도에 태어나셨어요?
What year were you born?
왓 이어 워 유 본

2280. 생일이 언제죠?
What's your birthday?
왓츠 유어 벌쓰데이

2281. 모레, 5월 4일이야.
It's the day after tomorrow. It's May fourth.
잇츠 더 데이 애후터 투마로우 잇츠 메이 훠쓰

Part 6 화제 표현

269

생일에 대해 물을 때

2282. 우리는 생일을 음력으로 지내.
We celebrate my birthday according to the lunar calendar.
위 쎌러브레잇 마이 벌쓰데이 어코딩 투 더 루너 캘린더

2283. 며칠 후면 내 생일이야.
My birthday will be in a few days.
마이 벌쓰데이 윌 비 인 어 휴 데이즈

2284. 오늘은 내 생일이야.
Today is my birthday.
투데이 이즈 마이 벌쓰데이

2285. 내 생일은 모른 채 그냥 지나쳐 버렸어.
My birthday passed by without notice.
마이 벌쓰데이 패쓰드 바이 위다웃 노티스

2286. 생일을 축하합니다!
Happy birthday (to you)!
해피 벌쓰데이 (투 유)

2287. 늦었지만 생일 축하해요!
Happy belated birthday!
해피 비레잇티드 벌쓰데이

2288. 오늘이 무슨 날인데요? 오늘이 당신 생일인가요?
What's the occasion? Is today your birthday?
왓츠 디 어케이젼 이즈 투데이 유어 벌쓰데이

2289. 이번 주말 제 생일 파티에 당신을 초대하고 싶습니다.
I'd like to invite you to my birthday.
아이드 라익 투 인바잇 츄 투 마이 벌쓰데이

2290. 너 생일에 뭐 갖고 싶니?
What do you want to get for your birthday?
왓 두 유 원 투 겟 훠 유어 벌쓰데이

2291. 당신의 생일을 진심으로 축하합니다.
Best wishes for your birthday.
베슷ㅌ 위쉬ㅅ 훠 유어 벌쓰데이

Unit 04

종교에 관하여 대화를 나눌 때

2292. 무슨 종교를 믿습니까?
What religion do you believe in?
왓 릴리젼 두 유 빌리브 인

2293. 종교를 가지고 있습니까?
Do you have a religion?
두 유 해버 릴리젼

종교에 관하여 대화를 나눌 때

2294. 종교가 없습니다.
No, I'm not a religious person.
노 아임 나더 릴리줘스 퍼슨

2295. 저는 기독교 신자입니다.
I'm a Christian.
아임 어 크리스쳔

2296. 저는 천주교를 믿습니다.
I believe in Catholicism.
아이 빌리브 인 커쌀러시즘

2297. 저는 불교 신자입니다.
I'm a Buddhist.
아임 어 부디숏트

2298. 신의 존재를 믿으세요?
Do you believe in God?
두 유 빌리브 인 갓

2299. 미신을 믿으세요?
Are you superstitious?
아 유 슈퍼스티셔스

2300. 당신은 종파가 뭡니까?
Which denomination are you?
위치 디너미네이션 아 유

2301. 그는 신앙심이 매우 깊어요.
He is very religious.
히 이즈 베리 릴리져스

2302. 이 나라에는 종파와 소위 신흥 종교가 많습니다.
The country is riddled with cults and so-called new religions.
더 컨트리 이즈 리들드 위드 컬츠 앤 쏘-콜드 뉴 릴리젼스

2303. 그는 종교를 버렸다.
He gave up(= abandoned) his faith.
히 게이법(= 어밴던드) 히즈 풰이쓰

> 과거에는 종교를 가졌지만 지금 현재는 무교라는 의미이다.

Chapter 02 — 가족관계

사회의 분화와 산업의 발달로 인하여 핵가족(nuclear family)제도가 심화되어 대부분 자녀가 1~2명 이하가 대부분이다. 형제 관계를 묻고자 할 경우에는 How many sisters and brothers do you have?라는 표현을 사용한다. 작별할 때 흔히 Please give my regards to your family.(가족에게 안부 좀 전해 줘!)라는 인사를 건네는 것이 친한 사람끼리의 인사법이다.

How's your family, Mary?

Just fine. Thank you for asking.

Could you tell me about your family members?

There are three people in my family. My mother, my father and me. So I'm an only child.

Conversation

가족들 모두 안녕하시니, 메리?
잘 있어. 염려해 줘서 고마워.
너희 가족에 대하여 말해줄래?
가족은 3명인데 엄마, 아빠, 그리고 나뿐이야.

Sentence Patterns

- Tell me more about your family.
- Tell me more about your hobbies.
- Tell me more about your boyfriend.
- Tell me more about your trip to the States.

Unit 01
가족에 관하여 표현할 때

2304. **가족은 몇 분이나 됩니까?**
How many people are there in your family?
하우 매니 피플 아 데어 인 유어 훼밀리

2305. **우리 가족은 네 명이에요.**
We are a family of four.
위 아 러 훼밀리 어브 풔

2306. **우리 가족은 어머니, 아버지, 여동생 그리고 저까지 네 명이에요.**
We have four people in our family, my mother, father, sister and myself.
위 햅 풔 피플 인 아우어 훼밀리 마이 마더 화더 씨스터 앤 마이쎌ㅎ

2307. **우리 가족은 자녀가 세 명 있는데 저와 두 남동생이 있어요.**
In my family there are three children, myself and two younger brothers.
인 마이 훼밀리 데어 라 쓰리 칠드런 마이쎌ㅎ 앤 투 영거 브라더ㅅ

2308. **식구는 많습니까?**
Do you have a large family?
두 유 해버 라쥐 훼밀리

2309. **우리 가족은 대가족이야.**
Our family is large.
아우어 훼밀리 이즈 라쥐

2310. **우리는 가족이 많아요.**
We have a large family.
위 해버 라쥐 훼밀리

2311. **가족에 대해 좀 말씀해 주시겠습니까?**
Please tell me about your family.
플리즈 텔 미 어바웃 유어 훼밀리

2312. **저는 부모님과 잘 지냅니다.**
I get along well with my parents.
아이 겟 얼롱 웰 위드 마이 페어런ㅊ

2313. **모두 안녕하신가요?**
How's everything?
하우즈 에브리씽

2314. **난 독자예요. 당신은 어때요?**
I'm an only child. How about you?
아임 언 온리 촤일드 하우 어바웃 유

2315. **우리 가족사진이에요.**
It's a picture of my family.
잇쳐 픽쳐 업 마이 훼밀리

2316. **가족들이 무척 그리워져요.**
I feel homesick for my family.
아이 휠 홈씩 풔 마이 훼밀리

273

가족에 관하여 표현할 때

2317. 전 가족적인 분위기를 좋아해요.
I like the atmosphere of home.
아이 라익 디 앳머스휘어 어브 홈

2318. 가족은 저에게 중요합니다.
Family is important to me.
훼밀리 이즈 임폴턴ㅌ 투 미

2319. 우리 가족은 매우 화목해요.
We are a very harmonious family.
위 아 러 베리 하모니어스 훼밀리

2320. 가족과 함께 사세요?
Do you live with your family?
두 유 립 위듀어 훼밀리

2321. 부모님과 함께 사세요?
Do you live with your parents?
두 유 립 위듀어 페어런ㅊ

2322. 남편은 어떤 일을 하세요?
What does your husband do for a living?
왓 더즈 유어 허즈번 두 풔 러 리빙

2323. 아버님은 어떤 일에 종사하시나요?
What business is your father in?
왓 비지니스 이즈 유어 화더 린

2324. 당신 어머니는 무슨 일을 하십니까?
What does your mom do?
왓 더즈 유어 맘 두

2325. 부인이 일을 합니까?
Does your wife work?
더즈 유어 와잎 웍

2326. 부모님은 나이가 어떻게 됩니까?
How old are your parents?
하우 올ㄷ 아 유어 페어런ㅊ

Unit 02
형제자매에 대하여 표현할 때

2327. 형제가 몇 분이세요?
How many brothers and sisters do you have?
하우 매니 브라더스 앤 씨스터스 두 유 햅

2328. 형이 두 명, 여동생이 한 명입니다.
I have two brothers and one sister.
아이 햅 투 브라더스 앤 원 씨스터

2329. 형제나 자매가 있습니까?
Do you have any brothers and sisters?
두 유 햅 애니 브라더스 앤 씨스터스

형제자매에 대하여 표현할 때

brother와 sister를 같이 지칭하려면 sibling을 사용한다. sibling은 '형제자매, 동기'를 의미한다.

2330. 아뇨, 없습니다. 독자입니다.
No, I don't. I'm an only child.
노 아이 돈 아임 언 온리 촤일드

2331. 동생은 몇 살입니까?
How old is your brother?
하우 올드 이즈 유어 브라더

2332. 우리 형제는 한 살 차이밖에 안 나.
My brother and I are only a year apart.
마이 브라더 앤 아이 아 온리 어 이어 어팟ㅌ

2333. 저보다 두 살 아래입니다.
He's two years younger than me.
히즈 투 이얼스 영거 댄 미

2334. 대개는 형과 놀았습니다. 쌍둥이여서요.
I used to play mainly with my brother. We're twins.
아이 유즈드 투 플레이 메인리 위드 마이 브라더 위아 트윈ㅅ

Unit 03
친척에 대해서

2335. 미국에 친척 분은 계십니까?
Do you have any relatives living in America?
두 유 햅 애니 랠러티브ㅅ 리빙 인 어메리카

2336. 나는 미국에 친척이 하나도 없습니다.
I have no relatives in America.
아이 햅 노 랠러티브ㅅ 인 어메리카

2337. 두 분은 친척 되십니까?
Are you two related?
아 유 투 릴레이티드

2338. 우리는 친척관계가 아닙니다.
We're not related.
유어 낫 릴레이티드

2339. 추석에 몇 명의 친척들이 오셨습니다.
Some relatives came to visit on Chuseok.
썸 렐러티브ㅅ 케임 투 비짓 온 추석

2340. 지난 일요일 우리 일가친척들의 모임이 있었습니다.
We had a family reunion last Sunday.
위 해더 훼밀리 리유니언 라슷 썬데이

Unit 04
자녀에 대해서

2341. 아이들은 몇 명이나 됩니까?
How many children do you have?
하우 매니 칠드런 두 유 햅

2342. 아이는 언제 가질 예정입니까?
When are you going to have children?
웬 아 유 고잉 투 햅 칠드런

2343. 아이들이 있습니까?
Do you have any children?
두 유 햅 애니 칠드런

2344. 다음 달에 첫돌이 되는 아들이 하나 있습니다.
I have a son who will turn one year old next month.
아이 햅 어 썬 후 윌 턴 원 이어 올드 넥슷트 먼쓰

2345. 자녀가 있습니까?
Have you got any kids?
해뷰 갓 애니 키즈

> kids는 [키ㄷㅈ]의 느낌으로 발음한다.

2346. 그 애들 이름이 뭐죠?
What are their names?
왓 아 데어 네임즈

2347. 자녀들은 몇 살입니까?
How old are your children?
하우 올드 아 유어 칠드런

2348. 그 애들은 학교에 다니나요?
Do they go to school?
두 데이 고 투 스쿨

2349. 아들은 초등학생입니다.
My son is in elementary school.
마이 썬 이즈 인 엘리먼트리 스쿨

2350. 아주 잘생긴 자녀들이군요.
They're a good looking bunch, indeed.
데이어 러 굳 룩킹 번취 인디ㄷ

2351. 아들 셋 중에서 막내입니다.
I'm the youngest among three sons.
아임 더 영기스ㅅ 어몽 쓰리 썬즈

2352. 당신 아들의 탄생을 축하합니다.
Congratulations on the birth of your son.
컨그래츄뤠이션ㅅ 온 더 벌쓰 어뷰어 썬

2353. 축하합니다. 딸[아들]입니다.
Congratulations, it's a girl[boy].
컨크래츄레이션ㅅ 잇쳐 걸[보이]

Chapter 03 주거

보통 현재의 주소지(address)를 묻는 표현에는 Where are you living now? / Where do you live now? / What's your home address, please? 등이 있다. 또한 Could I have your address? / What's your address?라고 물어봐도 된다.

May I ask your present address?

My present address is 121 Pil-dong, Jung-gu, Seoul.

Conversation

현 주소가 어떻게 되시지요?
저의 현 주소는 서울시 중구 필동 121번지입니다.

Sentence Patterns

- Where is your hometown?
- Where do you come from?
- What is your background?
- Where is your home?
- What part of the country are you from?
- Where are you from?

Unit 01
거주지에 대해서

2354. 어디에 사세요?
Where do you live?
웨어 두 유 립

2355. 서울 교외에서 살고 있어요.
I live in the suburbs of Seoul.
아이 리빈 더 써법ㅅ 업 서울

2356. 여기서 먼 곳에 살고 계세요?
Do you live far from here?
두 유 립 화 흐롬 히어

2357. 어디에 살고 계세요?
Where are you living now?
웨어 아 유 리빙 나우

2358. 그곳까지 얼마나 걸립니까?
How long does it take to get there?
하우 롱 더즈 잇 테익 투 겟 데어

2359. 이 근처에 살고 있어요.
I'm living near here.
아임 리빙 니어 히어

2360. 서울에서 얼마나 사셨어요?
How long have you lived in Seoul?
하우 롱 해뷰 립드 인 서울

2361. 저는 교통이 편한 곳에 살고 있습니다.
I live where transportation is convenient.
아이 리브 웨어 트랜스포테이션 이즈 컨비년ㅌ

2362. 그곳에서 얼마나 사셨어요?
How long have you lived there?
하우 롱 해뷰 립 데어

'~에서 살아요'라고 대답할 때는 I live in ~ 문형을 활용한다.

Unit 02
주소에 대해서

2363. 본적지가 어디세요?
What's your permanent address?
왓츠 유어 퍼머넌ㅌ 어드뤠스

2364. 주소가 어떻게 됩니까?
What's your address?
왓츠 유어 어드뤠스

2365. 주소를 알 수 있을까요?
Could I have your address?
쿠드 아이 해뷰어 어드뤠스

주소에 대해서

2366. **여기 제 명함이 있습니다. 주소가 적혀 있지요.**
Here's my card. It has my address.
히얼즈 마이 카드 잇 해즈 마이 어드뤠스

2367. **본적을 말씀해 주시겠어요?**
Will you tell me your permanent address?
윌 유 텔 미 유어 퍼머넌트 어드뤠스

2368. **어디서 자랐죠?**
Where did you grow up, Miss Lee?
웨어 디쥬 그로 업 미쓰 리

2369. **현 주소와 우편번호를 말씀해 주실까요?**
May I have your present address and your zip code, please?
메이 아이 해뷰어 프레즌트 어드뤠스 앤 유어 집 코드 플리즈

Unit 03 출생에 관하여

2370. **어디에서 태어나셨나요?**
Where were you born?
웨어 워 유 본

2371. **생일이 언제입니까?**
What is your date of birth, please?
왓 이즈 유어 데잇 어브 벌쓰 플리즈

> 생일을 물을 때는 When is your birthday? / What's the date of your birth?라는 표현을 활용한다.

2372. **거기서 얼마나 살았습니까?**
How long have you lived there?
하우 롱 해뷰 립 데어

2373. **이 양은 언제 출생했죠?**
When were you born, Miss Lee?
웬 워 유 본 미쓰 리

Unit 04 주택에 대해서

2374. **아파트에 사세요, 단독에 사세요?**
Do you live in an apartment or in a house?
두 유 리빈 언 아팟트먼트 오어 이너 하우스

2375. **조그마한 아파트에 살아요.**
I live in a small apartment.
아이 리브 인 어 스몰 아팟트먼트

2376. **그게 당신 소유의 집입니까? 세낸 건가요?**
Do you own it, or rent it?
두 유 원 잇 오어 렌트 잇

2377. **저는 하숙하고 있어요.**
I live in a boarding house.
아이 리빈 어 보딩 하우스

주택에 대해서

2378. 새 아파트는 나에게 딱 맞아. *to a T(tee) 정확히 [꼭] 맞는
My new apartment suits me to a "T."
마이 뉴 아팟ㅌ먼ㅌ 숟ㅊ 미 투 어 티

2379. 새 아파트 구했어요?
Have you found a new apartment?
해뷰 화운더 뉴 아팟ㅌ먼ㅌ

2380. 주거 환경은 어떠세요?
How are your living conditions?
하우 아 유어 리빙 컨디션ㅅ

2381. 저희 집은 환경이 좋은 곳에 있습니다.
My house is located in a good environment.
마이 하우스 이즈 로케이티ㄷ 이너 굳 인바이런먼ㅌ

2382. 저희 집 주변은 시끄러워요.
My neighborhood is noisy.
마이 네이버후드 이즈 노이지

2383. 이 맨션에는 많은 미국인이 있습니다.
There are a lot of Americans in this apartment building.
데어 라 어 랏 어브 어메리칸즈 인 디스 어팟ㅌ먼트 빌딩

2384. 바로 한 달 전에 사택에서 그쪽으로 이사를 했습니다.
I moved there from the company housing only a month ago.
아이 무브드 데어 흐롬 더 컴퍼니 하우징 온리 어 먼쓰 어고우

Chapter 04 우정과 이성 교제

대개 이성을 대할 경우에는 일정한 격식을 갖추어야 하는데 어느 정도 친한 사이가 아니라면 Would you introduce me to somebody?(누구 좀 소개시켜 줄래?)와 같은 부탁을 하거나 What type of girl do you like?(어떤 스타일의 여자가 좋아?)처럼 직설적으로 묻는다면 결례가 된다.

Good morning, Mr. Jones. I'd like you to meet my colleague Ted Smith.

How do you do, Mr. Smith? I'm Paul Jones. It's a pleasure to meet you.

What type of man do you like?

I like a man with good manners.

Conversation

안녕하세요, 존스. 동료인 테드 스미스를 소개해 드릴게요.
처음 뵙겠습니다. 스미스 씨, 폴 존스라고 합니다. 만나 뵙게 되어서 반갑습니다.
어떤 스타일의 남자를 좋아하세요?
저는 매너가 좋은 사람이 좋아요.

Unit 01
친구에 대해서

2385. 화이트 씨, 박 씨를 소개하고 싶군요.
Mr. White, I'd like to introduce Mr. Park.
미스터 화잇 아이드 라익 투 인트로듀스 미스터 박

2386. 그린 씨, 강 씨를 소개하겠습니다.
Mr. Green, allow me to introduce Mr. Kang.
미스터 그린 얼라우 미 투 인트로듀스 미스터 강

2387. 김 여사를 당신에게 소개해도 되겠습니까?
May I introduce Mrs. Kim to you?
메이 아이 인트로듀스 미씨즈 김 투 유

2388. 우리는 오래전부터 친구랍니다.
We go back a long way.
위 고 백 어 롱 웨이

2389. 우리는 죽마고우입니다.
We're old friends.
위어 올ㄷ 후렌즈

2390. 우리는 어릴 때부터 친구였어.
We are friends from childhood.
위 아 후렌즈 흐롬 촤일ㄷ후드

2391. 나는 펜팔 친구가 있어.
I have a pen pal.
아이 해버 펜팔

친구를 의미하는 말로 가장 자주 쓰이는 단어는 friend이다. 그 외에도 pal이라는 말이 있다. pen pal의 pal에 해당한다.

2392. 나는 미국인 이메일 친구가 있어.
I have an American mail friend.
아이 해번 어메리칸 메일 후렌드

2393. 어려울 때 도와주는 친구야말로 진정한 친구다.
A friend in need is a friend indeed.
어 후렌드 인 니드 이져 후렌드 인디드

2394. 제 친구들이 저보고 대단한 술꾼이라고 말합니다.
Many of my friends say that I'm a big drinker.
매니 어브 마이 후렌즈 쎄이 댓 아임 어 빅 드링커

2395. 그는 내 친구의 친구입니다.
I met him through a friend.
아이 멧 힘 쓰루 어 후렌드

2396. 이젠 그는 더 이상 친구도 아니다.
He isn't my friend any more.
히 이즌 마이 후렌드 애니 모어

2397. 반 친구들이 절 따돌려요.
My classmates have left me out in the cold.
마이 클래스메잇ㅊ 햅 레픗ㅌ 미 아웃 인 더 콜ㄷ

친구에 대해서

2398. 너만 한 친구도 없어.
There's no friend like you.
데얼즈 노 후렌드 라이큐

2399. 친구 좋다는 게 뭐예요.
That's what friends are for.
댓츠 왓 후렌즈 아 훠

2400. 우리의 우정은 평생 지속될 겁니다.
Our friendship will last a lifetime.
아우어 후렌드쉽 윌 라숫ㅌ 어 라잎타임

2401. 우리의 우정 변치 맙시다.
Let's stay friends (forever).
렛츠 스테이 후렌즈 (훠에버)

2402. 당신의 호의와 우정에 정말 깊은 감사를 드립니다.
I very much appreciate your hospitality and friendship.
아이 베리 머취 어프리쉐잇 유어 하스피털리디 앤 후렌드쉽

Unit 02 이성과의 교제에 대해서

2403. 사귀는 사람 있나요?
Are you seeing somebody?
아 유 씽 썸바디

2404. 여자 친구 있으세요?
Do you have a girlfriend?
두 유 해버 걸후렌드

2405. 누구 생각해 둔 사람이 있나요?
Do you have anyone in mind?
두 유 햅 애니원 인 마인드

2406. 어떤 타입의 여자가 좋습니까?
What kind of girl do you like?
왓 카인더브 걸 두 유 라익

2407. 성실한 사람이 좋습니다.
I like someone who is sincere.
아이 라익 썸원 후 이즈 씬씨어

2408. 그는 제 타입이 아닙니다.
He isn't my type.
히 이즌 마이 타입

2409. 남자 친구가 어떤 사람인지 말해 줘.
Tell me what your boyfriend is like.
텔 미 왓 유어 보이후렌드 이즈 라익

Part 6 화제 표현

이성과의 교제에 대해서

2410. 여자 친구와는 잘되어 가고 있니?
How are you getting along with your girl friend?
하우 아 유 게팅 얼롱 위듀어 걸 후렌드

2411. 그녀는 내 애인입니다.
She's my valentine.
쉬즈 마이 밸런타인

2412. 우리는 단지 친구 사이입니다.
We're just friends.
위어 저숫트 후렌즈

2413. 나 여자 친구가 생겼어.
I've got a girlfriend.
아이브 가더 걸후렌드

2414. 우리는 계속 사귀는 중이에요.
We're together.
위어 투게더

2415. 그 여자를 알게 된 지가 얼마나 되죠?
How long have you know her?
하우 롱 해뷰 노 허

2416. 그 여자를 어떻게 알게 되었어요?
How did you get to know her?
하우 디쥬 겟 투 노 허

2417. 그 여자가 마음에 드세요?
Are you happy with her?
아 유 해피 위드 허

2418. 그 여자는 저에게 정말 의미 있는 여자예요.
She's really something to me.
쉬즈 륄리 썸씽 투 미

2419. 우리는 서로에게 미쳐 있어요.
We're crazy about each other.
위어 크뤠이지 어바웃 이취 아더

2420. 그 여자를 차 버렸어요.
I dropped(= dumped) her.
아이 드랍트(= 덤프트) 허

2421. 그 여자한테 차였어요.
I got dumped by her.
아이 갓 덤프트 바이 허

2422. 우리는 작년 겨울에 헤어졌어요.
We broke up last winter.
위 브록 컵 라숫트 윈터

데이트

남녀 사이에 데이트를 신청할 경우에는 매너가 상당히 중요한데 남자가 먼저 요청을 한다든지, 아니면 남자가 여성의 집으로 데리러 간다든지, 처음에는 데이트 비용을 남자가 부담한다든지, 데이트 후에는 여성을 바래다준다든지 하는 매너가 있다. 특히 장소나 시간과 관련된 약속을 정하였을 때 시간에 늦지 않게 도착하는 것은 무엇보다 중시되는 부분이므로 유의해야 할 것이다. 애프터 신청을 하고 싶다면 When can I see you again? / Will you see me again?(언제 다시 뵐 수 있을까요?)라는 표현을 사용하면 된다.

Conversation

이번 주 금요일에 나랑 데이트할 수 있나요?
글쎄요. 선약이 있는데요.

Unit 01
데이트를 신청할 때

데이트를 하자거나 사귀자는 표현 중 가장 자주 사용되는 표현은 ask out 혹은 go out with 이다.

2423. 데이트를 청해도 될까요?
Could I ask you for a date?
쿠드 아이 애슥 큐 훠 러 데잇트

2424. 이번 금요일에 데이트할까요?
Would you go out with me this Friday?
우쥬 고 아웃 위드 미 디스 후라이데이

2425. 저와 데이트해 주시겠어요?
Would you like to go out with me?
우쥬 라익 투 고 아웃 위드 미

2426. 저와 함께 저녁 식사를 하시겠어요?
Would you like to have dinner with me?
우쥬 라익 투 햅 디너 위드 미

2427. 파티에 함께 갈 파트너가 없어요.
I don't have a date for the party.
아이 돈 해버 데잇트 훠 더 파리

2428. 다음에 하죠.
Maybe later.
메이비 레이러

2429. 바람맞히지 마세요.
Don't drop me cold.
돈 드랍 미 콜드

Unit 02
데이트를 즐길 때

2430. 왜 이렇게 가슴이 두근거리지?
Why is my heart beating so fast?
와이 이즈 마이 할트 비링 쏘 훼슷트

2431. 당신과 함께 있어서 기뻐요.
I'm happy to be in your presence.
아임 해피 투 비 인 유어 프레즌스

2432. 다음에는 뭘 하죠?
What shall we do next?
왓 쉘 위 두 넥슷트

2433. 집까지 바래다줄게요.
I'll escort you home.
아일 에스콧트 유 홈

2434. 집에 태워다 줄까요?
Shall I drive you home?
쉘 아이 드라이브 유 홈

데이트를 즐길 때

2435. 또 만나 주시겠어요?
Will you see me again?
윌 유 씨 미 어겐

2436. 언제 우리 다시 만날 수 있죠?
When can we see each other again?
웬 캔 위 씨 이취 아더 어겐

2437. 어머! 늦었어요. 집에 가야 해요.
Uh-oh! It's late. I have to go home.
어-오 잇츠 레잇 아이 햅 투 고 홈

2438. 오늘 아주 즐거웠어요.
I enjoyed myself today.
아이 인죠이드 마이쎌ㅎ 투데이

Unit 03
애정을 표현할 때

2439. 당신은 나에게 무척 소중해요.
You mean so much to me.
유 민 쏘 머취 투 미

2440. 당신은 우아하고 아름다워요.
You are delicate and beautiful like a rose.
유 아 델리케잇ㅌ 앤 뷰티홀 라이커 로즈

2441. 당신은 정말 멋있어요.
You are absolutely wonderful.
유 아 앱썰루틀리 원더홀

2442. 당신이 최고예요!
You are the best!
유 아 더 베슷ㅌ

2443. 그녀가 정말 보고 싶어요.
I miss her so much.
아이 미쓰 허 쏘 머취

2444. 언제나 당신을 생각하고 있어요.
I think about you all the time.
아이 씽커바웃 유 올 더 타임

2445. 당신이 곁에 없으면 불안해요.
I feel uneasy without you.
아이 휠 언이지 위다웃 츄

2446. 나는 그 여자와 사랑에 빠졌어요.
I fell in love with her.
아이 훼린 럽 위드 허

2447. 첫눈에 그녀에게 반했어요.
I fell for her at first sight.
아이 휄 훠 허 앳 퍼슷 싸잇ㅌ

애정을 표현할 때

2448. 나는 그 여자를 짝사랑하고 있어요.
I have an unrequited love for her.
아이 해번 언리콰잇티드 럽 훠 허

2449. 당신을 알게 되어 정말 행운이에요.
I'm very lucky to be your sweetheart.
아임 베리 럭키 투 비 유어 스윗할ㅌ

Unit 04
사랑을 고백할 때

2450. 당신에게 아주 반했습니다.
I'm crazy about you.
아임 크뤠이지 어바웃 유

2451. 당신과 사귀고 싶습니다.
I'd like to go out with you.
아이드 라잌 투 고 아웃 위듀

2452. 당신의 애인이 되고 싶습니다.
I'd like to be your boyfriend[girlfriend].
아이드 라잌 투 비 유어 보이후렌드[걸후렌드]

2453. 당신의 모든 걸 사랑합니다.
I love everything about you.
아이 럽 에브리씽 어바웃 유

2454. 당신을 누구보다 사랑합니다.
I love you more than anyone.
아이 러뷰 모어 댄 애니원

2455. 당신과 함께 있고 싶어요.
I want to be with you.
아이 원 투 비 위듀

2456. 영원히 당신을 사랑할 거예요.
Whatever happens, I believe in you.
와래버 해픈ㅅ 아이 빌리브 인 유

Unit 05
애인과 헤어질 때

2457. 이제 네가 싫증이 나.
I'm bored with you now.
아임 볼ㄷ 위듀 나우

2458. 네가 미워!
I hate you!
아이 헤잇 츄

2459. 깨끗하게 헤어지자.
Let's make a clean break.
렛츠 메이커 클린 브레잌ㅋ

애인과 헤어질 때

'애인과 헤어지다'를 의미하는 가장 일반적인 말은 break up이다. 우리말로 애인과 헤어질 때 "그 사람과 깨졌어."라고 말하기도 하니 함께 연상하면 좋을 것이다.

2460. **너와 끝이야.**
I'm through with you.
아임 쓰루 위듀

2461. **이것으로 끝이야.**
It's over.
잇츠 오버

2462. **우리 헤어져야겠어.**
We should break up.
위 슈드 브레이컵

2463. **언젠가 이렇게 될 줄 알았어.**
I knew this would happen someday.
아이 뉴 디스 윌드 해픈 썸데이

2464. **이제 쫓아다니지 마세요.**
Please don't follow me around.
플리즈 돈 활로우 미 어라운드

2465. **너와 헤어지고 싶지 않아.**
I don't want to break up with you.
아이 돈 원 투 브레이컵 위듀

2466. **처음부터 다시 시작해요.**
Let's start from the beginning again.
렛츠 스탓ㅌ 흐롬 더 비기닝 어겐

2467. **그냥 친구로 있는 게 좋겠어.**
Maybe we should just be friends.
메이비 위 슈드 저슷ㅌ 비 후렌즈

2468. **저를 포기하지 마세요.**
Don't give up on me.
돈 깁 업 온 미

2469. **낸시가 또 남자 친구랑 헤어졌어.**
Nancy broke up with her boyfriend again.
낸시 브로컵 위드 허 보이후렌드 어겐

Chapter 06 결혼

결혼 관련 표현을 살펴보면 I'm married.(전 기혼이에요.) / I'm divorce. (전 이혼했어요.) / I'm single.(전 미혼입니다.) / I'm bachelor.(전 독신주의자예요.) / I'm pregnant.(임신했어요.) / I'm separated.(전 별거 중이에요.) 등이 자주 활용된다. 또한 Will you marry me?(저와 결혼해 주시겠어요?)와 같이 청혼을 하는 표현과 청혼을 거절하는 표현인 I'm not ready to get married.(전 아직 결혼하고 싶지 않아요.)도 함께 알아 두자.

- Are you single or married?
- I am married.
- How long have you been married?
- I have been married for about three years.

Conversation

미혼인가요, 기혼인가요?
기혼입니다.
결혼한 지 얼마나 되셨습니까?
결혼한 지 약 3년 되었습니다.

Unit 01

청혼에 대해서

2470. 빌이 나에게 청혼했습니다.
Bill proposed to me.
빌 프러포즈 투 미

2471. 저와 결혼해 주시겠습니까?
Would you marry me?
우쥬 메뤼 미

2472. 우리 결혼할까요?
Why don't we get married?
와이 돈 위 겟 메뤼드

2473. 당신과 결혼하고 싶습니다.
I want to marry you.
아이 원 투 메뤼 유

2474. 내 아내가 되어 줄래요?
Would you be my wife?
우쥬 비 마이 와잎

2475. 내 아이를 낳아 주시겠습니까?
Would you please have my baby?
우쥬 플리즈 햅 마이 베이비

2476. 당신과 인생을 함께하고 싶어요.
I want to share my life with you.
아이 원 투 쉐어 마이 라잎 위듀

2477. 당신과 평생 같이 살고 싶습니다.
I'd like to live with you forever.
아이드 라익 투 립 위듀 훠레버

2478. 당신이 청혼했어요?
Did you pop the question?
디쥬 팝 더 퀘스쳔

2479. 당신의 사랑을 받아들일게요.
I accept your love.
아이 억셉ㅌ 유어 럽

2480. 저도 당신을 영원히 사랑할게요.
I'll love you forever, too.
아일 러뷰 훠에버 투

Unit 02
약혼에 대해서

'~와 약혼하다'는 be engaged to이다. be engaged in은 '~에 종사하다; ~에 참여하다; ~에 바쁘다'라는 의미이니 전치사 사용에 유의하자.

2481. 우리는 이번 달에 약혼했습니다.
We became engaged this month.
위 비케임 인게이쥐드 디스 먼쓰

2482. 그녀는 래리와 약혼한 사이예요.
She's engaged to marry Larry.
쉬즈 인게이쥐드 투 메뤼 래리

2483. 나는 그 남자와 약혼을 했어요.
I am engaged to him.
아이 앰 인게이쥐드 투 힘

2484. 저 여자 임자가 있니?
Is she spoken for?
이즈 쉬 스포큰 풔

2485. 그래, 그녀는 이미 약혼을 했어.
Yes, she is already engaged.
예스 쉬 이즈 얼뤠디 인게이쥐드

2486. 그는 내가 약혼한 줄 알아요.
He thinks I'm engaged.
히 씽즈 아임 인게이쥐드

2487. 그는 존스 양의 약혼자야.
He's Miss Jones' fiance.
히즈 미쓰 존스 피앙세

Unit 03
결혼에 대해서

2488. 결혼하셨습니까?
Are you married?
아 유 메뤼드

2489. 언제 결혼할 예정입니까?
When are you going to get married?
웬 아 유 고잉 투 겟 메뤼드

2490. 언제 결혼을 하셨습니까?
When did you get married?
웬 디쥬 겟 메뤼드

2491. 결혼한 지 얼마나 됐습니까?
How long have you been married?
하우 롱 해뷰 빈 메뤼드

2492. 신혼부부이시군요.
You're a brand new couple.
유어 러 브랜드 뉴 커플

2493. 우리는 중매결혼했습니다.
It was an arranged marriage.
잇 워즈 언 어레인쥐드 매뤼지

결혼에 대해서

결혼 여부에 대해서 말하는 I am single.(저는 미혼입니다.) / I am married.(저는 기혼입니다.) / I am divorced.(저는 이혼했습니다.) / I'm bachelor.(저는 독신주의자입니다.) 등의 표현을 기억하자.

2494. 당신은 기혼입니까, 미혼입니까?
Are you married or single?
아 유 메리드 오어 씽글

2495. 저는 아직 결혼하지 않았습니다.
I'm not married yet.
아임 낫 메리드 옛

2496. 독신입니다.
I'm single.
아임 씽글

2497. 결혼했습니다.
I'm married.
아임 메리드

2498. 언제 결혼할 거예요?
When are you going to tie the knot?
웬 아 유 고잉 투 타이 더 낫

> tie the knot
> 결혼을 하다

2499. 아직 결정을 안 했습니다.
I haven't decided yet.
아이 해븐 디싸이디드 옛

2500. 우리는 다음 달에 결혼할 겁니다.
We're going to tie the knot sometime next month.
위아 고잉 투 타이 더 낫 썸타임 넥슷 먼쓰

2501. 내년에 결혼하려고 합니다.
I'm going to get married next year.
아임 고잉 투 겟 메리드 넥슷 이어

2502. 누구 생각해 둔 사람 있어요?
Do you have anyone in mind?
두 유 햅 애니원 인 마인드

2503. 그와 결혼하기로 결심했어.
I decided to marry him.
아이 디싸이디드 투 메뤼 힘

Unit 04 결혼식에 대해서

2504. 그들은 결혼식 날짜를 정했니?
Have they set a date for the wedding?
햅 데이 쎄더 데잇 풔 더 웨딩

2505. 박 씨의 결혼 날짜가 언제지요?
What's the date of Mr. Park's wedding?
왓츠 더 데잇 어브 미스터 박스 웨딩

293

결혼식에 대해서

2506. 그들은 수백 장의 결혼식 초대장을 보냈어.
They sent out hundreds of invitations to the wedding.
데이 쎈 아웃 헌드레즈 어브 인비테이션ㅅ 투 더 웨딩

2507. 우리는 결혼식에 모든 친척들을 초대했어.
We invited all our relatives to the wedding.
위 인바이티드 얼 아우어 렐러티브ㅅ 투 더 웨딩

2508. 행복한 결혼생활을 하시길 바랍니다.
I hope you'll have a very happy marriage.
아이 홉 유윌 해버 베리 해피 매리쥐

2509. 행복하길 바랍니다.
We hope you have a happy life.
위 호퓨 해버 해피 라입ㅎ

2510. 두 분 정말 멋있는데요.
You both look very nice.
유 보쓰 룩 베리 나이스

2511. 두 분 잘 어울리는데요.
You make a good match.
유 메이커 굳 매취

2512. 신부가 정말 아름답군요!
What a beautiful bride she is!
와러 뷰리훌 브라이드 쉬 이즈

2513. 신혼여행은 어디로 가실 겁니까?
Where are you going on your honeymoon?
웨어 아 유 고잉 온 유어 허니문

2514. 대단한 결혼식이었습니다.
It was some wedding.
잇 워즈 썸 웨딩

Unit 05

임신과 출산에 대해서

2515. 나 임신했어.
I have a little visitor.
아이 해버 리를 비지터

2516. 그녀는 임신 중이야.
She is expecting.
쉬 이즈 익스펙팅

2517. 그녀가 벌써 임신했어?
Is she expecting already?
이즈 쉬 익스펙팅 얼뤠디

임신과 출산에 대해서

'임신하다'는 be pregnant, be expecting, be in the family way, have a baby라고 한다. '출산하다'는 deliver, give birth, '출산 예정일'은 due (date)를 사용한다는 것도 함께 기억해 두자.

2518. 당신은 임신을 하셨군요.
You are in the family way.
유 아 인 더 훼밀리 웨이

2519. 제 아이를 임신했어요.
She's pregnant with my child.
쉬즈 프레그넌트 위드 마이 촤일드

2520. 그녀는 임신 6개월이다.
She is six months pregnant.
쉬 이즈 씩스 먼스 프레그넌트

2521. 출산 예정일이 언제입니까?
When is the blessed event?
웬 이즈 더 블레쓰드 이벤트

2522. 축하합니다! 또 아이를 출산하신다고요.
Congratulations! I heard you are expecting another baby.
컨그레츄레이션ㅅ 아이 헐 유 아 익스펙팅 어나더 베이비

2523. 그녀는 아이를 분만하러 병원으로 갔다.
She was taken to the hospital to deliver her baby.
쉬 워즈 테이큰 투 더 하스피틀 투 딜리버 허 베이비

2524. 남자아이야, 여자아이야?
Is your baby a she or a he?
이즈 유어 베이비 어 쉬 오어러 히

Unit 06
별거와 이혼에 대해서

2525. 별거 중입니다.
I'm separated.
아임 쎄퍼레이티드

2526. 우리 부모는 별거 중이야.
My parents are separated.
마이 페어런츠 아 쎄퍼레이티드

2527. 우리 부모님은 이혼하셨어.
My parents got divorced.
마이 페어런츠 갓 디볼스드

2528. 이혼합시다.
Let's go to Reno.
렛츠 고 투 리노우

> Reno는 미국 네바다 주의 도시로, 이혼 재판소로 유명하다.

2529. 당신이 싫어진 건 아니지만.
I'm not tired of you, but ~
아임 낫 타이얼드 어뷰 벗

별거와 이혼에 대해서

2530. **우리 관계는 어디서 잘못됐죠?**
Where did our relationship go wrong?
웨어 디드 아우어 릴레이션쉽 고 롱

2531. **이혼했습니다.**
I'm divorced.
아임 디볼스ㄷ

2532. **우리 결혼 생활은 재미가 없어요.**
Our marriage has gone stale.
아우어 매리쥐 해즈 건 스테일

2533. **우리는 곧 이혼할 예정입니다.**
We are planning to get a divorce soon.
위 아 플래닝 투 게러 디볼스 순

2534. **우린 지난겨울에 헤어졌습니다.**
We broke up last winter.
위 브로컵 라숫ㅌ 윈터

2535. **그들은 결국 서로 이혼했다.**
They divorced each other finally.
데이 디볼스ㄷ 이취 아더 화이널리

2536. **그는 최근에 재혼했습니다.**
He recently married again.
히 리쎈틀리 매뤼드 어겐

Chapter 07 직업

직업을 묻는 일반적인 질문에는 What do you do? / What's your job? / What do you do for a living? / What are you engaged in? / What do you work for? 등이 있다. 그밖에 Where is your company?(회사는 어디에 있나요?) / I'm out of work now.(실직 중입니다.) / I'm job-hunting now.(구직 중입니다.) 등과 같은 표현도 알아 두자.

What do you do, please?

I am a medical doctor.

Conversation

무슨 일을 하십니까?
의사입니다.

Sentence Patterns

- What's your job(= profession, occupation), please?
- What do you do to make(= get, earn) a living?
- What are you engaged in, please?
- Where are you employed?
- Who do you work for?

Unit 01
직업을 물을 때

직업을 의미하는 말로는 job, occupation, profession, work 등이 있다.

2537. 직업이 무엇입니까?
What do you do (for a living)?
왓 두 유 두 (훠 러 리빙)

2538. 어떤 업종에 종사하십니까?
What line of business are you in?
왓 라인 어브 비지니스 아 유 인

2539. 어떤 일을 하고 계십니까?
What type of work do you do?
왓 타이버브 웍 두 유 두

2540. 어떤 일에 종사하고 계십니까?
What's your line?
왓츠 유어 라인

2541. 실례지만, 지금 어떤 일을 하고 계십니까?
What do you do, if I may ask?
왓 두 유 두 이프 아이 메이 애슥크

2542. 당신 직업은 무엇입니까?
What's your occupation?
왓츠 유어 어큐페이션

2543. 직업을 알려 주시겠습니까?
Would you let me know your occupation?
우쥬 렛 미 노우 유어 어큐페이션

2544. 어떤 일을 하십니까?
What's your business?
왓츠 유어 비지니스

2545. 어떤 일을 하고 계십니까?
What kind of job do you have?
왓 카인드 어브 잡 두 유 햅

2546. 어떤 직업을 갖고 계십니까?
What's your profession?
왓츠 유어 프로훼션

2547. 거기서 무슨 일을 하세요?
What do you do there?
왓 두 유 두 데어

2548. 급여는 얼마 정도 받기를 기대하십니까?
How much are you expecting to get paid?
하우 머치 아 유 익스펙팅 투 겟 페이드

2549. 직업이 뭐라고 하셨죠?
What do you do, again?
왓 두 유 두 어겐

Unit 02

직업을 말할 때

2550. 출판업에 종사하고 있습니다.
I'm in the publishing industry.
아임 인 더 퍼블리싱 인더스트뤼

2551. 컴퓨터 분석가입니다.
I'm a computer analyst.
아임 어 컴퓨러 애널리스트

2552. 지금은 일을 하지 않습니다.
I'm not working now.
아임 낫 워킹 나우

2553. 저는 자영업자입니다.
I'm self-employed.
아임 쎌ㅎ-임플로이드

2554. 저는 봉급생활자입니다.
I'm a salaried worker.
아임 어 쌜러리드 워커

2555. 저는 지금 실업자입니다.
I'm unemployed right now.
아임 언임플로이드 롸잇 나우

2556. 부업으로 보험 세일을 하고 있습니다.
I sell insurance on the side.
아이 쎌 인슈어런스 온 더 싸이드

2557. 저는 사무원이에요.
I'm an office worker.
아임 언 어피스 워커

2558. 저는 공무원이에요.
I'm a public officer(= civil servant).
아임 어 퍼블릭 어휘서(= 씨빌 써번ㅌ)

2559. 저는 기술자예요.
I'm an engineer.
아임 언 엔지니어

2560. 저는 정비사예요.
I'm a mechanic.
아임 어 머캐닉

2561. 저는 프리랜서예요.
I'm a freelance worker.
아임 어 후리랜스 워커

2562. 저는 요리사예요.
I'm a chef.
아임 어 셰프

Part 6 화제 표현

직업을 말할 때

2563. 저는 점원이에요.
I'm a salesclerk.
아임 어 쎄일ㅅ클럭

2564. 저는 주부예요.
I'm a homemaker.
아임 어 홈메이커

2565. 저는 노동일을 해요.
I'm a laborer.
아임 어 레이버러

Unit 03
사업을 물을 때

2566. 당신의 직업에 만족하세요?
Do you enjoy your job?
두 유 인죠이 유어 잡

2567. 사업이 어떻습니까?
How's business?
하우즈 비지니스

2568. 컴퓨터 업계는 어떻습니까?
How're things in the computer business?
하우어 씽즈 인 더 컴퓨러 비지니스

2569. 사업은 잘되어 갑니까?
How is business doing?
하우 이즈 비지니스 두잉

2570. 새로 시작하신 사업은 어때요?
How's your new business coming?
하우즈 유어 뉴 비지니스 커밍

2571. 당신의 일은 어떻게 되어 가고 있나요?
How's your job going?
하우즈 유어 잡 고잉

2572. 당신의 회사 규모는 얼마나 큽니까?
How big is your company?
하우 빅 이즈 유어 컴퍼니

Unit 04
사업을 말할 때

2573. 그리 나쁘지는 않습니다.
It's not so bad.
잇츠 낫 쏘 배드

2574. 그렇게 좋지는 않습니다.
It's not so good.
잇츠 낫 쏘 굿

사업을 말할 때

2575. 사업이 잘됩니다.
My business is brisk.
마이 비지니스 이즈 브리스ㅋ

2576. 사업이 잘 안됩니다.
My business is dull.
마이 비지니스 이즈 덜

2577. 최근에 적자를 보고 있습니다.
I've been in the red lately.
아이브 빈 인 더 뤠드 레이틀리

> 흑자
> in the black

2578. 늘 어렵습니다.
I'm in trouble all the time.
아임 인 트러블 올 더 타임

2579. 그럭저럭 버텨 나가고 있습니다.
I'm just getting by.
아임 저숫ㅌ 게링 바이

2580. 그는 재정적인 곤란을 겪고 있습니다.
He's having financial troubles.
히즈 해빙 화이낸셜 트러블스

2581. 그는 쫄딱 망했어요.
He lost his shirt.
히 로숫ㅌ 히즈 셜ㅊ

2582. 장사가 안 되서 큰일이에요.
My business is in trouble.
마이 비지니스 이즈 인 트러블

2583. 그는 망해서 문을 닫았습니다.
He's gone out of business.
히즈 건 아웃 어브 비지니스

2584. 우리 회사가 파산했어요.
Our company went bankrupt.
아우어 컴퍼니 웬ㅌ 뱅크 ㄹㅓㅂㅌ

■ 의료와 관련된 전문직 명칭

건강상담의: health clinician
구강외과의: oral surgeon
구강정형의: stomato-plastic surgeon
내과의: physician
노인병 전문의: geriatrician
마취의: anesthetist
물리치료사: physical therapist
방사선치료의: radiotherapist; radiotherapeutist
병리학전문의: pathologist
부인과: gynecologist
비뇨기과의: urologist
산과: obstetrician
성형외과의: plastic surgeon
소아과의: pediatrician; child specialist
신경과의: neurologist
신경외과의: neurosurgeon
안과의: eye-doctor; eye specialist; ophthalmologist
안마사: massager
예방의학전문의: preventive medicine specialist
외과의: surgeon
응급치료의: first-aid doctor
이비인후과의: otorhinolaryngologist; nose, ear, and throat specialist
임상의: clinician; therapist
접골사: bonesetter
정신과의: psychiatrist; psychiater
정형외과의: orthopedist; orthopedic surgeon
조산원: midwife
지압사: finger-pressure therapist; chiropractor
치과의: dentist; dental surgeon
침술사: acupuncturist; acupuncurator
피부과의: dermatologist
한의사: herb doctor; herbalist
흉부외과의: chest surgeon

■ 회사의 부서 명칭

개발계획실: development project office
건설과: construction department(= division)
검사과: inspection department
경비과: guard(= defense) department
고객상담부: consumers consulting department
고객지원부: after(sales) service department
관리과: management department
관재과: property administration department
구매과: purchasing department
국제무역부: international trade department
기술부: technology division
기획부: planning department
무역부: trade department
생산부: manufacturing department
섭외부: liaison(= public relations) department
시장조사부: marketing department
영선과: building and repairs department
영업부, 판매부: sales department
운송과: shipping and forwarding department
의전실: office of protocol
인사과: personneldepartment
조달과: supplies department
총무과, 서무과: general affairs department(= division)
출판부: publishing department
편집부: editorial department
회계과: accounting department
후생복지과: welfaredepartment
훈련부: training department

취미와 여가

일반적으로 취미를 묻는 표현에는 Do you have any hobbies? / What are your hobbies? / What is your hobby? 등이 활용되는데 다소 구체적으로 묻는 경우에는 What kind of hobbies do you have?(취미) / What kind of sports do you like?(스포츠) / What's your favorite kind of music?(음악) / What's your favorite kind of game?(게임) / What kind of books do you like?(책) 등과 같은 표현으로 활용할 수 있다.

What's your hobby, please?

My hobby is climbing mountains.

What's the highest that you have ever climbed?

Probably Mt. Seorak.

Conversation

취미가 무엇이신가요?
저의 취미는 등산입니다.
지금까지 등산한 가운데 가장 높은 산은 어떤 산입니까?
설악산일 겁니다.

Unit 01
취미에 대해서

2585. 취미가 뭡니까?
What is your hobby?
와리스 유어 하비

2586. 무엇에 흥미가 있으세요?
What are you interested in?
와라유 인터뤠스티드 인

2587. 특별한 취미가 있습니까?
Do you have any particular hobbies?
두 유 햅 애니 퍼티큘러 하비즈

2588. 취미 삼아 하는 거예요, 직업으로 하는 거예요?
Is that for a hobby or for a living?
이즈 댓 훠 러 하비 오어 훠러 리빙

2589. 제 취미는 음악 감상입니다.
My hobby is listening to music.
마이 하비 이즈 리스닝 투 뮤직

2590. 사진은 그냥 제 취미일 뿐이에요.
Photography is just a hobby of mine.
포토그라피 이즈 저슷터 하비 어브 마인

2591. 독서가 나의 유일한 취미야.
Reading books is my only hobby.
리딩 북스 이즈 마이 온리 하비

2592. 그림은 내가 가장 좋아하는 취미 중 하나야.
Painting is one of my favorite hobbies.
페인팅 이즈 원 어브 마이 훼이버릿 하비즈

2593. 저의 취미는 다양해요.
My interests are varied.
마이 인터뤠슷ㅊ 아 베어리드

2594. 저는 그런 일에는 별로 취미가 없습니다.
I have little interest in those things.
아이 햅 리를 인터뤠슷ㅌ 인 도우즈 씽즈

2595. 나는 이렇다 할 취미가 없어.
I don't have any hobbies worth mentioning.
아이 돈 햅 애니 하비즈 월쓰 멘셔닝

2596. 나는 특별한 취미는 없어.
I have no hobbies in particular.
아이 햅 노 하비즈 인 퍼티큘러

2597. 제 취향에 맞지 않습니다.
It doesn't suit my taste.
잇 더즌 숫 마이 테이슷ㅌ

I like ~ / I am crazy[mad] about ~ / My hobby is ~로 '~을 좋아한다 / 빠져 있다 / 취미는 ~이다'라고 말할 수 있다.

취미에 대해서

2598. 취미도 가지가지야.
There is no accounting for tastes.
데어 이즈 노 어카운팅 풔 테이슷츠

2599. 우리 두 사람은 취미에 있어 공통점이 많아.
The two of us have a lot of hobbies in common.
더 투 어브 어스 햅 어 랏 어브 하비즈 인 커먼

2600. 나는 취미로 애완견을 기르고 싶어.
I want to raise a pet dog for my hobby.
아이 원 투 레이즈 어 펫 도그 풔 마이 하비

Unit 02
여가 활동에 대해서

2601. 여가 시간에는 어떤 일을 하는 걸 좋아해요?
What do you like to do in your spare time?
왓 두 유 라익 투 두 인 유어 스페어 타임

2602. 여가를 어떻게 보내십니까?
How do you spend your free time?
하우 두 유 스펜드 유어 후리 타임

2603. 주말에는 주로 무엇을 합니까?
What do you usually do on weekends?
왓 두 유 유절리 두 온 위켄즈

2604. 여가 시간에 무얼 하십니까?
What do you do in your spare time?
왓 두 유 두 인 유어 스페어 타임

2605. 여가 시간에는 어떤 일을 하는 걸 좋아해요?
What do you like to do in your spare time?
왓 두 유 라익 투 두 인 유어 스페어 타임

2606. 여가를 어떻게 보내세요?
How do you spend your leisure time?
하우 두 유 스펜드 유어 레져 타임

2607. 기분 전환으로 무얼 하십니까?
What do you do for relaxation?
왓 두 유 두 풔 릴렉쎄이션

2608. 주말에 무슨 계획이 있으세요?
Do you have any plans for the weekend?
두 유 햅 애니 플랜즈 풔 더 위켄드

2609. 일과 후에 무엇을 하세요?
What do you do when you have time off?
왓 두 유 두 웬 유 햅 타임 엎ㅎ

2610. 휴일에 무얼 하실 겁니까?
What are you going to do for the holiday?
왓 아 유 고잉 투 두 풔 더 할러데이

여가 활동에 대해서

2611. 지금은 여가 활동에 더 많은 시간을 투자합니다.
Now I have a lot more time for leisure activities.
나우 아이 햅 어 랏 모어 타임 풔 리져 액티비티스

Unit 03
여행에 대해서

2612. 나는 여행을 좋아합니다.
I love traveling.
아이 럽 트래블링

2613. 여행은 즐거우셨나요?
Did you have a good trip?
디쥬 해버 굳 트립

2614. 어디로 휴가를 가셨어요?
Where did you go on vacation?
웨어 디쥬 고 온 버케이션

2615. 해외여행을 가신 적이 있습니까?
Have you ever traveled overseas?
해뷰 에버 트래블드 오버씨스

2616. 당신은 오랫동안 여행해 본 적이 있습니까?
Have you ever been on a long journey?
해뷰 에버 빈 온 어 롱 쥐니

2617. 그곳에 얼마나 머무셨습니까?
How long did you stay there?
하우 롱 디쥬 스테이 데어

2618. 언젠가 세계 일주를 하고 싶어요.
I want to go around the world some day.
아이 원 투 고 어라운드 더 월드 썸 데이

2619. 여행은 어땠어요?
How was your trip?
하우 워즈 유어 트립

2620. 한국 여행은 어떠셨습니까?
How was your trip to Korea?
하우 워즈 유어 트립 투 코리아

여행을 의미하는 단어로는 travel, trip, journey, tour 등이 있다. 주로 일이나 관광 등의 목적을 가지고 단기간 다녀오는 여행은 trip으로 표현한다. 다소 긴 기간, 한 곳에서 다른 곳으로 움직이는 여행은 travel을 사용한다. journey는 흔히 '여정'으로 표현하는데 시간도 많이 걸리고 멀리 가고 다소 힘든 여행을 의미하는 경우가 많으며 여러 장소를 방문하는 계획된 여행은 tour라고 한다.

Chapter 09 오락과 문화

흔히 오락(entertainment, amusement)이라 하면 취미(hobby)나 스포츠(sports) 등을 포괄하지만 영화, 연극, TV, 나이트클럽, 컴퓨터 게임, 슬롯머신(카지노), 바둑, 장기, 체스, 카드놀이, 노래방, 스포츠, 공연 등을 의미한다. 스포츠 관련 표현은 When does the game start? / What time does the game start? / What team are you supporting? / Which team is expected to win? / Who do you think will win? 등이 활용되며, 공연에서의 표현은 Who's playing? / Where's the box office? / Are there any tickets? / When does it start? 등이 활용된다. 문화생활은 현대인에게 있어서 없어서는 안 될 중요한 요소인데 상대방에게 독서에 대해서는 What kind of books do you like?, 음악에 대해서는 What kind of music do you like?, 그림에 대해서는 Who's your favorite painter?, 영화에 대해서는 What did you think of the movie? 등과 같이 물어볼 수도 있다.

Do you want to catch a movie?

No, not tonight. My friend is coming to visit me.

Conversation

영화 보러 갈래?
오늘 밤은 안 돼. 친구가 방문할 거야.

Unit 01
오락에 대해서

2621. 오락실 가는 것을 좋아합니다.
I like to go to the arcades to play video games.
아이 라익 투 고 투 더 아케이즈 투 플레이 비디오 게임즈

2622. 이 호텔에는 카지노가 있습니까?
Is there a casino in this hotel?
이즈 데어 어 카지노 인 디스 호텔

2623. 갬블을 하고 싶습니다.
I'd like to gamble.
아이드 라익 투 갬블

> gamble은 [갬블]과 [갬벌]의 중간으로 발음한다.

2624. 쉬운 게임은 있습니까?
Is there any easy game?
이즈 데어 애니 이지 게임

2625. 좋은 카지노를 소개해 주시겠어요?
Could you recommend a good casino?
쿠드 유 뤠커멘더 굳 카지노

2626. 카지노는 아무나 들어갈 수 있습니까?
Is everyone allowed to enter the casino?
이즈 에브리원 얼라우ㄷ 투 엔터 더 카지노

2627. 카지노는 몇 시부터 시작합니까?
What time does the casino open?
왓 타임 더즈 더 카지노 오픈

2628. 칩은 어디서 바꿉니까?
Where can I get chips?
웨어 캔 아이 겟 칩ㅅ

2629. 칩 200달러 부탁합니다.
May I have 200 dollars in chips, please.
메이 아이 햅 투헌드뤠드 달러즈 인 칩ㅅ 플리즈

2630. 칩을 현금으로 바꿔 주세요.
Cash my chips, please.
캐쉬 마이 칩ㅅ 플리즈

2631. 현금으로 주세요.
Cash, please.
캐쉬 플리즈

2632. 터졌다!
Jackpot!
잭팟

2633. 카드놀이 하자.
Let's play cards.
렛츠 플레이 카즈

오락에 대해서

2634. 넌 패가 좋구나.
You have good hands.
유 햅 굳 핸즈

2635. 그는 도박과 술로 몰락했다.
Gambling and drink caused his downfall.
갬블링 앤 드링ㅋ 커즈드 히즈 다운훨

Unit 02
유흥에 대해서

2636. 이 근처에 유흥업소가 있습니까?
Are there any clubs and bars around here?
아 데어 애니 클럽스 앤 바ㅅ 어라운드 히어

2637. 그곳에 유흥업소가 있습니까?
Are there any clubs and bars around there?
아 데어 애니 클럽스 앤 바ㅅ 어라운드 데어

2638. 좋은 나이트클럽은 있나요?
Do you know of a good nightclub?
두 유 노우 어버 굳 나잇클럽

2639. 저는 나이트클럽에 가는 걸 좀 피하는 편입니다.
I tend to shy away from nightclubs.
아이 텐 투 샤이 어웨이 흐롬 나잇클럽

2640. 디너쇼를 보고 싶은데요.
I want to see a dinner show.
아이 원 투 씨 어 디너 쇼

2641. 이건 무슨 쇼입니까?
What kind of show is this?
왓 카인더브 쇼 이즈 디스

> what kind of는 연음시켜 [왓 카인도 ㅂ]와 [왓 카인 더ㅂ]의 중간으로 발음한다.

2642. 함께 춤추시겠어요?
Will you dance with me?
윌 유 댄스 위드 미

2643. 인기가 있는 디스코텍은 어디입니까?
Where is a popular disco?
웨어 이져 파퓰러 디스코

2644. 디스코 바지가 지금 유행입니다.
Disco pants are the fad now.
디스코 팬ㅊ 아 더 홰드 나우

2645. 네가 괜찮다면 댄스클럽에 가고 싶어.
If you don't mind I'd rather go to a dance club.
이퓨 돈 마인드 아이드 래더 고 투 어 댄스 클럽

2646. 이것이 최신 유행의 디스코야.
This is the "now" disco.
디스 이즈 더 나우 디스코

유흥에 대해서

2647. 나는 부모님 몰래 나이트클럽에 간 적이 있어.
I once went to a nightclub without my parent's knowledge.
아이 원스 웬 투 어 나잇클럽 위다웃 마이 페어런츠 너리쥐

2648. 정말 나이트클럽에서 일하고 있습니까?
Do you honestly work in a night club?
두 유 어니스틀리 워키너 나잇 클럽

2649. 내일 댄스파티에 오시겠습니까?
Are you coming to the dance tomorrow?
아 유 커밍 투 더 댄스 투마로우

Unit 03
책에 대해서

2650. 어떤 책을 즐겨 읽으십니까?
What kind of books do you like to read?
왓 카인더브 북스 두 유 라익 투 리드

2651. 저는 손에 잡히는 대로 다 읽습니다.
I read everything I can get my hands on.
아이 리드 에브리씽 아이 캔 겟 마이 핸즈 온

2652. 한 달에 책을 몇 권 정도 읽습니까?
How many books do you read a month?
하우 매니 북스 두 유 리드 어 먼쓰

2653. 책을 많이 읽으십니까?
Do you read a lot?
두 유 리드 어 랏

2654. 이 책은 재미없어요.
This book is dull reading.
디스 북 이즈 덜 리딩

2655. 이 책은 지루해요.
This book bores me.
디스 북 볼ㅅ 미

2656. 한 번 훑어봤어요.
I gave it the once-over.
아이 게이브 잇 디 원스-오버

2657. 그 책은 처음부터 끝까지 다 읽었어요.
I read the book from cover to cover.
아이 레드 더 북 흐롬 커버 투 커버

2658. 그녀는 책벌레입니다.
She is a bookworm.
쉬 이즈 어 북웜

'읽다'는 read이다. 과거형과 과거분사형 역시 read인데, 원형은 [리드]라고 읽지만, 과거형과 과거분사형은 [레드]라고 읽는 것에 주의하자.

책에 대해서

2659. 저는 항상 책을 가지고 다닙니다.
I'm always carrying a book.
아임 올웨이즈 캐링 어 북

2660. 좋아하는 작가는 누구입니까?
Who is your favorite author?
후 이즈 유어 훼이버릿 어써

2661. 요즘 베스트셀러는 무엇입니까?
What's the current bestseller?
왓츠 더 커런ㅌ 베슷쎌러

2662. 요즘 좋은 책 읽을 게 있나요?
Have you read any good books recently?
해뷰 뤼드 애니 굳 북스 리쎈틀리

2663. 수필보다 소설을 좋아합니다.
I prefer novels to essays.
아이 프리풔 노블스 투 에쎄이즈

2664. 저는 독서를 좋아합니다.
I love reading books.
아이 럽 리딩 북스

2665. 가을은 독서의 계절입니다.
Autumn is the best season for reading.
어텀 이즈 더 베슷 씨즌 풔 리딩

2666. 독서는 마음의 양식입니다.
Reading is food for the soul.
리딩 이즈 후드 풔 더 쏘울

Unit 04
신문과 잡지에 대해서

2667. 무슨 신문을 보십니까?
Which paper do you read?
위치 페이퍼 두 유 리드

2668. 오늘 신문을 보셨어요?
Have you seen today's paper?
해뷰 씬 투데이즈 페이퍼

2669. 신문 다 읽으셨습니까?
Have you finished the paper?
해뷰 휘니쉬드 더 페이퍼

2670. 어제 신문 읽어 봤어요?
Did you read the papers yesterday?
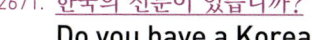
디쥬 리드 더 페이펄ㅅ 에스터데이

2671. 한국의 신문이 있습니까?
Do you have a Korean newspaper?
두 유 해버 코리안 뉴스페이퍼

신문과 잡지에 대해서

2672. 신문이 배달이 안 되었습니다.
The newspaper wasn't delivered today.
더 뉴스페이퍼 워즌 딜리버드 투데이

2673. 어떤 잡지를 좋아합니까?
What kind of magazine do you like?
왓 카인더브 매거진 두 유 라익

2674. 잡지나 읽을거리를 좀 주시겠습니까?
May I have a magazine or something to read?
메이 아이 해버 매거진 오어 썸씽 투 리드

Unit 05 음악에 대해서

2675. 어떤 음악을 좋아하세요?
What kind of music do you like?
왓 카인더브 뮤직 두 유 라익

2676. 어떤 종류의 음악을 들으세요?
What kind of music do you listen to?
왓 카인더브 뮤직 두 유 리슨 투

2677. 취미는 음악 감상입니다.
My hobby is listening to music.
마이 하비 이즈 리스닝 투 뮤직

2678. 음악 듣는 것을 즐깁니다.
I enjoy listening to music.
아이 인죠이 리스닝 투 뮤직

2679. 음악을 매우 좋아합니다.
I'm very fond of music.
아임 베리 훤드 어브 뮤직

2680. 나는 음악에 별 소질이 없는 것 같아.
I think I don't have a very good ear for music.
아이 씽ㅋ 아이 돈 해버 베리 굳 이어 훠 뮤직

2681. 나는 음악을 듣는 것보다 노래하는 것을 더 좋아해.
I like singing more than listening to music.
아이 라익 씽잉 모어 댄 리스닝 투 뮤직

2682. 어떤 종류의 음악을 가장 좋아하세요?
What kind of music do you like best?
왓 카인어브 뮤직 두 유 라익 베슷ㅌ

2683. 대중음악과 클래식 중 어느 것을 더 좋아하세요?
Which do you like better, popular music or classical music?
위치 두 유 라익 베러 파퓰러 뮤직 오어 클래시컬 뮤직

음악에 대해서

2684. 고전 음악을 좋아합니다.
I like classical music.
아이 라익 클래시컬 뮤직

2685. 좋아하는 가수가 누구예요?
Who is your favorite singer?
후 이즈 유어 훼이버릿 씽어

2686. 가장 좋아하는 노래는 무엇입니까?
What's your favorite song?
왓츠 유어 훼이버릿 쏭

2687. 그 음악은 내 취향에 맞지 않습니다.
That music is not to my taste.
댓 뮤직 이즈 낫 투 마이 테이슷ㅌ

2688. 저는 음치입니다.
I'm tone-deaf.
아임 톤-뎁ㅎ

2689. 노래 한 곡 불러 주시겠어요?
Could you sing a song?
쿠드 유 씽 어 쏭

2690. 노래 부르는 것을 좋아하세요?
Do you like singing songs?
두 유 라익 씽잉 쏭ㅈ

2691. 당신은 노래방에 가 본 적이 있으십니까?
Have you ever been to a Noraebang?
해뷰 에버 빈 투 어 노래방

2692. 저는 노래는 못해요.
I can't sing.
아이 캔ㅌ 씽

Unit 06
그림에 대해서

2693. 저는 그림 그리기를 좋아합니다.
I like painting.
아이 라익 페인팅

2694. 저는 미술 작품 감상을 좋아합니다.
I enjoy looking at art collections.
아이 인죠이 룩킹 앳 알ㅌ 컬렉션ㅅ

2695. 그건 누구 작품이죠?
Who is it by?
후 이즈 잇 바이

2696. 미술관에 자주 갑니다.
I often go to art galleries.
아이 오흔 고 투 알ㅌ 갤러리즈

그림에 대해서

watercolor는 수채화, oil (painting)은 유화를 말한다. 초상화는 portrait, 정물화는 still life, 풍경화는 landscape painting이라고 한다.

2697. 어떻게 그림을 그리게 되셨습니까?
How did you start painting?
하우 디쥬 스탓트 페인팅

2698. 정말 아름다운 작품이군요!
What a beautiful piece of work!
왓 어 뷰티풀 피스 어브 웍

2699. 좋아하는 화가는 누군가요?
Who's your favorite painter?
후즈 유어 훼이버릿 페인터

2700. 그림을 아주 잘 그리시군요.
You draw fairly well.
유 드로우 훼얼리 웰

2701. 그녀는 그림에 안목이 있어.
She has an eye for painting.
쉬 해젼 아이 풔 페인팅

2702. 이 그림을 보고 있으면 나는 기분이 좋아져요.
Looking at this picture makes me feel good.
룩킹 앳 디스 픽쳐 메익스 미 휠 굳

Unit 07
라디오에 대해서

2703. 라디오 켜도 괜찮지?
Do you mind if I turn on the radio?
두 유 마인드 이프 아이 턴 온 더 뤠디오

2704. 전 라디오가 없어요.
I didn't have my radio on.
아이 디든 햅 마이 뤠디오 온

2705. 그는 라디오를 갖고 있지 않나요?
Doesn't he have a radio?
더즌 히 해버 뤠디오

2706. 나는 라디오에 나왔습니다.
I was on the radio.
아이 워즈 온 더 뤠디오

2707. 라디오에 자주 나오는 사람이야.
He is a radio personality.
히 이져 뤠디오 퍼스낼러티

2708. 난 그것을 라디오에서 들었어요.
I heard it on the radio.
아이 헐 딧 온 더 뤠디오

2709. 라디오 좀 꺼 주세요.
Kill the radio.
킬 더 뤠디오

라디오에 대해서

2710. 저 라디오 즉시 소리를 줄여라!
Turn that radio down at once!
턴 댓 뤠디오 다운 앳 원스

2711. 라디오 소리를 좀 더 크게 해 주시겠어요?
Can you make the radio louder please?
캔 유 메익 더 뤠디오 라우더 플리즈

2712. 당신은 어떤 라디오 프로그램을 가장 좋아하세요?
What's your favorite radio program ?
왓츠 유어 훼이버릿 뤠디오 프로그램

2713. 이게 내가 제일 좋아하는 라디오 채널이야.
This is my favorite station.
디스 이즈 마이 훼이버릿 스테이션

2714. 제 시계는 라디오에 맞춘 겁니다.
I have radio time.
아이 햅 뤠디오 타임

2715. 이 라디오를 고치는 데 얼마나 걸립니까?
How long will it take to have this radio fixed?
하우 롱 윌 잇 테익 투 햅 디스 뤠디오 휙숫ㅌ

2716. 라디오가 안 켜집니다.
It doesn't turn on.
잇 더즌 턴 온

Unit 08
텔레비전에 대해서

2717. 텔레비전을 자주 보세요?
Do you watch TV often?
두 유 와취 티비 오흔

> often은 '자주, 좋좋'이라는 의미의 빈도부사로 [오픈]과 [오흔]의 중간으로 발음한다.

2718. 어떤 텔레비전 프로그램을 좋아하십니까?
Which program do you enjoy most?
위치 프로그램 두 유 인죠이 모숫ㅌ

2719. 그게 언제 방송되죠?
When is it on?
웬 이즈 잇 온

2720. 그것을 텔레비전으로 중계하나요?
Are they televising it?
아 데이 텔러바이징 잇

2721. 몇 게임이나 텔레비전으로 중계됩니까?
How many games are televised?
하우 매니 게임즈 아 텔러바이즈드

2722. 지금 텔레비전에서 무엇을 하죠?
What's on TV?
왓츠 온 티비

텔레비전에 대해서

2723. 다음 프로가 무엇이죠?
What's on next?
왓츠 온 넥슷ㅌ

2724. 텔레비전을 끌까요?
Shall we turn the TV off?
쉘 위 턴 더 티비 업ㅎ

2725. 리모컨이 어디 있죠?
Where's the remote control?
웨얼즈 더 뤼못ㅌ 컨트롤

2726. 텔레비전을 꺼 주시면 고맙겠습니다.
I'll thank you to turn off the TV.
아일 쌩큐 투 턴 업 더 티비

2727. 텔레비전이 깜박거려요.
The TV is on the blink.
더 티비 이즈 온 더 블링ㅋ

2728. 나는 텔레비전에 나왔습니다.
I was on TV.
아이 워즈 온 티비

2729. 저는 하루 종일 텔레비전만 봤어요.
I spent all day watching TV.
아이 스펜ㅌ 올 데이 와칭 티비

Unit 09
공연 관람에 대해서

2730. 극장 이름은 뭡니까?
What's the name of the theater?
왓츠 더 네임 어브 더 씨어터

2731. 오늘 밤엔 무얼 합니까?
What's on tonight?
왓츠 온 투나잇

> 주로 프로그램이나 스케줄을 물을 때 사용하는 표현이다.

2732. 8시부터 뮤지컬을 공연합니다.
There's a musical at 8:00 P.M.
데얼즈 어 뮤지컬 앳 에잇 피엠

2733. 재미있습니까?
Is it good?
이즈 잇 굳

2734. 누가 출연합니까?
Who appears on it?
후 어피어ㅅ 오닛

2735. 오늘 표는 아직 있습니까?
Are today's tickets still available?
아 투데이즈 티켓ㅊ 스틸 어베일러블

공연 관람에 대해서

2736. 몇 시에 시작됩니까?
What time does it start?
왓 타임 더즈 잇 스탓ㅌ

> A : What time does the movie start?
> B : It starts at 8 o'clock.
> 영화가 몇 시에 시작합니까?
> 8시에 시작합니다.

2737. 뮤지컬을 보고 싶은데요.
We'd like to see a musical.
위드 라익 투 씨 어 뮤지컬

2738. 그 콘서트는 라이브 공연이었어.
The concert was a live performance.
더 컨설ㅌ 워져 라이브 퍼훠먼스

Unit 10
연극과 영화에 대해서

2739. 어떤 영화를 좋아하세요?
What kind of movies do you like?
왓 카인더브 무비스 두 유 라익

2740. 저는 영화광입니다.
I'm a film buff.
아임 어 휘름 법ㅎ

> film은 [휘어음]과 [피어음]의 중간이라는 느낌으로 발음한다.

> A : Which seats would you like?
> B : Two of the best seats, please.
> 어떤 좌석을 원하십니까?
> 가장 좋은 좌석으로 두 장 주세요.

2741. 어떤 종류의 영화를 즐겨 보십니까?
What kind of films do you enjoy watching?
왓 카인더브 휘름ㅅ 두 유 인죠이 와칭

2742. 영화배우 중에서 누구를 가장 좋아하세요?
Who do you like best among movie stars?
후 두 유 라익 베슷ㅌ 어몽 무비 스타ㅅ

2743. 영화를 자주 보러 갑니까?
Do you go to the movies very often?
두 유 고 투 더 무비스 베리 오흔

2744. 그 영화의 주연은 누구입니까?
Who is starring in the movies?
후 이즈 스타링 인 더 무비스

Part 6 화제 표현

연극과 영화에 대해서

2745. 극장에서 무엇을 상영하고 있나요?
What's on at the theater?
왓츠 온 앳 더 씨어러

2746. 상영 기간은 언제까지입니까?
How long will it be running?
하우 롱 윌 잇 비 러닝

2747. 최근에 본 영화는 무엇입니까?
Which movie have you seen lately?
위치 무비 해뷰 씬 레이틀리

2748. 영화를 보러 가실래요?
Do you want to see a movie?
두 유 원 투 씨 어 무비

2749. 오늘 밤에 영화를 보러 갑시다.
Let's go to the movies tonight.
렛츠 고우 투 더 무비스 투나잇

2750. 그 극장에서는 무엇이 공연되고 있습니까?
What's playing at the theater?
왓츠 플레잉 앳 더 씨어러

2751. 매일 연극이 공연되나요?
Is there a play every day?
이즈 데어 어 플레이 에브리 데이

Chapter 10 요리

식당에서 주문하기 전에 Menu, please?라는 표현을 사용하는데 이는 Can I see the menu?라는 의미이며, 웨이터한테 오늘의 특별 요리를 추천받고자 하면 What's today's special?이나 What do you recommend?라고 표현하면 된다. 물론 직설적으로 Do you have any suggestions?라고 표현해도 무방하다. 요리에 대한 평가를 물어볼 때 How would you like it? 혹은 How does it taste?처럼 직접 물어볼 수도 있다.

Conversation

좀 더 드시겠어요?
아니요. 제 입맛에 맞지 않는군요.

Unit 01
요리에 대해서

요리할 때 사용할 수 있는 단어들을 기억해 두자.
cut 자르다 mince 썰다 peel 벗기다 grind 갈다 mix 섞다 scald 데우다 roast 굽다 boil 끓이다 freeze 냉동하다 french-fry 튀기다 season 양념하다

2752. 나는 요리하는 것을 좋아해.
I like to cook food.
아이 라익 투 쿡 후드

2753. 나는 요리를 잘해.
I am good at cooking.
아이 앰 굳 앳 쿠킹

2754. 나는 요리를 못해.
I can't cook.
아이 캔트 쿡

2755. 나는 모든 종류의 음식을 요리할 수 있어.
I can cook all kinds of dishes.
아이 캔 쿡 얼 카인져브 디쉬스

2756. 나는 그것을 요리하는 방법을 알고 있었어.
I knew how to cook it.
아이 뉴 하우 투 쿠킷

2757. 나는 생선 요리를 잘해.
I do fish well.
아이 두 휘쉬 웰

2758. 무슨 요리를 하고 있니?
What are you cooking?
와라유 쿠킹

2759. 나는 요리 강습을 받았다.
I took lessons for cooking.
아이 툭 레슨ㅅ 풔 쿠킹

Unit 02
식욕과 취향에 대해서

2760. 전 뭐든 잘 먹어요.
I eat just about everything.
아이 잇 저슷트 어바웃 에브리씽

2761. 전 먹는 걸 안 가려요.
I'm not picky about my food.
아임 낫 피키 어바웃 마이 후드

2762. 전 식성이 까다로워요.
I'm a picky eater.
아임 어 피키 이러

2763. 전 음식을 가려먹어요.
I'm fussy about food.
아임 풔씨 어바웃 후드

식욕과 취향에 대해서

2764. 저는 돼지고기를 못 먹어요.
Pork doesn't agree with me.
포크 더즌 어그뤼 위드 미

2765. 이걸 먹으면 속이 좋지 않습니다.
This makes me sick.
디스 메익스 미 씩

2766. 저는 매운 음식을 좋아합니다.
I like hot food.
아이 라익 핫 후드

2767. 저는 단것을 잘 먹습니다.
I have a sweet tooth.
아이 해버 스윗 투쓰

2768. 이건 별로 좋아하지 않아요.
I just don't like it very much.
아이 저숫 돈 라이킷 베리 머취

기름진 음식은 oily food 라고 한다. greasy food 라는 표현을 사용할 수도 있다. 고기를 의미하는 영어 표현을 살펴보면 먹는 고기를 두루 칭하는 단어는 meat이다. 종류별로 돼지고기는 pork, 닭고기는 chicken, 소고기는 beef, 오리고기는 duck 이라고 한다.

2769. 저는 기름기 있는 음식을 안 좋아해요.
I don't like oily food.
아이 돈 라익 오일리 후드

2770. 저는 찬 음식을 싫어합니다.
I hate cold meals.
아이 헤잇 콜드 밀즈

2771. 이제 이 음식에 질렸어요.
I get tired of eating this food.
아이 겟 타이어드 어브 이링 디스 후드

2772. 배가 고파요.
I'm hungry.
아임 헝그리

2773. 배고파 죽겠어요.
I'm starving now.
아임 스타빙 나우

2774. 배가 부르군요.
I'm full.
아임 훌

2775. 전 식욕이 왕성해요.
I have a big appetite.
아이 해버 빅 애퍼타잇ㅌ

2776. 먹고 싶은 생각이 없어요.
I don't feel like eating.
아이 돈 휠 라익 이링

식욕과 취향에 대해서

2777. 항상 그렇게 빨리 먹으세요?
Do you always eat so fast?
두 유 얼웨이즈 잇 쏘 훼슷ㅌ

2778. 당신은 대식가이군요.
You're a big eater.
유어 러 빅 이러

2779. 제가 과식을 했나 봐요.
I'm afraid I ate too much.
아임 어후레이드 아이 에잇 투 머취

2780. 저는 다이어트 중입니다.
I've been dieting.
아이브 빈 다이어링

2781. 전 별로 식욕이 없어요.
I don't have a good appetite.
아이 돈 해버 굳 애퍼타잇ㅌ

2782. 이걸 먹으면 식욕이 없어져요.
This will spoil your appetite.
디스 윌 스포일 유어 애퍼타잇ㅌ

2783. 저는 조금밖에 안 먹어요.
I eat like a bird.
아이 잇 라이커 버드

Unit 03
맛에 대해서

2784. 맛이 어떻습니까?
How does it taste?
하우 더즈 잇 테이슷ㅌ

2785. 아주 맛있는데요.
It's very good.
잇츠 베리 굳

2786. 이 음식은 너무 맵군요.
This food is spicy.
디스 후드 이즈 스파이시

2787. 군침이 도는군요.
My mouth is watering.
마이 마우쓰 이즈 워터링

2788. 생각보다 맛있군요.
It's better than I expected.
잇츠 베러 댄 아이 익스펙티드

2789. 이건 맛이 별로 없군요.
This is not good.
디스 이즈 낫 굳

맛에 대해서

2790. **이건 제 입맛에 안 맞아요.**
It's food doesn't suit my taste.
디스 후드 더즌 숫 마이 테이슷ㅌ

2791. **아주 맛있어요.**
It's delicious.
잇츠 딜리셔스

2792. **맛있어요.**
It's tasty.
잇츠 테이스티

2793. **달콤해요.**
It's sweet.
잇츠 스윗ㅌ

2794. **맛이 별로 없어요.**
It's tasteless.
잇츠 테이슷ㅌ리스

2795. **싱거워요.**
It's bland.
잇츠 블랜드

2796. **순해요.**
It's mild.
잇츠 마일드

2797. **구역질나요.**
It's disgusting.
잇츠 디스거스팅

2798. **비린내 나요.**
It's fishy.
잇츠 휘쉬

2799. **짜요.**
It's salty.
잇츠 쏠티

2800. **매워요.**
It's hot.
잇츠 핫

2801. **시큼해요.**
It's sour.
잇츠 싸워

2802. **신선해요.**
It's fresh.
잇츠 후레쉬

맛에 대해서

2803. 신선하지 않아요.
It's stale.
잇츠 스테일

2804. 연해요.
It's tender.
잇츠 텐더

2805. 질겨요.
It's tough.
잇츠 텁ㅎ

2806. 끈적끈적해요.
It's sticky.
잇츠 스티키

2807. 기름기가 많아요.
It's fatty.
잇츠 홰리

2808. 기름기가 없어요.
It's lean.
잇츠 린

Chapter 11 건강

상대방에게 건강을 유지하는 비결을 물어볼 때 How do you keep yourself fit?이라고 표현할 수 있는데 사람마다 방법이 다르기 때문에 그 응답은 천차만별일 것이다. 가령, 규칙적인 운동을 한다면 I exercise regularly.라고 하며, 조깅을 한다면 I go jogging everyday.라 하며, 에어로빅을 한다면 I take an aerobic class twice a week.이라고 하며, 산책을 한다면 I take a walk around nearby.라고 한다.

We missed you last week. Have you been okay?

I had a cold, but I'm over it now.

Conversation

지난주엔 안 보이던데. 잘 지냈어?
감기 걸렸었는데, 이젠 좋아졌어.

Unit 01
건강에 대해서

2809. 나는 건강해.
I am well(= healthy, sound).
아이 앰 웰(= 헬씨, 싸운드)

> healthy는 [헬씨]와 [헬띠]의 중간으로 발음한다.

2810. 참 건강하시네요.
You are in very good shape.
유 아 인 베리 굳 쉐잎

2811. 나는 요즈음 건강하지 못한 것 같아.
I think I haven't been feeling well recently.
아이 씽크 아이 해븐트 빈 휠링 웰 리쎈틀리

2812. 건강에 걱정이 많이 돼.
I am very worried about my health.
아이 앰 베리 워리드 어바웃 마이 헬쓰

2813. 건강이 예전 같지 않아.
I am not as healthy as I used to be.
아이 앰 낫 애즈 헬씨 애즈 아이 유즈드 투 비

2814. 나의 건강이 걱정스러워.
I'm anxious about my health.
아임 앵셔스 어바웃 마이 헬쓰

2815. 건강 조심하세요!
Take care of your health!
테익 케어 어뷰어 헬쓰

2816. 건강은 소중한 재산이야.
Health is a precious possession.
헬쓰 이즈 어 프레셔스 퍼제션

2817. 건강이 가장 중요해.
Health is everything.
헬쓰 이즈 에브리씽

2818. 무엇보다도, 건강한 것이 중요해.
First of all, it's important to be healthy.
훠숫트 어브 얼 잇츠 임폴턴트 투 비 헬씨

2819. 저는 건강 상태가 아주 좋아요.
I'm in fairly good shape.
아임 인 훼얼리 굳 쉐잎

2820. 나 무척 건강해.
I'm very healthy.
아임 베리 헬씨

2821. 건강에는 자신이 있어.
I'm confident of my health.
아임 컨피던트 어브 마이 헬쓰

326

건강에 대해서

2822. 나이를 먹었나 봐.
I'm getting old.
아임 게링 올드

2823. 계단을 오르면 숨이 차.
I get out of breath when I go up stairs.
아이 게라웃 어브 브레쓰 웬 아이 고 업 스테얼ㅅ

Unit 02
건강관리에 대해서

2824. 운동을 많이 하십니까?
Do you get much exercise?
두 유 겟 머취 엑써싸이즈

2825. 건강 유지를 위해 무엇을 하세요?
What do you do to stay healthy?
왓 두 유 두 투 스테이 헬씨

2826. 운동은 건강에 좋아.
Exercise is good for the health.
엑써싸이즈 이즈 굳 훠 더 헬쓰

2827. 저는 건강을 유지하려고 노력하고 있습니다.
I try to keep in shape.
아이 트라이 투 킵 인 쉐잎

2828. 술을 줄이려고 마음먹었어.
I'm trying to drink less.
아임 트라잉 투 드링ㅋ 레스

2829. 흡연은 건강에 나빠요.
Smoking is bad for your health.
스모킹 이즈 배드 훠 유어 헬쓰

2830. 담배를 끊었어.
I gave up smoking.
아이 게이브 스모킹

2831. 몸에 이상이 있는 것 같아요.
Something must be wrong with me.
썸씽 머슷ㅌ 비 롱 위드 미

Unit 03
컨디션에 대해서

2832. 기분은 어때요?
How are you feeling?
하우 아 유 휠링

2833. 힘이 없어 보여.
You don't look very well.
유 돈 룩 베리 웰

컨디션에 대해서

2834. **괜찮아요?**
Are you all right?
아 유 올 롸잇

기분이나 건강 상태 따위를 물을 때 묻는 표현이지만 "맘에 듭니까?"라는 뜻으로도 사용된다.

2835. **오늘 컨디션은 어떻습니까?**
How are you feeling today?
하우 아 유 휠링 투데이

2836. **컨디션은 좀 어때요?**
How do you feel?
하우 두 유 휠

2837. **어제보다는 훨씬 컨디션이 좋아요.**
I feel much better than yesterday.
아이 휠 머취 베러 댄 예스터데이

2838. **기분은 좀 좋아졌니?**
Are you feeling better?
아 유 휠링 베러

2839. **안색이 안 좋아 보여.**
You look pale.
유 룩 페일

2840. **잠시 쉬는 게 어떻겠니?**
Why don't you lie down for a while?
와이 돈츄 라이 다운 훠 러 와일

2841. **약은 먹었니?**
Have you taken any medicine?
해뷰 테이큰 애니 메디슨

2842. **요즘 그의 건강은 좋습니까?**
Is he well these days?
이즈 히 웰 디즈 데이즈

2843. **요즘은 쉽게 피로해져요.**
I get tired easily these days.
아이 겟 타이어드 이질리 디즈 데이즈

2844. **최고의 컨디션입니다.**
I am very fit.
아이 앰 베리 휫

Unit 04 다이어트에 대해서

2845. **저는 다이어트 중입니다.**
I've been dieting.
아이브 빈 다이어팅

2846. **다이어트를 할까 해요.**
I'm going to go on a diet.
아임 고잉 투 고 온 어 다이엇

다이어트에 대해서

다이어트에 대한 관심들이 높아지면서 Are you on a diet?(다이어트 중이세요?) / I'm on a diet.(다이어트 중이에요.) 등의 이야기를 많이 들을 수 있다. 체중 감량에 성공하면 I lost weight. 이라고 표현한다.

2847. 다이어트를 하기로 결심했어.
I decided to go on a diet.
아이 디싸이디드 투 고 온 어 다이엇ㅌ

2848. 좀 더 엄격한 다이어트를 할 거야.
I resolve to go on a stricter diet.
아이 리절브 투 고 온 어 스트릭터 다이엇ㅌ

2849. 다이어트 좀 해야겠어.
I think I should go on a diet.
아이 씽 아이 슈드 고 온 어 다이엇ㅌ

2850. 무리한 다이어트는 건강에 좋지 않다.
Crash diets are not good for the health.
크래쉬 다이엇ㅊ 아 낫 굳 훠 더 헬쓰

2851. 규칙적인 운동이 살을 빼기 위해 건강에 좋은 방법이다.
Regular work outs are a healthy way to lose weight.
레귤러 웍 아웃츠 아 러 헬씨 웨이 투 루즈 웨잇ㅌ

2852. 다이어트를 계속하고 운동을 많이 해요.
I stick to my diet and exercise a lot.
아이 스틱 투 마이 다이엇ㅌ 앤 엑써싸이즈 어 랏

2853. 어쩜 그렇게 날씬하지요?
How do you keep in shape?
하우 두 유 킵 인 쉐잎

Chapter 12 — 스포츠와 레저

상대방에게 스포츠에 관하여 어느 정도 관심이 있는지 물어보려면 What sports are you into?(어떤 운동에 관심이 많으십니까?)라고 하면 된다. 흔히 스포츠를 좋아한다는 것에는 두 가지 의미가 담겨 있는데 포괄적으로는 What sports do you like?라고 표현하면 무난하지만 보는 것(What sports do you watch?)과 하는 것(What sports do you play?)은 분명히 차이가 있다. 상대방을 격려하거나 독려할 때 주로 사용하는 표현으로 Way to go!(화이팅, 잘한다!)나 Go for it!(다시 한 번 해봐!) 등을 활용해 보자.

- What kind of sports do you like?
- I like professional wrestling and basketball.
- Do you like to watch or play?
- I like both watching and playing. I myself am a member of the amateur basketball team in our university.

Conversation

어떤 운동을 좋아하십니까?
저는 프로 레슬링과 농구를 좋아합니다.
관전을 좋아하십니까? 운동하기를 좋아하십니까?
둘 다 좋아합니다. 저 자신이 우리 대학교의 아마추어 농구단의 회원입니다.

Sentence Patterns

- Take a chance!
- Try it! *Just try it.
- Come on!
- Way to go!
- Hang in there!
- Cheer up! *Keep your chin up!
- Do your best!

Unit 01
스포츠에 대해서

2854. 좋아하는 스포츠가 뭡니까?
What's your favorite sport?
왓츠 유어 훼이버릿 스폿ㅌ

2855. 운동하는 걸 좋아합니까?
Do you like to exercise?
두 유 라익 투 엑써싸이즈

2856. 무슨 스포츠를 잘하세요?
What sports are you good at?
왓 스폿ㅊ 아 유 굳 앳

2857. 저는 스포츠 광입니다.
I'm a sports nut.
아임 어 스폿ㅊ 넛

2858. 당신은 얼마나 자주 운동을 하세요?
How often do you work out?
하우 오픈 두 유 워카웃

2859. 그는 운동신경이 발달되었습니다.
He's got good motor skills.
히즈 갓 굳 모러 스킬즈

2860. 좋아하는 스포츠를 여쭤 봐도 될까요?
May I ask your favorite sport?
메이 아이 애슥큐어 훼이버릿 스폿ㅌ

2861. 나는 스포츠에 관심이 없습니다.
I'm not interested in sports.
아임 낫 인터뤠스티드 인 스폿ㅊ

2862. 나는 겨울 스포츠를 좋아합니다.
I love winter sports.
아이 럽 윈터 스폿ㅊ

미국 사람들은 스포츠에 관심이 많으므로 스포츠를 화제로 삼으면 대화를 자연스럽게 진행할 수 있다.

2863. 운동을 좋아하세요?
Do you like playing sports?
두 유 라익 플레잉 스폿ㅊ

2864. 어떤 운동을 하십니까?
What kind of sports do you do?
왓 카인더브 스폿ㅊ 두 유 두

2865. 운동을 하십니까?
Do you exercise?
두 유 엑써싸이즈

2866. 일주일에 한두 번 조깅을 합니다.
I jog once or twice a week.
아이 조그 원스 오어 트와이스 어 윅

Part 6 화제 표현

스포츠에 대해서

2867. 스포츠에 대해 얘기합시다.
Let's talk about sports.
렛츠 톡 어바웃 스폿츠

2868. 스포츠라면 뭐든지 좋아합니다.
I go in for all kinds of sports.
아이 고 인 훠 올 카인져브 스폿츠

Unit 02
스포츠를 관전할 때

2869. 저는 스포츠를 잘하지는 못하지만 보는 것은 좋아합니다.
I'm not good at sports, but I like to watch games.
아임 낫 굳 앳 스폿츠 벗 아이 라익 투 와취 게임즈

2870. 경기장에서 직접 관람하는 것이 더 흥미진진한 것 같아요.
I think watching a live game is much more thrilling.
아이 씽크 와칭 어 라이브 게임 이즈 머취 모어 쓰릴링

2871. 경기는 언제 열리는 겁니까?
When will the match take place?
웬 윌 더 매취 테익 플래이스

2872. 어느 팀이 이길 것 같습니까?
Which team looks like it will win?
위치 팀 룩스 라이킷 윌 윈

2873. 점수가 어떻게 됐어요?
What's the score?
왓츠 더 스코어

2874. 누가 이기고 있죠?
Who's winning?
후즈 위닝

2875. 그 경기 누가 이겼죠?
Who won the game?
후 원 더 게임

2876. 그 경기는 무승부로 끝났어요.
The game ended in a tie.
더 게임 엔디드 이너 타이

2877. 그 축구경기 보셨어요?
Did you watch the soccer game?
디쥬 와취 더 싸커 게임

2878. 그 시합 볼만하던가요?
Was the game worth watching?
워즈 더 게임 월쓰 와칭

스포츠를 관전할 때

2879. 시합 결과는 어떻게 되었나요?
How did the game turn out?
하우 디드 더 게임 턴 아웃

2880. 우리는 2대 5로 패배했어요.
We lost the game 2 to 5.
위 로슷ㅌ 더 게임 투 투 화이브

2881. 점수는 6대 6으로 비겼어요.
The score was tied, six to six.
더 스코어 워즈 타이드 씩스 투 씩스

2882. 막상막하의 경기였습니다.
It was neck and neck.
잇 워즈 넥 앤 넥

2883. 오늘 경기는 참패였어요.
That was a tough loss today.
댓 워즈 어 텁ㅎ 로스 투데이

2884. 손에 땀을 쥐게 하는 경기야.
I'm on the edge of my seat.
아임 온 디 에쥐 어브 마이 씻

2885. 경기는 끝까지 해 봐야 알아요.
The game is not over until the fat lady sings.
더 게임 이즈 낫 오버 언틸 더 홧 레이디 싱즈

2886. 우리 팀이 역전승을 했습니다.
We won a losing game.
위 원 어 루징 게임

Unit 03
스포츠 중계를 볼 때

2887. TV 경기 중계를 보러 집에 일찍 왔어.
I was home early to watch the game on TV.
아이 워즈 홈 얼리 투 와취 더 게임 온 티비

2888. 나는 TV로 프로야구 경기를 보는 걸 좋아해.
I like to watch baseball on TV.
아이 라익 투 와취 베이스볼 온 티비

2889. 나는 TV로 야구 경기하는 것을 보았어.
I watched the baseball game on TV.
아이 와취드 더 베이스볼 게임 온 티비

2890. 오늘 밤 그 경기가 텔레비전에 중계됩니까?
Is the game on tonight?
이즈 더 게임 온 투나잇

2891. 언제 중계됩니까?
When is it on?
웬 이즈 잇 온

스포츠 중계를 볼 때

2892. 이 게임은 실황중계입니까?
Is this game live?
이즈 디스 게임 라이브

2893. 당신은 어느 팀을 응원하고 있지요?
What team are you pulling for?
왓 팀 아 유 풀링 훠

Unit 04
스포츠에 관한 표현

2894. 전 축구를 해요.
I play soccer.
아이 플레이 싸커

2895. 그 축구경기 보셨어요?
Did you watch the soccer game?
디드 유 와치 더 싸커 게임

2896. 학창 시절에 축구 선수였습니다.
I was a football player in my school days.
아이 워즈 어 풋볼 플레이어 인 마이 스쿨 데이즈

2897. 난 축구에 관심이 없어.
I'm not interested in football.
아임 낫 인터뤠스티드 인 풋볼

2898. 모든 스포츠 중에서 야구를 가장 좋아해.
I like baseball the best of all the sports.
아이 라익 베이스볼 더 베슷터브 얼 더 스폿츠

2899. 나는 야구광이야.
I am a baseball buff.
아이 애머 베이스볼 법ㅎ

2900. 야구를 좀 합니다.
I play some baseball.
아이 플레이 썸 베이스볼

2901. 그 선수 타율이 어떻습니까?
What is that player's batting average?
왓 이즈 댓 플레이얼즈 배링 애버리쥐

2902. 지금 몇 회입니까?
What inning is it?
왓 이닝 이즈 잇

2903. 골프 치는 것을 좋아하세요?
Do you like playing golf?
두 유 라익 플레잉 골ㅎ

2904. 핸디가 얼마입니까?
What's your handicap?
왓츠 유어 핸디캡

<Do you like playing + 종목?> 형태는 '~하는 것을 좋아하세요?'라고 묻는 것이다. 몇몇 스포츠 종목을 영어로 알아보자. baseball은 야구, football이나 soccer는 축구, volleyball은 배구, basketball은 농구이다. tennis는 테니스, table tennis 는 탁구이며 swimming은 수영, boxing은 권투이다.

스포츠에 관한 표현

2905. 테니스 칠 줄 아세요?
Can you play tennis?
캔 유 플레이 테니스

2906. 테니스를 무척 좋아합니다.
I'm crazy about tennis.
아임 크레이지 어바웃 테니스

2907. 몇 세트로 승부할까요?
How many sets should we play?
하우 매니 세츠 슈드 위 플레이

2908. 나는 스포츠 중에 농구를 가장 좋아합니다.
I like basketball best of all sports.
아이 라익 배스킷볼 베슷터브 얼 스폿츠

2909. 농구를 하지 그래?
Why don't you play basketball?
와이 돈츄 플레이 배스킷볼

2910. 전 공을 사용하는 스포츠는 모두 좋아합니다.
I like every sport where a ball is used.
아이 라익 에브리 스폿츠 웨어 어 볼 이즈 유즈드

Unit 05
레저에 대해서

2911. 수영하러 갑시다.
Let's go swimming.
렛츠 고 스위밍

2912. 어떤 영법의 수영을 좋아하십니까?
What style of swimming do you like best?
왓 스타일 어브 스위밍 두 유 라익 베슷ㅌ

2913. 얼마나 멀리 헤엄칠 수 있습니까?
How far can you swim?
하우 화 캔 유 스윔

수영의 네 가지 영법을 영어로 알아보면 자유형은 freestyle, 접영은 butterfly, 배영은 backstroke, 평영은 breaststroke이다.

2914. 저는 수영을 잘 못합니다.
I am a poor swimmer.
아이 앰 어 푸어 스위머

2915. 저는 수영을 아주 잘합니다.
I swim like a fish.
아이 스윔 라이커 휘쉬

2916. 저는 물에서 맥주병입니다.
I am a beer bottle in the water.
아이 앰 어 비어 바를 인 더 워러

2917. 스키를 좋아하세요?
Do you enjoy skiing?
두 유 인조이 스킹

레저에 대해서

2918. 저는 스키를 잘 탑니다.
I'm a good skier.
아임 어 굳 스키어

2919. 스키에는 관심이 없습니다.
I have no interest in skiing.
아이 햅 노 인터뤠슷ㅌ 인 스킹

2920. 매일 아침 조깅하러 갑니다.
I go jogging every morning.
아이 고우 조깅 에브리 모닝

2921. 조깅은 건강에 좋습니다.
Jogging is good for your health.
조깅 이즈 굳 훠 유어 헬쓰

Chapter 13

외모와 패션

현대인들에게 특히 젊은이들의 중요한 관심사가 바로 외모(appearance)와 패션(fashion)이다. 마치 이런 것들이 문화의 상당한 부분인 것처럼 오인되고 있으나 실제로는 개성이나 다양성을 추구하는 것이 훨씬 더 중요할 수도 있다. 우리나라에서는 명동, 이대, 홍대, 압구정, 청담동 등의 거리를 가 보면 요즘 세대가 관심을 두고 추구하는 문화가 무엇인지 복장(clothes), 헤어스타일(hair style), 액세서리(accessaries) 등을 보고 금방 눈치 챌 수 있을 것이다. 일반적으로 〈What style of + 명사 + do you like?〉와 같은 문형을 즐겨 사용한다.

- What's your height, please?
- My height is five feet and eleven inches.
- What's your weight, please?
- My weight is 70 kilograms.
- I am sorry, but will you say it in lbs?
- O.K. Just a minute. Let's see ... It's about 154 lbs.

Conversation

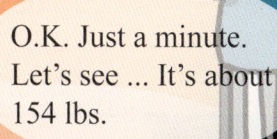

신장이 얼마입니까?
저의 신장은 5피트 11인치입니다.
체중은 얼마입니까?
70킬로그램입니다.
미안하지만, 파운드로 말씀해 주시겠습니까?
좋습니다. 잠깐만 기다려 주세요. 가만 있자…
약 154파운드군요.

Sentence Patterns

- What size shoes do you wear?
- What size are your shoes?
- What size do you wear in shoes?
- What is the size of your shoes?

Unit 01
체격에 대해서

2922. 키가 얼마나 되죠?
How tall are you?
하우 톨 아 유

2923. 5피트 3인치입니다.
I'm five feet three inches.
아임 화이브 휫ㅌ 쓰리 인치스

2924. 키가 얼마입니까?
What's your height?
왓츠 유어 하잇ㅌ

2925. 키가 큰 편이군요.
You're rather tall.
유어 래더 톨

2926. 저는 키가 약간 작습니다.
I'm a little short.
아임 어 리틀 숄ㅌ

2927. 그녀는 키가 크고 날씬합니다.
She's tall and slender.
쉬즈 톨 앤드 슬렌더

2928. 그는 체격이 좋습니다.
He's well-built.
히즈 웰-빌ㅌ

2929. 그 남자 체격이 아주 좋아요.
He is a well-built man.
히 이즈 어 웰-빌ㅌ 맨

2930. 그 사람은 보통 체격입니다.
He has an average body.
히 해즌 에버뤼지 바디

Unit 02
체중에 대해서

2931. 최근에 체중이 좀 늘었어요.
I've gained some weight recently.
아이브 게인드 썸 웨잇ㅌ 리쎈틀리

2932. 요즘 체중을 좀 줄였어요.
I've lost some weight these days.
아이브 로슷ㅌ 썸 웨잇ㅌ 디즈 데이즈

2933. 체중이 얼마입니까?
How much do you weigh?
하우 머취 두 유 웨잇ㅌ

체중에 대해서

2934. 키에 비해 몸무게가 많이 나갑니다.
I'm overweight for my height.
아임 오버웨잇 훠 마이 하잇ㅌ

2935. 허리가 굵어질까 조심하고 있습니다.
I'm trying to watch my waist line.
아임 트라잉 투 와취 마이 웨이슷ㅌ 라인

2936. 허리 살을 좀 빼려고 합니다.
I'm trying to make my waist slim.
아임 트라잉 투 메익 마이 웨이슷ㅌ 슬림

2937. 그는 배에 군살이 있어요.
He has love-handles.
히 해즈 럽-핸들ㅅ

Unit 03
외모에 대해서

2938. 미남이시군요.
You are handsome.
유 아 핸썸

2939. 아, 가까이서 보니 훨씬 미남이시군요.
Oh, you're even better looking up close.
오 유어 이븐 베러 룩킹 업 클로우즈

2940. 아름다우시군요.
You are beautiful.
유 아 뷰티훌

2941. 건강해 보이십니다.
You are in fine shape.
유 아 인 화인 쉐잎

2942. 너 예쁘구나.
You are cute.
유 아 큐트

2943. 몸매가 날씬하군요.
You have a nice body.
유 해버 나이스 바디

2944. 무척 젊어 보이시군요.
You look so young.
유 룩 쏘 영

2945. 안녕 존, 정말 멋지군.
Hi, John. You look very nice.
하이 존 유 룩 베리 나이스

2946. 오늘은 멋져 보이시는군요.
You look great today.
유 룩 그뤠잇 투데이

외모에 대해서

2947. 저는 아버지를 닮았어요.
I resemble my father.
아이 리젬블 마이 화더

2948. 저는 어머니를 닮았습니다.
I resemble my mother.
아이 리젬블 마이 마더

2949. 난 아버지보다 어머니를 더 닮았다.
I take after my mother more than my father.
아이 테익 애흐터 마이 마더 모어 댄 마이 화더

2950. 당신은 어머니를 많이 닮았습니다.
You look very much like your mother.
유 룩 베리 머취 라익 유어 마더

2951. 당신의 외모에 대해서 이야기해 주시겠어요?
Can you describe your appearance?
캔 유 디스크라입 유어 어피어런스

2952. 그녀의 외모는 그저 그래.
Her looks are just passable.
허 룩스 아 저슷ㅌ 패서블

2953. 난 그의 외모가 마음에 들어요.
I like the way he looks.
아이 라익 더 웨이 히 룩스

2954. 외모에 속지 마세요.
Don't be mislead by appearances.
돈 비 미스리드 바이 어피어런시스

2955. 내 외모가 어떠하든 난 상관하지 않아.
I don't care how I look.
아이 돈 케어 하우 아이 룩

2956. 그녀는 외모에 관심이 많아.
She is very interested in her appearance.
쉬 이즈 베리 인터뤠스티드 인 허 어피어런스

2957. 외모로 사람을 평가하지 말라.
Don't judge a man by his exterior.
돈 쥐지 어 맨 바이 히즈 익스티어리어

> 외모에 대해서 다른 사람을 칭찬하는 모습은 보기 좋지만, 기억해야 할 것은 Don't judge a man by his exterior. 즉 외모로 사람을 판단하지 말아야 한다는 것이다. 외모로 사람을 판단하다 보면 외모지상주의, 즉 lookism에 빠질 수 있다.

Unit 04
패션에 대해서

2958. 내 옷 어때요?
What do you think of my outfit?
왓 두 유 씽커브 마이 아웃휫

2959. 옷 입는 감각이 아주 좋으시군요.
You're very fashionable.
유어 베리 홰셔너블

패션에 대해서

2960. 저는 늘 이 옷을 입어요.
I've always wanted to wear these clothes.
아이브 올웨이즈 원티드 투 웨어 디즈 클로우쓰

2961. 이 옷이 정말 마음에 안 들어요.
I don't really like these clothes.
아이 돈 륄리 라익 디즈 클로우쓰

2962. 그게 무슨 말이세요! 보기 좋은데요.
What nonsense! You look just fine.
왓 넌쎈쓰 유 룩 저슷ㅌ 화인

2963. 저는 패션에 매우 민감해요.
I'm extremely sensitive to fashion.
아임 익스트림리 쎈써티브 투 홰션

2964. 저는 복장에 대해 신경을 안 써요.
I'm carefree about how I dress.
아임 케어후리 어바웃 하우 아이 드레스

2965. 괜찮아 보입니까?
Do I look fashionable?
두 아이 룩 홰셔너블

2966. 그 옷이 당신한테 정말 잘 어울리는군요.
That dress really looks good on you.
댓 드레스 륄리 룩스 굳 온 유

2967. 아주 멋쟁이시군요.
You're very stylish.
유아 베리 스타일리쉬

2968. 당신은 패션에 안목이 있으십니다.
You have an eye for fashion.
유 해번 아이 훠 홰션

2969. 저는 외모에 신경 쓰지 않습니다.
I'm not concerned about how I look.
아임 낫 컨썬드 어바웃 하우 아이 룩

2970. 저는 캐주얼웨어를 입는 것을 좋아합니다.
I like to wear casual clothes.
아이 라익 투 웨어 캐쥬얼 클로우쓰

2971. 옷차림이 야한데요.
The design is loud.
더 디자인 이즈 라우드

2972. 좋은 향수를 바르셨군요.
You're wearing nice perfume.
유아 웨어링 나이스 퍼휨

'화장'은 make-up이라고 하는데, 화장을 한다고 이야기할 때는 동사 wear나 put on을 사용한다. 옷을 입거나 향수를 사용할 때도 역시 같은 동사를 사용할 수 있다. wear는 화장이나 옷 등을 하거나 착용하고 있는 상태를 말한다면 put on은 화장하고 옷을 입고 신발을 신고 향수를 뿌리는 그 행동 자체를 의미한다고 생각하면 된다.

패션에 대해서

2973. 화장이 너무 진하군요.
You're wearing too much make-up.
유아 웨어링 투 머취 메이컵

2974. 그 여자는 화장을 안 했어요.
She isn't wearing any make-up.
쉬 이즌 웨어링 애니 메이컵

2975. 저는 화장을 엷게 해요.
I put on a little make-up.
아이 푸돈 어 리를 메이컵

성격과 태도

Chapter 14

대인관계에서 중요한 것이 바로 성격인데 저마다 장점(merits; strong point)이나 단점(weakness; weak point)이 있기 마련인데 유형별로 살펴보면 sociable(사교적인), outgoing(outward-looking; 외향적인), introvert(inward-looking; 내성적인), timid(소심한), reserved(보수적인), optimistic(낙천적인), withdrawn(소극적인), careless(부주의한), positive(긍정적인), negative(부정적인) 등으로 구분할 수 있다.

The manager sure seems like a tough character.

Aw, he's all right once you get used to him.

Conversation

매니저는 정말로 힘든 성격인 것 같아요.
아니야, 익숙해지면 괜찮은 사람이야.

Unit 01
성격을 물을 때

weakness(약점)의 반대말은 strength(강점)이다. 성격을 말할 때는 반대되는 묘사가 많이 등장하니 짝으로 봐 두면 좋다.

2976. 당신의 성격은 어떻습니까?
What is your personality like?
왓 이즈 유어 퍼스낼러디 라익

2977. 그는 성격이 어때요?
What's his personality like?
왓츠 히즈 퍼스낼러디 라익

2978. 당신은 리더입니까, 추종하는 편입니까?
Are you a leader or a follower?
아 유 어 리더 오어 러 활로워

2979. 당신의 약점은 무엇입니까?
What are your weaknesses?
왓 아 유어 위크니시스

2980. 자신을 어떤 성격의 소유자라고 생각하십니까?
What kind of personality do you think you have?
왓 카인더브 퍼스낼러티 두 유 씽큐 햅

2981. 남을 따르는 편입니까, 남을 이끄는 편입니까?
Are you more of a follower or a leader?
아 유 모어 어버 활로어 오어 러 리더

2982. 자신이 신중하다고 생각하십니까, 저돌적이라고 생각하십니까?
Do you think you are more cautious or more daring?
두 유 씽큐 아 모어 코셔스 오어 모어 대어링

2983. 진보적이신가요, 보수적이신가요?
Are you liberal or conservative?
아 유 리버럴 오어 컨썰버티브

> A : Are you introverted, or extroverted?
> B : I think I am rather extroverted, although I enjoy being alone sometimes.
>
> 내향적인 성격입니까, 외향적인 성격입니까?
> 저는 제가 꽤 외향적이라고 생각합니다. 때로 혼자 있기를 좋아하긴 합니다만.

Unit 02
자신의 성격을 말할 때

I think I am ~은 '내 생각에 내 성격은 ~입니다'라고 할 수 있고, Others would say that I'm ~은 '다른 사람이 말하기를 내가 ~래요'라고 할 수 있다. I tend to ~는 '나는 ~한 성향이에요, ~한 편이에요'라는 의미이다.

2984. 저는 다정한 편인 것 같습니다.
I think I'm friendly.
아이 씽ㅋ 아임 후렌들리

2985. 저는 늘 활동적입니다.
I'm always on the move.
아임 올웨이즈 온 더 무ㅂ

2986. 저는 사교적입니다.
I'm sociable.
아임 쏘셔블

2987. 저는 섬세하면서도 대담하다고 생각합니다.
I think I'm both sensitive and brave.
아이 씽ㅋ 아임 보쓰 쎈써티브 앤 브레이ㅂ

2988. 내성적이라고 생각합니다.
I think I'm an introvert.
아이 씽ㅋ 아임 언 인트로벗ㅌ

2989. 저는 별로 사교적이지 않습니다.
I'm not really sociable.
아임 낫 륄리 쏘셔블

2990. 저는 성미가 급합니다.
I have a quick temper.
아이 해버 퀵 템퍼

2991. 저는 성미가 느긋합니다.
I have a slow temper.
아이 해버 슬로우 템퍼

2992. 저는 소극적인 편입니다.
I tend to be withdrawn.
아이 텐ㄷ 투 비 윗드론

2993. 다른 사람들은 저를 내성적인 사람이라고 합니다.
Others would say that I'm a shy person.
아덜스 우드 쎄이 댓 아임 어 샤이 퍼슨

2994. 저는 유머 감각이 없습니다.
I have no sense of humor.
아이 햅 노 쎈써브 휴머

2995. 내 성격은 아부하고는 거리가 멀어.
Flattery is foreign to my nature.
플래터리 이즈 훠린 투 마이 네이춰

2996. 우리는 성격이 극과 극이에요.
We are totally different.
위 아 토털리 디훠런ㅌ

자신의 성격을 말할 때

2997. 나는 내 친구와 성격이 정반대야.
My friend's character is opposite to mine.
마이 후렌즈 캐릭터 이즈 아퍼짓 투 마인

2998. 나와 내 친구는 성격이 비슷해.
My friend and I are similar in character.
마이 후렌드 앤 아이 아 씨밀러 인 캐릭터

2999. 나는 동생과 성격이 매우 달라.
I am quite different from my brother in character.
아이 엠 콰잇 디퍼런ㅌ 흐롬 마이 브라더 인 캐릭터

3000. 제 성격이 그래요.
That's my personality.
댓츠 마이 퍼스낼러티

3001. 내 성격 많이 죽었다.
I've grown soft.
아이브 그로운 쏩ㅎㅌ

3002. 나는 우유부단한 성격이야.
I am really wishy-washy.
아이 엠 륄리 위쉬-워쉬

Unit 03
다른 사람의 성격을 말할 때

3003. 그 사람 성격이 어때요?
What's his personality?
왓츠 히즈 퍼스낼러티

3004. 그는 어떤 성격의 사람입니까?
What is he like?
왓 이즈 히 라익

3005. 그는 아마 그저 말이 없는 성격일 겁니다.
He's probably just quiet.
히즈 프라버블리 저슷 콰이엇ㅌ

3006. 그는 자신밖에 모릅니다.
He's only out for himself.
히즈 온리 아웃 풔 힘쎌ㅎ

3007. 그녀는 성격이 둥글둥글해.
She is easygoing.
쉬 이즈 이지고잉

3008. 그녀는 성격이 아주 좋습니다.
She's got a great personality.
쉬즈 가러 그뤠잇 퍼스낼러티

3009. 그 사람은 성격이 아주 좋아요.
He has a very good personality.
히 해져 베리 굳 퍼스낼러티

다른 사람의 성격을 말할 때

3010. 너무 느긋한 성격을 지니셨군요.
You have such a wishy-washy personality.
유 햅 써취 위쉬-워쉬 퍼스낼러티

3011. 그 사람은 성격이 급해요.
He is very impatient.
히 이즈 베리 임페이션트

Unit 04
성격을 칭찬할 때

성격을 묘사하는 긍정적인 의미의 형용사 몇 가지를 살펴보면 active(적극적인), kind(친절한), sweet(상냥한), generous (관대한), gentle(점잖은), sociable(사교적인), outgoing(외향적인) 등이 있다.

3012. 당신은 재미있는 사람이군요.
You are interesting.
유 아 인터뤠스팅

3013. 당신은 정말 좋은 분이에요.
You're a really nice guy.
유어 러 륄리 나이스 가이

3014. 저는 당신 같은 사람이 좋아요.
You are my kind of man.
유 아 마이 카인더브 맨

3015. 당신은 정말 너그러우시군요.
You're a bighearted person.
유어 러 빅할티드 퍼슨

3016. 당신은 참 개성적이에요.
You have quite a personality.
유 햅 콰이터 퍼스낼러리

3017. 성격이 원만하시군요.
You're a well-rounded person.
유어 러 웰-라운디드 퍼슨

3018. 당신은 적극적이군요.
You are so active.
유 아 쏘 액티브

3019. 당신은 유머 감각이 좋으시군요.
You have a good sense of humor.
유 해버 굳 쎈스 어브 휴머

3020. 정말 친절하시군요.
That's very nice of you.
댓츠 베리 나이스 어뷰

3021. 정말 상냥하시군요.
You are so sweet.
유 아 쏘 스윗트

Unit 05
태도에 대해서

3022. **당신은 정말 신사이군요.**
You're quite a gentleman.
유어 콰잇터 젠틀맨

3023. **그 사람이라면 진절머리가 나요.**
I'm fed up with him.
아임 풰덥 위드 힘

3024. **정말 견디기 어려운 것이다.**
It's a pain in the neck.
잇쳐 페인 인 더 넥ㅋ

3025. **참 잘한다!**
Good for you!
굳 훠 유

3026. **좋을 대로 하시오.**
Suit yourself.
숫 유어쎌ㅎ

3027. **그런 말씀 마십시오.**
Don't give me that.
돈 깁 미 댓

3028. **기분을 상하게 하려고 한 말은 아니었습니다.**
I didn't mean to offend you.
아이 디든 민 투 어풴드 유

3029. **내가 바보인 줄 아세요?**
Do you take me for a fool?
두 유 테익 미 훠 러 훌

3030. **정신 나갔어요?**
Are you out of your mind?
아 유 아웃 어뷰어 마인드

3031. **쓸데없는 일에 참견 말라고!**
Mind your own business!
마인드 유어 원 비지니스

3032. **저는 사람들을 기다리게 하는 게 싫습니다.**
I hate to keep people waiting.
아이 헤잇 투 킵 피플 웨이링

3033. **내가 망친 것 같군요.**
I guess I goofed up.
아이 게스 아이 구ㅎ덥

3034. **그럴 만한 배짱이 없습니다.**
I don't have the nerve to do it.
아이 돈 햅 더 널브 투 두 잇

태도에 대해서

3035. 그녀는 항상 교양 없는 말만 해요.
She's always making rude remarks.
쉬즈 얼웨이즈 메이킹 루드 리막ㅅ

3036. 당신과는 절교입니다.
I'm through with you.
아임 쓰루 위듀

3037. 그녀가 나를 바람맞혔어요.
She stood me up.
쉬 스투드 미 업

3038. 우린 이미 끝났어!
You and I are through!
유 앤 아이 아 쓰루

3039. 너의 이기적인 태도에 진절머리가 나.
I'm fed up with your selfishness.
아임 풰덥 위듀어 쉘휘쉬니스

3040. 나는 그녀를 좋아하는데, 그녀는 나에게 쌀쌀한 태도를 보인단 말이야.
I like her, but she's giving me the cold shoulder.
아이 라익 허 벗 쉬즈 기빙 미 더 콜드 숄더

3041. 나는 당신의 거만한 태도에 불쾌하다.
I resent your insolent manner.
아이 리젠트 유어 인쏠런트 매너

Chapter 15 음주와 흡연

일반적으로 술 한잔하자고 요청할 때 How about (having) a drink? / Would you care for a drink? / Would you like a drink? 등과 같이 표현할 수 있으며, 한잔 더하자고 할 때는 Would you like one more drink?라고 표현하면 된다. 상대방에게 술을 권할 경우에는 Would you like something to drink? 처럼 술의 종류와 무관하게 사용하면 된다.

> How about a drink before dinner?
>
> Thanks but I'll pass.

Conversation

식사 전에 한잔하실래요?
고맙지만 사양하겠습니다.

Sentence Patterns

- Cheers!   • Bottoms up!   • Let's toast!   • To your health, Nancy!
- Here's to you!
- Down the hatch! ("hatch"는 술이 통하는 길로서 「목」의 의미)
- Here's looking at you! (영화 「카사블랑카」에서 사용된 표현)
- Here's mud in your eye! (제1차 세계대전 때 장교 등이 사용한 표현)
- Skoal! (덴마크나 노르웨이 지방의 말투)

Unit 01

주량에 대해서

excess drinking(과음), hangover(숙취), proof(도수) 등의 표현도 추가로 알아 두면 좋다.

3042. 평소에 어느 정도 마십니까?
How much do you usually drink?
하우 머취 두 유 유절리 드링크

3043. 저는 술고래입니다.
I'm a heavy drinker.
아임 어 헤비 드링커

3044. 전 술 잘 못해요.
I'm not much of a drinker.
아임 낫 머취 어버 드링커

3045. 저는 한 잔만 마셔도 얼굴이 빨개져요.
A single cup of wine makes me flushed.
어 씽글 컵 어브 와인 메익스 미 흘러쉬드

3046. 저는 술을 천천히 마시는 편입니다.
I like to nurse my drinks.
아이 라익 투 널스 마이 드링ㅋㅅ

3047. 어느 정도 술을 마시러 갑니까?
How often do you go out drinking?
하우 오흔 두 유 고 아웃 드링킹

3048. 매일 밤 술을 마시러 갑니다.
I go drinking every night.
아이 고 드링킹 에브리 나잇

3049. 술이라면 무엇이든 가리지 않습니다.
He's addicted to alcohol of any type.
히즈 어딕티드 투 앨콜 어브 애니 타입

3050. 숙취는 없습니까?
Don't you get hangovers?
돈츄 겟 행오버ㅅ

3051. 술이 셉니까?
Are you a heavy drinker?
아 유 어 헤비 드링커

3052. 저는 술이 약합니다.
I'm a light drinker.
아임 어 라잇 드링커

3053. 나는 독한 술을 좋아해.
I like hard liquor.
아이 라익 할ㄷ 리커

3054. 그에게 음주 문제가 있었습니까?
He had a drinking problem?
히 해더 드링킹 프라블럼

주량에 대해서

3055. 그는 그때부터 음주에 빠져 들었어.
He has since taken to drinking.
히 해즈 씬스 테이큰 투 드링킹

3056. 잭이 음주운전으로 경찰서에 잡혀 있어!
Jack got hauled in for drunk driving!
잭 갓 홀드 인 훠 드렁ㅋ 드라이빙

3057. 그건 술김에 한 소리였어요.
I said that under the influence of alcohol.
아이 쌔드 댓 언더 디 인흘루언스 어브 앨콜

3058. 나는 그가 술 취하지 않은 모습을 본 적이 없어.
I have never seen him sober.
아이 햅 네버 씬 힘 쏘버

3059. 음주 운전하지 마.
Don't drink and drive.
돈 드링ㅋ 앤 드라이브

Unit 02
금주에 대해서

3060. 알코올은 입에 대지 않기로 했습니다.
I don't touch alcohol.
아이 돈 터취 앨콜

3061. 의사가 술을 마시면 안 된다고 했습니다.
I can't drink. Doctor's orders.
아이 캔ㅌ 드링ㅋ 닥터스 오덜스

3062. 술을 끊는 것이 좋겠습니다.
I advise you to quit drinking.
아이 어드바이즈 유 투 큇 드링킹

3063. 술을 끊었습니다.
I gave up drinking.
아이 게이법 드링킹

3064. 내가 한 번 더 술을 마시면 성을 간다.
If I ever take another drink, I'll shave my head.
이프 아이 에버 테익 어나더 드링ㅋ 아일 쉐입 마이 헤드

3065. 나는 금주론자이다.
I'm dry. (= I don't drink.)
아임 드라이 (= 아이 돈ㅌ 드링ㅋ)

3066. 당신은 음주를 금해야 합니다.
You should give up drinking.
유 슈드 기법 드링킹

Unit 03
흡연에 대해서

술이나 담배를 많이 하는 사람들을 표현할 때는 heavy를 사용한다. heavy smoker는 '골초, 애연가'를 말하며 heavy drinker는 '술고래, 주당'을 의미한다.

3067. 담배를 피우고 싶어 죽겠어요.
I'm dying for a smoke.
아임 다잉 훠 러 스목ㅋ

3068. 아버지는 애연가입니다.
My father is a heavy smoker.
마이 화더 이즈 어 헤비 스모커

3069. 하루에 어느 정도 피웁니까?
How many do you smoke a day?
하우 매니 두 유 스모커 데이

3070. 식후에 피우는 담배는 정말 맛있습니다.
A puff after a meal is really satisfying.
어 퍼 애흐터 어 밀 이즈 뤼리 쌔티스화잉

3071. 담배 없이는 단 하루도 못 살 것 같아요.
I guess I can't go without cigarettes even for a day.
아이 게스 아이 캔트 고 위다웃 씨거렛츠 이븐 훠 러 데이

3072. 흡연은 건강에 나빠요.
Smoking is bad for your health.
스모킹 이즈 배드 훠 유어 헬쓰

3073. 흡연은 당신에게 해롭습니다.
Cigarette smoking will do you harm.
씨거렛 스모킹 윌 두 유 함

3074. 지나친 흡연은 몸에 해롭습니다.
Heavy smoking does you harm.
헤비 스모킹 더쥬 함

3075. 담뱃불 좀 빌릴까요?
May I trouble you for a light?
메이 아이 트러블 유 훠 러 라잇ㅌ

Unit 04
담배를 피울 때

3076. 담배 좀 빌릴까요?
May I bum a cigarette?
메이 아이 버머 씨거렛

3077. 담배 한 대 피우시겠습니까?
Would you care for a cigarette?
우쥬 케어 훠러 씨거렛

3078. 불을 빌려주시겠습니까?
Could I have a light, please?
쿠드 아이 해버 라잇 플리즈

담배를 피울 때

3079. **재떨이를 집어 주시겠어요?**
Will you pass me the ashtray?
윌 유 패쓰 미 디 애쉬트뤠이

3080. **담배를 피워도 되겠습니까?**
Do you mind if I smoke?
두 유 마인드 이프 아이 스목ㅋ

3081. **여기서 담배를 피울 수 있습니까?**
Can I smoke here?
캔 아이 스목ㅋ 히어

3082. **어디서 담배를 피워야 됩니까?**
Where can I smoke?
웨어 캔 아이 스목ㅋ

3083. **이곳은 금연석입니까?**
Is this a nonsmoking seat?
이즈 디스 어 넌스모킹 씻

3084. **흡연석이 있습니까?**
Do you have a smoking seat?
두 유 해버 스모킹 씻

3085. **흡연석을 원하십니까? 아니면 금연석을 원하십니까?**
Do you want the smoking or non-smoking section?
두 유 원 더 스모킹 오어 넌-스모킹 섹션

3086. **금연석으로 변경할 수 있습니까?**
Can I change it to a non-smoking seat?
캔 아이 체인쥐 잇 투 어 넌-스모킹 씻

3087. **담뱃불 좀 꺼 주실 수 있습니까?**
No smoking here, please.
노 스모킹 히어 플리즈

3088. **이곳에서는 담배를 피우시면 안 되죠.**
This is the wrong place for smoking.
디스 이즈 더 롱 플래이스 훠 스모킹

3089. **담배꽁초를 함부로 버리지 마세요.**
Please don't litter with your cigarette butts.
플리즈 돈 리러 위듀어 씨거렛 벗ㅊ

3090. **너구리 잡는 것 같다.**
It's like a smokestack in here.
잇츠 라이커 스목스택 인 히어

Unit 05

금연에 대해서

3091. 담배 끊었나요?
Have you quit smoking?
해뷰 큇 스모킹

3092. 여전히 담배를 피우세요?
Do you still smoke?
두 유 스틸 스목ㅋ

3093. 담배를 끊으셔야 해요.
You've got to give up smoking.
유브 갓 투 기법 스모킹

3094. 2년 전에 담배를 끊었습니다.
I gave up smoking two years ago.
아이 게이법 스모킹 투 이얼즈 어고우

3095. 당신이 담배를 끊으면 좋겠어요.
I want you to stop smoking.
아이 원츄 투 스탑 스모킹

3096. 담배를 끊었어.
I gave up smoking.
아이 게이법 스모킹

Chapter 16 날씨와 계절

날씨와 관련된 표현은 주로 ① 계절(season) ② 온도(temperature) ③ 시간(time)에 따라 달리 표현되게 마련인데 날씨의 상태를 묘사하는 표현에 익숙해져야만 한다. 또한 날씨와 관련된 표현은 일상생활과 밀접한 연관이 있으므로 표현의 다양성에 초점을 두길 바란다. 날씨를 묻는 표현에는 How's the weather? / What's the weather like? / How does the weather look? 따위가 있으며, 날씨의 상태를 나타내는 표현에는 hot(덥다), cold(춥다), windy(바람 불다), clear(청명하다), sunny(화창하다), foggy(안개 끼다), humid(눅눅하다), drizzling(보슬비 내리다), snowing(눈이 오다) 따위가 활용된다.

Wow, it's really cold outside.

That's funny. The weather report called for warm weather today.

Conversation

아이구, 밖은 너무 너무 추워.
이상하네요. 일기예보에서는 오늘은 따뜻해진다고 했는데.

Unit 01 날씨를 물을 때

3097. 오늘 날씨 어때요?
What's the weather like today?
왓츠 더 웨더 라익 투데이

> 날씨를 묻는 표현으로는 How is it outside? / How's the climate?도 있다.

3098. 그곳 날씨는 어떻습니까?
What's the weather like there?
왓츠 더 웨더 라익 데어

3099. 바깥 날씨는 어떻습니까?
How is the weather out there?
하우 이즈 더 웨더 아웃 데어

3100. 날씨가 참 좋죠?
Isn't it a wonderful day?
이즌 잇 어 원더훌 데이

3101. 이런 날씨 좋아하세요?
Do you like this kind of weather?
두 유 라익 디스 카인더브 웨더

3102. 이번 주말 날씨는 틀림없이 좋을 거야.
I'm sure this weekend's weather will be nice.
아임 슈어 디스 위켄즈 웨더 윌 비 나이스

3103. 기대하지 않아. 일기예보에선 비가 예상된다는데.
I wouldn't bet on it. The weather forecast calls for rain.
아이 우든 베돈 잇 더 웨더 훠캐슷트 콜즈 훠 뤠인

3104. 일기예보에서는 오늘이 올해 들어 가장 추운 날이래요.
The weather report says today's the coldest day of the year.
더 웨더 리폿트 쎄이즈 투데이즈 더 콜디스트 데이 어브 더 이어

Unit 02 기후에 대해서

3105. 당신 고향의 기후는 어떻습니까?
What is the weather like in your hometown?
왓 이즈 더 웨더 라익 인 유어 홈타운

3106. 한국에서 7월과 8월은 무척 더워요.
July and August in Korea are so hot.
줄라이 앤 어거스트 인 코리아 아 쏘 핫

3107. 한국의 기후에 대해 어떻게 생각하세요?
What do you think about the climate in Korea?
왓 두 유 씽커바웃 더 클라이밋 인 코리아

3108. 보스턴과 비교해 볼 때 이곳의 날씨는 어떻게 다르지요?
How different is the climate here compared with Boston?
하우 디풔런트 이즈 더 클라이밋 히어 컴페얼드 위드 보스턴

기후에 대해서

3109. 기후는 한국과 다릅니다.
The climate is different from Korea.
더 클라이밋 이즈 디풔런트 호롬 코리아

Unit 03
날씨를 말할 때

3110. 오늘은 날씨가 화창하군요.
It's a beautiful day today.
잇춰 뷰티훌 데이 투데이

3111. 햇볕이 좋아요.
It's sunny.
잇츠 써니

3112. 맑아요.
It's clear.
잇츠 클리어

3113. 따뜻해요.
It's warm.
잇츠 웜

날씨의 상태를 나타내는 표현에는 hot(더운), cold(추운), windy(바람 부는), clear(청명한), sunny(화창한), foggy(안개 낀), humid(눅눅한), drizzling(보슬비 내리는), snowing(눈이 오는) 등이 있다.

3114. 건조해요.
It's dry.
잇츠 드라이

3115. 시원해요.
It's cool.
잇츠 쿨

3116. 눅눅해요.
It's humid.
잇츠 휴미드

3117. 쌀쌀해요.
It's chilly.
잇츠 칠리

3118. 더워요.
It's hot.
잇츠 핫

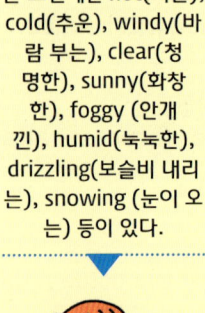

3119. 푹푹 찌는군요!
What a scorcher!
와러 스콜춰

3120. 찌는 듯해요.
It's boiling.
잇츠 보일링

3121. 이 안은 무척 덥군요.
It sure is hot in here.
잇 슈어 이즈 하딘 히어

날씨를 말할 때

3122. 추워요.
It's cold.
잇츠 콜드

3123. 얼어붙듯이 추워요.
It's freezing.
잇츠 후리징

3124. 날씨가 점점 추워지고 있어요.
It's getting colder and colder.
잇츠 게링 콜더 앤 콜더

3125. 오늘은 정말 춥군요, 그렇죠?
It's really cold today, isn't it?
잇츠 릴리 콜드 투데이 이즌 잇

Unit 04 일기예보에 대해서

3126. 오늘 일기예보는 어떻습니까?
What's the weather forecast for today?
왓츠 더 웨더 훠캐슷ㅌ 훠 투데이

3127. 일기예보에서 뭐라고 하니?
What was the forecast?
왓 워즈 더 훠캐슷ㅌ

3128. 내일 기상예보를 아세요?
Do you know the weather report for tomorrow?
두 유 노우 더 웨더 리폿ㅌ 훠 투마로우

3129. 내일 날씨가 어떨까요?
How will the weather be tomorrow?
하우 윌 더 웨더 비 투마로우

3130. 일기예보를 확인해 보세요.
Check the weather report.
첵 더 웨더 리폿ㅌ

3131. 일기예보는 오늘 밤이 어떨 거라고 합니까?
What's the weather forecast for tonight?
왓츠 더 웨더 훠캐슷ㅌ 훠 투나잇

3132. 주말 일기예보는 어떻습니까?
What's the weather forecast for the weekend?
왓츠 더 웨더 훠캐슷ㅌ 훠 더 위켄드

3133. 일기예보가 또 틀렸군요.
The weatherman was wrong again.
더 웨더맨 워즈 롱 어겐

3134. 오늘 오후에는 아마 개일 것입니다.
It'll probably clear up this afternoon.
잇윌 프러버블리 클리어 업 디스 애흐터눈

일기예보에 대해서

3135. 일기예보에 의하면, 내일은 비가 온다고 합니다.
The weatherman says it will rain tomorrow.
더 웨더맨 쎄이짓 윌 뤠인 투마로우

3136. 오늘의 일기예보는 맞았다.
Today's weather-forecast proved right.
투데이즈 웨더-훠캐슷ㅌ 프루브ㄷ 롸잇

3137. 일기예보는 믿을 수가 없습니다.
The weather forecasts are not to be relied on.
더 웨더 훠캐슷ㅊ 아 낫 투 비 릴라이돈

Unit 05
일기에 대해서

3138. 밖에 아직도 바람이 부나요?
Is it still windy outside?
이즈 잇 스틸 윈디 아웃싸이드

3139. 바람이 세차게 부는군요!
It's really blowing!
잇츠 륄리 블로잉

3140. 폭풍이 불어요.
It's stormy.
잇츠 스토미

3141. 비가 와요.
It's raining.
잇츠 뤠이닝

snow(눈), rain(비), frost(서리), fog(안개), storm(폭풍), wind(바람) 등을 기억해 두자.

3142. 억수같이 퍼부어요.
It's pouring.
잇츠 푸어링

3143. 비가 많이 와요.
It's wet.
잇츠 웻ㅌ

3144. 날씨가 정말 우중충하군요.
It's lovely weather for ducks.
잇츠 러블리 웨더 훠 덕스

3145. 비가 오락가락하는군요.
It is raining on and off.
잇 이즈 뤠이닝 온 앤 업ㅎ

3146. 비가 올 것 같으니 우산을 가지고 가세요.
Since it looks like rain, take your umbrella.
씬스 잇 룩스 라익 뤠인 테익 유어 엄브렐러

3147. 이제 비가 그쳤습니까?
Has the rain stopped yet?
해즈 더 뤠인 스탑ㅌ 옛

일기에 대해서

3148. 눈이 와요.
It's snowing.
잇츠 스노잉

3149. 폭설이 내려요.
It's snowing heavily.
잇츠 스노잉 헤블리

3150. 눈이 올 것 같은 날씨예요.
It looks like snow.
잇 룩스 라익 스노우

3151. 눈이 펑펑 쏟아져요.
The snow is really coming down.
더 스노우 이즈 릴리 커밍 다운

3152. 안개 때문에 아무것도 안 보여요.
I can't see anything because of the fog.
아이 캔ㅌ 씨 애니씽 비코즈 어브 더 훠ㄱ

3153. 나중에 안개가 걷힐 것 같아요?
Do you think the fog will burn off later?
두 유 씽 더 훠ㄱ 윌 번 엎 레이러

3154. 서리가 내렸어.
It frosted.
잇 흐롸스티드

3155. 첫서리가 내렸거든요.
It was the first frost.
잇 워즈 더 훨숫ㅌ 후로슷ㅌ

Unit 06
계절에 대해서

3156. 어느 계절을 가장 좋아하세요?
Which season do you like best?
위치 씨즌 두 유 라익 베슷ㅌ

3157. 1년 내내 봄날이라면 좋겠어요!
I wish spring lasted all year!
아이 위시 스프링 라슷티드 올 이어

3158. 이곳의 봄을 좋아하세요?
How do you like the spring here?
하우 두 유 라익 더 스프링 히어

3159. 한국에서 7월과 8월은 무척 더워요.
July and August in Korea are so hot.
줄라이 앤 어거스트 인 코리아 아 쏘 핫

3160. 저는 더위를 잘 타요.
I'm very sensitive to heat.
아임 베리 쎈써티브 투 힛

계절에 대해서

3161. 비가 많이 오는 계절은 싫어합니다.
I don't like the wet season.
아이 돈 라익 더 웨ㅌ 씨즌

3162. 정말 더위는 이제부터예요.
The hottest season is yet to come.
더 하티숫ㅌ 씨즌 이즈 옛 투 컴

3163. 날씨가 참 서늘하군요.
It's so nice and cool.
잇츠 쏘 나이스 앤 쿨

3164. 가을 기운이 완연해요.
Autumn is in the air.
어텀 이즈 인 디 에어

3165. 가을은 운동과 독서의 계절입니다.
Autumn is a good season for sports and reading.
어텀 이즈 어 굳 씨즌 풔 스폿츠 앤 리딩

3166. 가을이 벌써 지나간 것 같네요.
It seems like fall has already gone.
잇 씸즈 라익 훨 해즈 얼뤠디 건

3167. 겨울이 다가오는 것 같아요.
I think winter is on its way.
아이 씽 윈터 이즈 온 잇츠 웨이

3168. 겨울에서 봄이 되었습니다.
Winter changed to spring.
윈터 췌인지 투 스프링

Chapter 17 시간과 연월일

시간을 묻는 표현에는 What time is it now? / Do you have the time? / What time do you have? 등이 있으며, 날짜를 물을 경우에는 What's the date today?로, 요일을 물을 경우에는 What day is it today? / What's the day today? / What day of the week is it today? 등으로 표현할 수 있다. It's 3:15.를 영어로 읽을 때는 It's three fifteen. / It's a quarter past(= after) three. 등의 표현이 가능하다. 또 3시 45분은 It's three forty five. / It's three quarters past(= after) three. / It's a quarter to(= before) four. / It's fifteen (minutes) to(= before) four. 등과 같이 여러 가지 방식으로 읽을 수 있다.

What time on Thursday can you come in to see the dentist?

Whenever. I'm free all day on Thursday.

Conversation

목요일 몇 시에 치과로 오실 수 있습니까?
언제라도 좋습니다. 목요일은 하루 종일 한가하니까요.

Sentence Patterns

- What time is it now?
- Will you tell me the time, please?
- What does your watch say now?
- Do you have the time?
- May I have the time, please?
- What time do you have?

Unit 01
시간을 물을 때

3169. 지금 몇 시죠?
What time is it now?
왓 타임 이즈 잇 나우

3170. 몇 시입니까?
Can you tell me the time?
캔 유 텔 미 더 타임

3171. 몇 시쯤 됐을까요?
I wonder what time it is?
아이 원더 왓 타임 잇 이즈

3172. 지금이 몇 시라고 생각하십니까?
What time do you think it is?
왓 타임 두 유 씽크 잇 이즈

3173. 정확히 몇 시입니까?
What's the exact time?
왓츠 디 이그잭 타임

3174. 몇 시입니까?
Do you have the time?
두 유 햅 더 타임

> A : Patrick, what time have you got?
> B : It's about four.
> 패트릭, 지금 몇 시지?
> 4시쯤이야.

Unit 02
시간을 말할 때

3175. 오전 7시입니다.
It's 7 o'clock in the morning.
잇츠 쎄븐 어클락 인 더 모닝

3176. 오전 8시 15분입니다.
It's a quarter after 8 in the morning.
잇처 쿼터 애흐터 에잇 인 더 모닝

3177. 오후 2시 반입니다.
It's 2:30 (two thirty) in the afternoon.
잇츠 투 써리 인 디 애흐터눈

3178. 오후 8시 10분 전입니다.
It's 10 minutes to 8 in the evening.
잇츠 텐 미닛츠 투 에잇 인 디 이브닝

시간을 말할 때

3179. 아직 7시밖에 안 되었어요.
It's still only seven o'clock.
잇츠 스틸 온리 쎄븐 어클락

3180. 6시 반이 다 되어 갑니다.
It's almost 6:30 (six thirty).
잇츠 얼머슷트 씩쓰 써리

3181. 5시 반 정도 된 것 같아요.
I guess it's around 5:30 (five thirty).
아이 게스 잇츠 어롸운드 화이브 써리

3182. 어디 보자, 10시 30분입니다.
Let's see. It's 10:30 (ten thirty).
렛츠 씨 잇츠 텐 써리

3183. 정각 3시입니다.
It's exactly three o'clock.
잇츠 이그잭틀리 쓰리 어클락

Unit 03
시간에 대해서

3184. 업무 시간이 언제죠?
What are your business hours?
왓 아 유어 비지니스 아우얼스

3185. 시간 가는 줄 몰랐어요.
I wasn't aware of the time.
아이 워즌트 어웨어 어브 더 타임

3186. 이 시간에 여기 웬일이세요?
What are you doing here so late?
왓 아 유 두잉 히어 쏘 레잇트

3187. 이것은 시간을 다투는 문제예요.
This is an extremely urgent matter.
디스 이즈 언 익스트림리 어전 매러

3188. 우리는 허비할 시간이 없어.
We haven't got all day.
위 해븐트 갓 올 데이

3189. 시간을 내 보세요.
Find the time.
화인 더 타임

3190. 시간이 아까워.
It is a waste of time.
잇 이져 웨이슷트 어브 타임

3191. 그는 지금 휴식시간인데요.
He's on break right now.
히즈 온 브레익ㅋ 롸잇 나우

Part 6 화제 표현

365

시간에 대해서

3192. 점심시간은 한 시간이야.
   We have an hour's lunch break.
   위 해번 아우얼스 런치 브레익ㅋ

3193. 넌 시간관념이 없구나.
   You can't tell time.
   유 캔ㅌ 텔 타임

3194. 시간 참 안 가네!
   How time drags!
   하우 타임 드랙ㅅ

3195. 재미있는 시간 보내세요.
   Have a good time.
   해버 굳 타임

3196. 거기에 가는 데 얼마나 걸립니까?
   How long does it take to get there?
   하우 롱 더즈 잇 테익 투 겟 데어

3197. 이제 가야 할 시간입니다.
   It's about time to go.
   잇츠 어바웃 타임 투 고

3198. 천천히 하세요.
   Take your time.
   테이큐어 타임

3199. 잠시도 지체할 틈이 없습니다.
   I have no time to lose.
   아이 햅 노 타임 투 루즈

3200. 시간이 어떠세요?
   How's the time?
   하우즈 더 타임

3201. 시간이 없는데요.
   I'm in a hurry.
   아임 이너 허뤼

3202. 시계가 정확한가요?
   Does your watch keep good time?
   더즈 유어 와취 킵 굳 타임

3203. 제 시계는 5분 정도 빠른 것 같아요.
   I'm afraid my watch is five minutes or so fast.
   아임 어흐레이드 마이 와취 이즈 화이브 미닛ㅊ 오어 쏘 홰슷ㅌ

3204. 제 시계는 5분 늦습니다.
   My watch is five minutes slow.
   마이 와취 이즈 화이브 미닛ㅊ 슬로우

Unit 04
날짜에 대해서

3205. 오늘이 며칠이죠?
What's the date today?
왓츠 더 데잇 투데이

3206. 날짜가 언제입니까?
What's the date?
왓츠 더 데잇ㅌ

3207. 오늘이 무슨 날이죠?
What's the occasion?
왓츠 디 어케이션

3208. 오늘이 무슨 특별한 날입니까?
What special day is today?
왓 스페셜 데이 이즈 투데이

3209. 우리 휴가가 며칠부터 시작이죠?
What date does our vacation start?
왓 데잇 더즈 아우어 베케이션 스탓ㅌ

3210. 며칠에 태어났어요?
What date were you born?
왓 데잇 워 유 본

3211. 언제 날짜로 예약하시겠습니까?
When would you like the reservation for, sir?
웬 우쥬 라익 더 뤠져베이션 휘 썰

3212. 날짜를 정했어?
Have you settled on a date yet?
해뷰 쎄를드 오너 데잇 옛

3213. 날짜를 깜빡 잊었어요.
The date slipped my mind.
더 데잇 슬립ㅌ 마이 마인드

Unit 05
요일에 대해서

3214. 오늘이 무슨 요일이죠?
What day is it today?
왓 데이 이즈 잇 투데이

유사한 표현으로는 What day of the week is it (today)?가 있다.

3215. 오늘이 수요일입니까, 목요일입니까?
Is today Wednesday or Thursday?
이즈 투데이 웬즈데이 오어 썰쓰데이

3216. 월급날은 무슨 요일이에요?
What day of the week is payday?
왓 데이 어브 더 윅 이즈 페이데이

요일에 대해서

3217. **미안합니다. 제가 요일을 혼동했군요.**
I'm sorry, I'm mixed up on the days.
아임 쏘리 아임 믹쓰ㅌ 어폰 더 데이스

3218. **보통 월요일에서 금요일까지 영업합니다.**
Usually, we're open Monday through Friday.
유절리 위아 오픈 먼데이 쓰루 후라이데이

3219. **공휴일이 일요일과 겹쳐 버렸어요.**
The holiday fell on Sunday.
더 할러데이 휄 온 썬데이

Unit 06
월(月)에 관한 표현

3220. **몇 월이죠?**
What month is it?
왓 먼쓰 이즈 잇

3221. **이달에 어떤 공휴일이 있지요?**
What holiday do we celebrate this month?
왓 할러데이 두 위 쎌러브레잇ㅌ 디스 먼쓰

3222. **몇 달 동안 못 뵈었지요?**
It's been months, hasn't it?
잇츠 빈 먼츠 해즌 잇

3223. **여기에 온 지 3개월 되었습니다.**
It's three months since I came here.
잇츠 쓰리 먼츠 씬스 아이 케임 히어

3224. **8월 25일까지 끝낼 수 있습니까?**
Can you finish it by August 25th?
캔 유 휘니쉬 잇 바이 어거스트 트웨니휩쓰

3225. **월급날은 매달 30일입니다.**
Our payday is the 30th of every month.
아우어 페이데이 이즈 더 써리쓰 어브 에브리 먼쓰

3226. **임금을 주급으로 받습니까? 월급으로 받습니까?**
Do I get paid by the week or by the month?
두 아이 겟 페이드 바이 더 윅 오어 바이 더 먼쓰

3227. **한 달에 두 번 영화를 보러 갑니다.**
I go to the movies twice a month.
아이 고 투 더 무비스 투와이써 먼쓰

3228. **3개월의 기간을 드리겠습니다.**
I'm giving you three months.
아임 기빙 유 쓰리 먼츠

> 월을 가리키는 영어 표현을 외워 두자. 1월은 January, 2월은 February, 3월은 March, 4월은 April, 5월은 May, 6월은 June, 7월은 July, 8월은 August, 9월은 September, 10월은 October, 11월은 November, 12월은 December이다.

Unit 07
해(年)에 관한 표현

연도를 읽을 때는 네 자리를 두 자리씩 끊어서 읽는다. 즉 2017년은 20을 읽고 17을 읽어 [투웨니 쎄븐틴]으로 읽는다.

3229. 올해는 몇 년도입니까?
What year is this?
왓 이어 이즈 디스

3230. 몇 년도에 태어나셨어요?
What year were you born?
왓 이어 워 유 본

3231. 올해의 계획은 잘 지켜지고 있습니까?
Are you keeping to your New Year's resolution?
아 유 키핑 투 유어 뉴 이얼스 레절루션

3232. 그 계약은 3년간 유효합니다.
The contract holds good for three years.
더 컨트랙트 홀스 굳 훠 쓰리 이얼스

3233. 저희는 20년이 넘게 사업을 해 왔습니다.
We've been in business for over 20 years.
위브 빈 인 비지니스 훠 오버 트웨니 이얼스

3234. 유니섹스 형식이 올해 유행입니까?
Is unisex mode in style this year?
이즈 유니섹스 모드 인 스타일 디스 이어

3235. 작년엔 어디로 스키 타러 갔나요?
Where did you go skiing last year?
웨어 디드 유 고 스킹 라숫트 이어

3236. 나는 작년에는 별로 한 일이 없어.
I did not do anything particular last year.
아이 디드 낫 두 애니씽 퍼티큘러 라숫트 이어

3237. 내년에 그와 결혼할 것입니다.
I will get married to him next year.
아이 윌 겟 메리드 투 힘 넥슷트 이어

Part 7

일상 표현
Everyday Expressions

주로 일상생활은 가정(home), 회사(work)나 학교(school), 은행(bank), 약국(drugstore)과 병원(hospital), 우체국(office), 세탁소(laundry), 관공서(public office) 등에서의 활동과 여가활동(spare time)을 포함한다. 미국에서의 일과는 우리와 크게 다르지 않다고 생각하면 무리가 없다. 다만 문화적 차이가 있을 뿐이다.

Chapter 01 하루의 일과

일반적으로 하루의 일과는 낮(day)과 밤(night)으로 나누어지며, 오전(morning; A.M.), 오후(afternoon; P.M.), 저녁(evening)으로 구분되는 반면에 아침식사(breakfast), 점심식사(lunch), 저녁식사(dinner)를 기준으로 나타내기도 한다. 하루의 시작은 인사(greeting)로 시작되는데 사람에 따라 활동 영역이나 범위는 천차만별이다. 운동(exercise), 식사(eating), 출근(arriving work), 업무(working), 청소(cleaning), 공부(studying), 휴식(relaxing), 퇴근(leaving work), 취침(sleeping) 등등을 보내고 나서 잠을 자야 일과가 비로소 종료된다고 보면 된다. 그밖에도 게임, 컴퓨터, TV, 취미, 숙제, 오락, 외출, 심부름 등 수없이 많으므로 일상생활에서의 관용표현도 익혀 두자.

Susan, I've had a great time. Thanks for having me over for dinner.

The pleasure was mine. Drive safely now.

Conversation

수잔, 굉장히 즐거웠어요. 저녁 식사에 초대해 줘서 고마워요.
저야말로 기쁘지요. 운전 조심하세요.

Unit 01

일어날 때

3238. 일어날 시간이야!
It's time to get up!
잇츠 타임 투 게럽

3239. 일어났니?
Are you awake?
아 유 어웨익

3240. 일어나라, 늦겠다.
Get up now or you'll be late.
게럽 나우 오어 유일 비 레잇

3241. 어제 몇 시에 잤니?
What time did you go to bed last night?
왓 타임 디쥬 고 투 베드 라스트 나잇

3242. 어젯밤 늦게까지 안 잤어요.
I stayed up late last night.
아이 스테이드 업 레잇 라스트 나잇

3243. 밤을 샜어요.
I stayed up all night.
아이 스테이드 업 올 나잇

3244. 난 아침형 인간이야.
I'm a morning person.
아임 어 모닝 펄슨

3245. 이런, 늦잠을 잤어!
Oh no, I overslept!
오 노 아이 오버슬렙ㅌ

3246. 왜 안 깨웠어요?
Why didn't you wake me up?
와이 디든츄 웨익 미 업

3247. 지난밤에 잘 잤어요.
I slept well last night.
아이 슬렙ㅌ 웰 라스트 나잇

3248. 악몽을 꿨어요.
I had a bad dream.
아이 해더 배드 드림

373

Unit 02
외출할 때

3249. 잠을 깨려면 세수를 해야겠어요.
I need to wash my face to wake up.
아이 니투 워시 마이 페이스 투 웨이컵

3250. 커피를 마시면 잠이 깨.
Coffee wakes me up.
커휘 웨익스 미 업

3251. 화장실에 누가 있어요.
Someone is in the bathroom.
썸원 이즈 인 더 배쓰룸

3252. 신문을 가져다줄래요?
Would you go and get the newspaper?
우쥬 고 앤 겟 더 뉴스페이퍼

3253. 아침에는 머리 감을 시간이 없어요.
I don't have time to shampoo this morning.
아이 돈 햅 타임 투 샴푸 디스 모닝

3254. 전 절대로 아침을 거르지 않아요.
I never skip breakfast.
아이 네버 스킵 브렉퍼스ㅌ

3255. 오늘은 아침을 먹을 기분이 아냐.
I don't feel like having breakfast this morning.
아이 돈ㅌ 휠 라익 해빙 브렉퍼스ㅌ 디스 모닝

3256. 화장을 해야 해.
I need to put on make-up.
아이 니투 푸론 메이컵

3257. 오늘은 뭘 입지?
What should I wear today?
왓 슈다이 웨어 투데이

3258. 어떤 넥타이를 매지?
Which tie should I wear?
위치 타이 슈다이 웨어

3259. 우산을 가져가야 하나?
Should I take my umbrella?
슈다이 테익 마이 엄브렐러

3260. 서둘러 준비해요!
Hurry up and get ready!
허리 업 앤 겟 레디

3261. 몇 시에 돌아올 거예요?
What time will you come home today?
왓 타임 윌 유 컴 홈 투데이

3262. **갈게요.**
I'm leaving.
아임 리빙

Unit 03
집으로 돌아올 때

3263. **애들을 데리러 갈 시간이에요.**
It's time to go pick up the kids.
잇츠 타임 투 고 픽 업 더 키즈

3264. **저녁을 뭘 준비하지?**
What shall I make for dinner?
왓 쉘 아이 메익 훠 디너

3265. **저 왔어요.**
I'm home.
아임 홈

3266. **오늘 학교는 어땠니?**
How was school today?
하우 워즈 스쿨 투데이

3267. **간식은 어디 있어요?**
Where's my snack?
웨얼즈 마이 스낵

3268. **손부터 씻어라.**
Wash your hands first.
워시 유어 핸즈 퍼스트

3269. **학원 다녀올게요.**
I'm going to cram school.
아임 고잉 투 크램 스쿨

> cram school
> 입시 준비 학원

3270. **오늘은 곧장 집에 가 봐야 할 것 같아.**
Maybe I should go straight home.
메이비 아이 슈드 고 스트레잇 홈

3271. **오늘 술 마시러 안 갈 거야.**
I'm not going to go drinking today.
아임 낫 고잉 투 고 드링킹 투데이

3272. **오늘은 일이 빨리 끝났어.**
We finished work early today.
위 피니쉬드 워크 얼리 투데이

3273. **지금 퇴근시간이라 차가 막혀.**
Now, it's the evening rush.
나우 잇츠 디 이브닝 러쉬

Unit 04
저녁식사를 할 때

3274. 오늘은 빨리 왔네요.
You came home early today.
유 케임 홈 얼리 투데이

3275. 저녁 식사할래요? 아니면 목욕 먼저 할래요?
Do you want to have dinner or take a bath first?
두 유 원투 햅 디너 오어 테익 어 배쓰 퍼스ㅌ

3276. 나 너무 배고파요.
I'm so hungry.
아임 쏘 헝그리

3277. 오늘 저녁은 뭐예요?
What's for dinner tonight?
왓츠 풔 디너 투나잇

3278. 당신이 좋아하는 걸 만들었어요.
I made your favorite dish.
아이 메이드 유어 훼이버릿 디쉬

3279. 식사 다 됐어요!
The food is ready!
더 푸드 이즈 레디

3280. 이제 가요.
I'm coming.
아임 커밍

3281. 맛 괜찮아요?
How does it taste?
하우 더즈 잇 테이스ㅌ

3282. 남기지 말고 먹어라.
Finish your plate.
피니쉬 유어 플레이ㅌ

3283. 그렇게 음식을 가리면 안 돼.
Don't be so choosy about food.
돈ㅌ 비 쏘 츄지 어바웃 푸드

3284. 밥 더 줄까요?
Do you want some more rice?
두 유 원ㅌ 썸 모어 라이스

3285. 다 먹었어요?
Have you finished?
해뷰 피니쉬드

3286. 식탁 좀 치워 줄래?
Would you clear the table?
우쥬 클리어 더 테이블

3287. 설거지는 제가 할게요.
I'll do the dishes.
아일 두 더 디쉬즈

Unit 05
휴식과 취침

3288. 저 목욕할게요.
I'm going to take a bath.
아임 고잉 투 테이커 배쓰

3289. 텔레비전에 뭐 좋은 프로그램 있나요?
Are there any good programs on TV?
아 데어 애니 굿 프로그램즈 온 티비

3290. 리모컨 좀 갖다 줄래요?
Could you hand me the remote control?
쿠쥬 핸드 미 더 리모트 컨트롤

3291. 이제 텔레비전 끄세요.
Turn off the TV now.
턴 오프 더 티비 나우

3292. 숙제는 다했니?
Have you finished your homework?
해뷰 피니쉬드 유어 홈워ㅋ

3293. 내일 준비는 다했니?
Are you ready for tomorrow?
아유 레디 훠 투마로우

3294. 잠 잘 시간이야.
It's time to go to bed.
잇츠 타임 투 고 투 베드

3295. 취침 준비를 할까요?
May I make your bed now?
메이 아이 메익 유어 베드 나우

3296. 아직 안 자니?
Are you still up?
아유 스틸 업

3297. 애들을 재워 줄래요?
Will you put the kids to bed?
윌 유 풋 더 키즈 투 베드

3298. 저는 내일 아침 일찍 일어나야 해요.
I have to get up early tomorrow morning.
아이 햅투 게럽 얼리 투마로우 모닝

3299. 불 좀 꺼 주실래요?
Will you turn off the light?
윌 유 턴 오프 더 라잇

Unit 06
집안일을 할 때

3300. 쓰레기 좀 버려 줄래요?
Would you take out the garbage?
우쥬 테이카웃 더 가비쥐

3301. 빨래가 쌓여 있어.
The laundry has piled up.
더 랜드리 해즈 파일드 업

3302. 오늘은 빨래를 해야 해.
I need to do my laundry today.
아이 니투 두 마이 랜드리 투데이

3303. 다려야 할 옷이 산더미야.
I have a lot of clothes to iron.
아이 해브 어라러브 클로쓰 투 아이런

3304. 방이 어질러졌네.
The room is so messy.
더 룸 이즈 쏘 메씨

3305. 방을 치우세요.
Clean up your room.
클린 업 유어 룸

3306. 청소기를 돌려야 해.
I have to vacuum.
아이 햅투 배큠

3307. 화장실 청소는 너무 힘들어.
Cleaning the bathtub is such hard work.
클리닝 더 배쓰텁 이즈 써치 하드 워크

3308. 땀으로 범벅이 되었어.
I'm soaking with sweat.
아임 쏘우킹 위드 스웨트

3309. 집안 청소를 다 해서 기분이 무척 좋아.
I feel so good after cleaning the house.
아이 휠 쏘 굿 애프터 클리닝 더 하우스

Unit 07
휴일을 보낼 때

3310. 적어도 일요일에는 늦잠을 자고 싶어요.
I want to sleep in on Sundays, at least.
아이 원투 슬립 인 온 썬데이즈 앳 리스트

3311. 난 휴식이 좀 필요해요.
I need to take a little rest.
아이 니투 테이커 리를 레스트

휴일을 보낼 때

3312. 오늘 어떻게 보낼까?
How shall I spend my day today?
하우 쉘 아이 스펜드 마이 데이 투데이

3313. 서점에 들를까?
Maybe I should stop by a bookstore.
메이비 아이 슈드 스탑 바이 어 북스토어

3314. 비디오테이프를 빌리러 갈까 해.
I'm going to rent some videos.
아임 고잉 투 렌트 썸 비디오스

3315. 공원에 가서 공놀이하자.
Let's go to the park and play catch.
렛츠 고 투 더 팍 앤 플레이 캐취

3316. 오늘 저녁은 외식합시다.
Let's eat out tonight.
렛츠 잇 아웃 투나잇

3317. 오늘 데이트가 있어요.
I have a date today.
아이 해버 데잇 투데이

Chapter 02 레스토랑

일반적으로 서양은 식사문화가 상당히 발달되어 있으며, 외식이 보편화되어 있다. 특히 패스트푸드(fast-food restaurant)는 우리나라에도 널리 알려져 햄버거 (hamburger; burger라고도 함), 피자(pizza), 치킨(chicken), 스파게티(spaghetti), 파스타(pasta) 등의 전문점이 생겨날 정도이다. 주문은 주로 전채(appetizer, starter), 샐러드(salad), 수프(soup), 메인디쉬(entree) 순으로 하게 되는데 디저트(dessert)는 식후에 따로 부탁하면 된다.

Conversation

안녕하세요? 주문하시겠습니까?
좀 더 기다려 주시겠어요?

Unit 01

식당을 찾을 때

3318. 어디서 먹고 싶으세요?
Where would you like to eat?
웨어 우쥬 라익투 잇

3319. 이 근처에 맛있게 하는 음식점은 없습니까?
Is there a good restaurant around here?
이즈 데러 굿 레스토런 어라운드 히어

3320. 이곳에 한국 식당은 있습니까?
Do you have a Korean restaurant?
두 유 해버 코리안 레스토런

3321. 가볍게 식사를 하고 싶은데요.
I'd like to have a light meal.
아이드 라익투 해버 라이트 밀

3322. 이 시간에 문을 연 가게는 있습니까?
Is there a restaurant open at this time?
이즈 데어 레스토런 오픈 앳 디스 타임

3323. 식당이 많은 곳은 어디입니까?
Where is the main area for restaurants?
웨어 이즈 더 메인 에어리어 훠 레스토런

3324. 이 가게는 어디에 있습니까?
Where is this restaurant?
웨어 이즈 디스 레스토런

3325. 어디 특별히 정해 둔 식당이라도 있으세요?
Did you have a particular place in mind?
디쥬 해버 파티큘러 플레이스 인 마인드

3326. 잘하는 레스토랑 알아?
Do you know a good restaurant?
두 유 노우 어 굿 레스토런

3327. 아직 식당이 영업을 합니까?
Is the dining room still open?
이즈 더 다이닝 룸 스틸 오픈

3328. 몇 층에 식당가가 있습니까?
On which floor is the food court?
온 위치 플러 이즈 더 푸드 코트

3329. 이 도시에 괜찮은 식당이 있습니까?
What's a good restaurant in this town?
왓츠 어 굿 레스토런 인 디스 타운

Part 7 일상 표현

381

Unit 02
식당을 예약할 때

3330. 레스토랑에 좌석을 예약해 둘까요?
Shall I book a table at the restaurant?
쉘 아이 북 어 테이블 앳 더 레스토런

3331. 예약이 필요한가요?
Do we need a reservation?
두 위 니더 레저베이션

3332. 그 레스토랑을 예약해 주세요.
Make a reservation for the restaurant, please.
메이커 레저베이션 훠 더 레스토런 플리즈

3333. 여기서 예약할 수 있나요?
Can we make a reservation here?
캔 위 메이커 레저베이션 히어

3334. 손님은 몇 분이십니까?
How large is your party?
하우 라지 이즈 유어 파티

3335. 성함이 어떻게 되시죠?
May I have your name, please?
메이 아이 해브 유어 네임 플리즈

3336. 거기는 어떻게 갑니까?
How can I get there?
하우 캔 아이 겟 데어

3337. 몇 시가 좋으시겠습니까?
What time are you available?
왓 타임 아 유 어베일러블

3338. 전원 같은 자리로 해 주세요.
We'd like to have a table together.
위드 라익투 해버 테이블 투게더

3339. 금연석으로 부탁합니다.
We'd like a non-smoking table.
위드 라이커 넌스모킹 테이블

3340. 7시 30분에 3인용 테이블을 원합니다.
We'd like a table for three at 7:30 (seven thirty).
위드 라이커 테이블 훠 쓰리 앳 쎄븐 써리

3341. 4인용 테이블 예약을 원합니다.
Please reserve a table for four.
플리즈 리저브 어 테이블 훠 훠

3342. 창가에 있는 테이블을 원합니다.
We'd like to have a table near the window.
위드 라익투 해버 테이블 니어 더 윈도우

'예약하다'라는 의미로 사용되는 말은 make a reservation이다. reserve라는 한 단어로 사용되기도 하는데, reservation의 동사형이다.

식당을 예약할 때

3343. 예약을 취소해 주십시오.
Cancel this reservation, please.
캔슬 디스 레저베이션 플리즈

3344. 예약을 변경하고 싶습니다.
I want to change my reservation.
아이 원투 체인지 마이 레저베이션

Unit 03
식당 입구에서

3345. 몇 분이십니까?
How many of you, sir?
하우 매니 오브 써

3346. 예약은 하지 않았습니다.
I don't have a reservation.
아이 돈트 해버 레저베이션

3347. 금연석을 부탁합니다.
Non-smoking section, please.
넌스모킹 섹션 플리즈

3348. 지금 자리가 다 찼는데요.
No tables are available now.
노 테이블스 아 어베일러블 나우

3349. 우리는 일행이 5명입니다. 테이블이 있습니까?
We're a party of five. Can we have a table?
위어 어 파티 오브 화이브 캔 위 해버 테이블

3350. 예약은 하지 않았는데, 세 사람 자리가 있습니까?
We haven't made a reservation, I'm afraid. Do you have a table for three?
위 해븐트 메이드 어 레저베이션 아임 어후레이드 두 유 해버 테이블 훠 쓰리

3351. 기다려야 할까요?
May we wait for a table?
메이 위 웨잇 훠러 테이블

3352. 어느 정도 기다려야 합니까?
About how long will we have to wait?
어바웃 하우 롱 윌 위 햅투 웨잇

3353. 합석해도 될까요?
Do you mind if I join you?
두 유 마인드 이프 아이 조인 유

3354. 이 자리는 예약되었습니까?
Is this seat taken?
이즈 디스 씻 테이큰

Unit 04
메뉴를 물을 때

3355. 메뉴 좀 볼 수 있을까요?
Can I see the menu, please?
캔 아이 씨 더 메뉴 플리즈

3356. 이곳의 전문 요리는 뭐죠?
What's good here?
왓츠 굿 히어

3357. 무엇이 좋겠습니까?
What would you like?
왓 우쥬 라익

3358. 무엇을 권하겠습니까?
What would you recommend?
왓 우쥬 리커멘드

3359. 오늘은 무엇이 좋습니까?
What's good today?
왓츠 굿 투데이

3360. 무슨 요리가 있습니까?
What do you have?
왓 두 유 해브

3361. 모두 맛있어 보입니다. 무엇을 권하시겠습니까?
It all looks good. Any suggestions?
잇 올 룩스 굿 애니 써제스천스

3362. 이것은 무슨 요리입니까?
What kind of dish is this?
왓 카인덥 디쉬 이즈 디스

3363. 이 집의 특별 요리는 무엇입니까?
What is the house specialty?
왓 이즈 더 하우스 스페셜티

3364. 오늘의 특별 요리는 뭐죠?
What's today's special?
왓츠 투데이스 스페셜

3365. 술은 어떤 종류가 있습니까?
What kind of drinks do you have?
왓 카인덥 드링스 두 유 해브

3366. 후식으로는 무엇이 있습니까?
What kind of dessert do you have?
왓 카인덥 디젓 두 유 해브

Unit 05
음식을 주문할 때

계란의 익힘 정도를 표현하는 말을 알아보자. sunny side up은 한쪽만, over easy는 양쪽을 살짝, turned over는 양쪽을 모두 익히는 것을 말한다.

3367. 주문을 하고 싶은데요.
We are ready to order.
위 아 레디 투 오더

3368. 주문을 받으세요.
Will you take my order, please?
윌 유 테이크 마이 오더 플리즈

3369. 이걸 부탁합니다.
I'll take this one.
아일 테이크 디스 원

3370. 저 사람이 먹고 있는 건 뭡니까?
What's that person having?
왓츠 댓 펄슨 해빙

3371. 이것과 이것으로 주세요.
This and this, please.
디스 앤 디스 플리즈

3372. 무엇이 빨리 됩니까?
What can you serve quickly?
왓 캔 유 써브 퀴클리

3373. 어떤 맛입니까?
How does it taste?
하우 더짓 테이스트

3374. 무엇을 주문해야 할지 모르겠군요.
I still don't know what to order.
아이 스틸 돈ㄷ 노우 왓 투 오더

3375. 잠시 후에 주문을 받으시겠습니까?
Could you take our orders a little later?
쿠쥬 테이크 아워 오더스 어 리틀 레이러

Unit 06
음식을 주문받을 때

3376. 주문하셨습니까?
Have you been served?
해뷰 빈 썹드

3377. 주문하시겠어요?
Are you ready to order?
아 유 레디 투 오더

3378. 여기 있습니다.
Here you are, sir.
히어 유 아 써

음식을 주문받을 때

스테이크의 익힘 정도를 표현해 보면 rare(살짝) - medium(중간) - well-done(완전히 익힘)이다.

3379. 요리는 어떻게 익혀 드릴까요?
How would you like it?
하우 우쥬 라이킷

3380. 마실 것은 무엇으로 하시겠습니까?
What would you like to drink?
왓 우쥬 라익투 드링크

3381. 다른 주문은 없습니까?
Anything else?
애니씽 엘스

3382. 디저트는 어떻게 하시겠습니까?
What would you like to have for dessert?
왓 우쥬 라익투 해브 훠 디젓

Unit 07 주문을 바꾸거나 취소할 때

3383. 주문이 잘못된 것 같아요.
I ordered something else.
아이 오덜드 썸씽 엘즈

3384. 제가 시킨 음식이 아닌데요.
This is not what I ordered.
디스 이즈 낫 왓 아이 오덜드

3385. 음식이 상했어요. 맛이 이상해요.
It's gone bad. This tastes funny.
잇츠 곤 배드 디스 테이스트 훠니

3386. 다른 것으로 바꿔 주세요.
Please exchange this for a new one.
플리즈 익스체인지 디스 훠러 뉴 원

3387. 주문을 바꿔도 될까요?
Can I change my order?
캔 아이 체인지 마이 오더

3388. 주문을 취소하고 싶은데요.
I want to cancel my order.
아이 원투 캔슬 마이 오더

Unit 08 주문에 문제가 있을 때

3389. 아직 시간이 많이 걸립니까?
Will it take much longer?
윌 잇 테이크 머취 롱거

3390. 주문한 음식이 아직 안 나왔습니다.
My order hasn't come yet.
마이 오더 해즌트 컴 옛

주문에 문제가 있을 때

3391. 주문한 것은 어떻게 된 거죠?
What happened to my order?
왓 해픈드 투 마이 오더

3392. 서비스가 늦군요.
The service is slow.
더 써비스 이즈 슬로우

3393. 이건 주문하지 않았습니다.
I didn't order this.
아이 디든ㅌ 오더 디스

Unit 09
음식을 먹으면서

3394. 이걸 먹는 법 좀 가르쳐 주시겠어요?
Could you tell me how to eat this?
쿠쥬 텔 미 하우 투 잇 디스

3395. 이건 어떻게 먹으면 됩니까?
How do I eat this?
하우 두 아이 잇 디스

3396. 이 고기는 무엇입니까?
What kind of meat is this?
왓 카인덥 밋 이즈 디스

3397. 이것은 무슨 재료를 사용한 겁니까?
What are the ingredients for this?
왓 아 디 인그리디언츠 풔 디스

3398. 빵을 좀 더 주세요.
Can I have more bread?
캔 아이 햅 모어 브레드

3399. 디저트 메뉴는 있습니까?
Do you have a dessert menu?
두 유 해버 디젓 메뉴

3400. 물 한 잔 주세요.
I'd like a glass of water, please.
아이드 라이커 글래서브 워러 플리즈

3401. 소금 좀 갖다 주시겠어요?
Could I have some salt, please?
쿠다이 햅 썸 쏠트 플리즈

3402. 나이프[포크]를 떨어뜨렸습니다.
I dropped my knife[fork].
아이 드랍트 마이 나잎[포ㅋ]

3403. 밥을 추가로 주문하겠습니다.
I'd like to order some more rice.
아이드 라잌투 오더 썸 모어 라이스

Unit 10

음식에 문제가 있을 때

3404. 다시 가져다주시겠어요?
Could you take it back, please?
쿠쥬 테이크 잇 백 플리즈

3405. 수프에 뭐가 들어 있어요.
There's something in the soup.
데얼즈 썸씽 인 더 쑵

3406. 음식에 이상한 것이 들어 있어요.
There is something strange in my food.
데어 이즈 썸씽 스트레인지 인 마이 푸드

3407. 이 고기는 충분히 익지 않았는데요.
I'm afraid this meat is not done enough.
아임 어후레이드 디스 밋 이지 낫 던 이넙

3408. 좀 더 구워 주시겠어요?
Could I have it broiled a little more?
쿠다이 해브 잇 브로일드 어 리를 모어

3409. 이 우유 맛이 이상합니다.
This milk tastes funny.
디스 밀ㅋ 테이스츠 훠니

3410. 이 음식이 상한 것 같아요.
I'm afraid this food is stale.
아임 어후레이드 디스 푸드 이즈 스테일

3411. 글라스가 더럽습니다.
The glass isn't clean.
더 글래스 이즌ㅌ 클린

Unit 11

디저트에 대해서

3412. 디저트를 주세요.
I'd like dessert, please.
아이드 라익 디젓 플리즈

3413. 디저트는 뭐가 있나요?
What do you have for dessert?
왓 두 유 햅 훠 디젓

3414. 지금 디저트를 주문하시겠습니까?
Would you like to order some dessert now?
우쥬 라익투 오더 썸 디젓 나우

3415. 커피만 주세요.
Just coffee, please.
저슷 커휘 플리즈

Unit 12
식사를 끝낼 때

3416. 다른 것을 더 드시겠습니까?
Will you have something else?
윌 유 해브 썸씽 엘즈

3417. 그밖에 다른 것은요?
Anything else?
애니씽 엘즈

3418. 치즈를 좀 더 주시겠어요?
Could I have a little more cheese, please?
쿠다이 해버 리를 모어 치즈 플리즈

3419. 식탁 좀 치워 주시겠어요?
Could you please clear the table?
쿠쥬 플리즈 클리어 더 테이블

3420. 테이블 위에 물 좀 닦아 주세요.
Wipe the water off the table, please.
와입 더 워러 오프 더 테이블 플리즈

3421. 이 접시들 좀 치워 주시겠어요?
Would you take the dishes away?
우쥬 테익 더 디쉬즈 어웨이

3422. 물 좀 더 주시겠어요?
May I have more water?
메이 아이 해브 모어 워러

Unit 13
음식 값을 계산할 때

3423. 계산서를 부탁합니다.
Check, please.
체크 플리즈

3424. 계산은 어디서 해요?
Where is the cashier?
웨어 이즈 더 캐셔

> A : Will that be cash or credit card?
> B : I'll pay with my credit card, please.
> 현금으로 하실 건가요, 아니면 카드로 지불하실 건가요?
> 카드로 하겠습니다.

3425. 내가 다 계산해 놨어요.
I've got the bill all figured out.
아이브 갓 더 빌 올 휘겨드 아웃

음식 값을 계산할 때

3426. 지금 지불할까요?
Do I pay you now?
두 아이 페이 유 나우

3427. 각자 계산하기로 합시다.
Let's go Dutch, shall we?
렛츠 고 더취 쉘 위

> 서로 나눠서 계산할 때 Let's go halves. / Fifty-fifty.라고 표현한다.

Let me treat you this time.(이번에는 제가 살게요.)와 비슷한 표현은 I'll treat you.(제가 낼게요.)이다. It's on me. 역시 내가 사겠다는 의미의 말이다.

3428. 이번에는 내가 사죠.
Let me treat you this time.
렛 미 트릿 유 디스 타임

3429. 따로따로 지불을 하고 싶은데요.
Separate checks, please.
쎄퍼레잇 첵스 플리즈

3430. 저희는 그냥 계산만 하고 가겠어요.
We'll just take the check.
위일 저슷 테익 더 체크

3431. 봉사료는 포함되어 있습니까?
Doesn't it include the service charge?
더즌트 잇 인클루드 더 써비스 차지

3432. 이 계산서는 세금을 포함하는 겁니까?
Does this bill include tax?
더즈 디스 빌 인클루드 택스

3433. 청구서에 잘못된 것이 있습니다.
There's a mistake in the bill.
데얼스 어 미스테익 인 더 빌

3434. 이건 주문하지 않았습니다.
I didn't order this.
아이 디든트 오더 디스

Unit 14
패스트푸드를 먹을 때

3435. 이 근처에 패스트푸드점은 있습니까?
Is there a fast food restaurant around here?
이즈 데어러 패스트 푸드 레스토런 어라운드 히어

3436. 주문하시겠어요?
May I take your order?
메이 아이 테익 유어 오더

3437. 2번 세트로 주세요.
I'll take the number two combo.
아일 테익 더 넘버 투 콤보

패스트푸드를 먹을 때

A : Hi! Ready to order?
B : Yeah. I'll have a hamburger, small fries, and coffee.

안녕하세요! 주문하시겠어요?
아, 네. 햄버거하고 튀김 작은 것과 커피로 하겠습니다.

For here or to go?(여기서 드실 건가요, 가지고 가실 건가요?) 에 대하여 여기서 먹을 거라고 말하려면 I'll eat it here. / I'll have it here. 등으로 대답하며 가지고 갈 거라고 말하려면 To go, please. / Take out, please. 등으로 대답한다.

3438. 어느 사이즈로 하시겠습니까?
Which size would you like?
위치 싸이즈 우쥬 라익

3439. 마실 것은요?
Something to drink?
썸씽 투 드링크

3440. 여기서 드실 건가요, 가지고 가실 건가요?
For here or to go?
훠 히어 오어 투 고

3441. 가지고 갈 거예요.
To go, please.
투 고 플리즈

3442. 이 자리에 앉아도 되겠습니까?
Can I sit here?
캔 아이 씻 히어

Chapter 03 카페와 술집

카페(cafe; 프랑스어)는 원래 서양에서 사교모임의 일환으로 마련된 담소를 나누는 공간이었는데 이제는 고급스러운 식당 분위기에서 변모되어 식사와 함께 술을 파는 pub이나 bar의 개념이 합해져 대중적인 개념으로 변했다. 특히 앞에서도 언급하였지만 식당이 단지 식사만을 하는 공간이 아니라 회합이나 문화의 장으로 탈바꿈되었다는 사실에 주목해야 한다. 우리의 룸살롱(room saloon; 프랑스어) 문화는 사교의 개념에서 술 접대 문화로 변질된 대표적 사례이다. 주점에는 선술집, 목로주점, 카페, 룸살롱 등 나라마다 종류가 다양하며, 술의 개념도 wine, liquor, alcohol, alcoholic drinks, spirits, intoxicant, a booze(구어) 등으로 구분되므로 사용상 유의하도록 하자.

Good evening, ma'am. What would you like to drink?

I think I'll have a martini, please.

Conversation

어서 오십시오, 손님. 음료는 무엇으로 하시겠어요?
마티니를 주세요.

Sentence Patterns

- What would you like to drink?
- Name your poison.
- What's yours?
- What'll it be?
- What'll you have?

Unit 01
음료를 권할 때

3443. **뭐 마실 것을 드시겠습니까?**
Would you care for anything to drink?
우쥬 케어 풔 애니씽 투 드링크

3444. **마실 것은 어떤 것으로 하죠?**
Something to drink?
썸씽 투 드링크

3445. **마실 것을 드시겠습니까?**
Will you have something to drink?
윌 유 해브 썸씽 투 드링크

3446. **한국 차를 드시겠습니까?**
Would you like some Korean tea?
우쥬 라익 썸 코리안 티

3447. **냉홍차가 있습니까?**
Do you have any iced tea?
두 유 햅 애니 아이스드 티

3448. **어, 그럼 저는 커피로 하겠습니다.**
Well, I'll have coffee, then.
웰 아일 해브 커휘 덴

3449. **지금 커피를 가져다드릴까요?**
Would you like me to get your coffee now?
우쥬 라익 미 투 겟 유어 커휘 나우

3450. **무엇을 드시겠습니까? 커피요, 아니면 홍차요?**
What would you like? Coffee, or tea?
왓 우쥬 라익 커휘 오어 티

3451. **커피는 어떻게 해 드릴까요?**
How would you like it?
하우 우쥬 라이킷

3452. **커피 더 드릴까요?**
Would you like a refill?
우쥬 라이커 리휠

3453. **잠깐 커피 마시며 쉬었다 합시다.**
Let's take a coffee break.
렛츠 테이커 커휘 브레익

Unit 02
마실 것을 권할 때

3454. 술 한잔하시겠어요?
Would you care for a drink?
우쥬 케어 훠러 드링ㅋ

3455. 오늘 밤 한잔하시죠?
How about having a drink tonight?
하우 어바웃 해빙 어 드링ㅋ 투나잇

3456. 한잔 사고 싶은데요.
Let me buy you a drink.
렛 미 바이 유 어 드링ㅋ

3457. 술 마시는 걸 좋아하세요?
Do you like to drink?
두 유 라익투 드링ㅋ

3458. 저희 집에 가서 한잔합시다.
Let's go have a drink at my place.
렛츠 고 해버 드링ㅋ 앳 마이 플레이스

3459. 술은 어때요?
How about something hard?
하우 어바웃 썸씽 하드

3460. 술 드시러 오시지 않겠어요?
We'd love to have you over for some drinks.
위드 럽 투 해브 유 오버 포 썸 드링스

3461. 언제 한번 술 한잔하러 갑시다.
Let's go for drinks sometime.
렛츠 고 훠 드링스 썸타임

Unit 03
술을 주문할 때

3462. 뭘 마시겠습니까?
What do you want to drink?
왓 두 유 원투 드링ㅋ

3463. 와인 메뉴 좀 볼까요?
Can I see your wine list?
캔 아이 씨 유어 와인 리스트

3464. 술은 어떻게 하시겠습니까?
Anything to drink?
애니씽 투 드링ㅋ

3465. 이 요리에는 어느 와인이 맞습니까?
Which wine goes with this dish?
위치 와인 고즈 윗 디스 디쉬

술을 주문할 때

3466. 글라스로 주문됩니까?
Can I order it by the glass?
캔 아이 오더 잇 바이 더 글래스

3467. 생맥주는 있습니까?
Do you have draft beer?
두 유 햅 드래프트 비어

3468. 식사하기 전에 무슨 마실 것을 드릴까요?
Would you care for something to drink before dinner?
우쥬 케어 훠 썸씽 투 드링ㅋ 비훠 디너

3469. 이 지방의 독특한 술입니까?
Is it a local alcohol?
이짓 어 로컬 앨커헐

3470. 어떤 맥주가 있습니까?
What kind of beer do you have?
왓 카인덥 비어 두 유 해브

3471. 무슨 먹을 것은 없습니까?
Do you have something to eat?
두 유 햅 썸씽 투 잇

3472. 어떤 술입니까?
What kind of alcohol is it?
왓 카인덥 앨커헐 이짓

3473. 생수 좀 주세요.
I'll have a mineral water.
아일 해버 미너럴 워러

3474. 이 술은 독한가요?
Is it strong?
이짓 스트롱

3475. 안주는 무엇이 있습니까?
What food do you have to go with your wine?
왓 푸드 두 유 햅투 고 윗 유어 와인

3476. 한잔합시다.
Let's have a drink.
렛츠 해버 드링ㅋ

3477. 얼음을 타서 주세요.
On the rocks, please.
온 더 락스 플리즈

Unit 04
술을 추가로 주문할 때

3478. 한 잔 더 주세요.
Another one, please.
어나더 원 플리즈

3479. 맥주 한 병 더 주세요.
Another bottle of beer for me, please.
어나더 보틀 어브 비어 훠 미 플리즈

3480. 맥주 한 잔 더 하시겠어요?
Would you like another glass of beer?
우쥬 라익 어나더 글래스 어브 비어

Unit 05
건배할 때

3481. 건배합시다!
Let's toast!
렛츠 토스트

3482. 건배!
Cheers!
치얼스

3483. 건배할까요?
May I propose a toast?
메이 아이 프러포즈 어 토스트

3484. 뭘 위해 건배할까요?
What shall we drink to?
왓 쉘 위 드링크 투

3485. 건배할 것을 제안합니다.
I would like to propose a toast.
아이 우드 라익투 프러포즈 어 토스트

3486. 건강을 위해 건배합시다.
I'd like to give a toast to good health.
아이드 라익투 기버 토스트 투 굿 헬쓰

3487. 자, 다들 술잔을 높이 드세요. 다 같이 건배합시다.
Okay, everyone raise your glasses. Let's make a toast.
오케이 에브리원 레이즈 유어 글래시스 렛츠 메이커 토스트

3488. 당신을 위하여! 위하여!
Here's to you! Cheers!
히얼스 투 유 치얼스

3489. 건배!(행운을 빕니다!)
Happy landings!
해피 랜딩스

건배할 때

3490. 우리들의 건강을 위해!
To our health!
투 아워 헬쓰

3491. 여러분 모두의 행복을 위해!
To happiness for all of you!
투 해피니스 풔 올 오브 유

Unit 06
술을 마시면서

3492. 제가 한 잔 따라 드리겠습니다.
Let me pour you a drink.
렛 미 퍼 유 어 드링ㅋ

3493. 갑시다!
Let's go another round!
렛츠 고 어나더 라운드

3494. 당신 취했군요.
You are drunk.
유 아 드렁ㅋ

3495. 이 맥주 맛 끝내주는데요.
This beer hits the spot.
디스 비어 힛츠 더 스팟

3496. 이 술은 뒷맛이 안 좋아요.
This liquor leaves a nasty aftertaste.
디스 리커 립스 어 내스티 애프터테이스ㅌ

Chapter 04 학교 생활

미국의 교육과정 제도는 유치원(Kindergarten), 초등학교(Elementary School), 중학교(Junior High School), 고등학교(High School), 대학(College), 대학교(University), 대학원(Graduate School) 등으로 구분할 수 있다. 보통 신입생을 freshman, 2학년을 sophomore, 3학년을 junior, 4학년을 senior라고 부르며, 전문 대학원(Professional School)에는 Law School(법과 대학원), Business School(경영 대학원), Medical School(의과 대학원) 등의 과정이 있다. 그 밖에 홈스테이(home stay; 미국인 가정에서 거주하는 것), 홈스쿨링(home schooling; 집에서 행하는 학습인증제), 스노우데이(snow day; 눈이 왔을 때 휴교하는 날), 간담회날(PTA; 선생과 학부모의 간담회날), 워크숍데이(workshop day; 선생들끼리 워크숍하는 날) 등의 개념도 함께 알아 두자.

Mom, I'm going to school now.

Okay, dear. Have a nice day.

Conversation

엄마, 학교 갔다 올게요.
그래, 다녀와라.

Unit 01
출신 학교에 대해서

3497. 어느 학교에 다니십니까?
Where do you go to school?
웨어 두 유 고 투 스쿨

3498. 어느 대학에 다니십니까?
Which college are you attending?
위치 칼리쥐 아 유 어텐딩

3499. 저는 서울대 학생입니다.
I'm a student at Seoul National University.
아임 어 스튜던트 앳 서울 내셔널 유니버시리

3500. 몇 학년입니까?
What grade are you in?
왓 그레이드 아 유 인

3501. 어느 학교를 졸업하셨습니까?
What school did you graduate from?
왓 스쿨 디쥬 그래쥬에잇 후럼

3502. 그녀는 고등학교를 갓 나왔습니다.
She's fresh out of high school.
쉬즈 후레쉬 아우럽 하이 스쿨

Unit 02
전공에 대해서

3503. 대학교 때 전공이 무엇이었습니까?
What was your major in college?
왓 워즈 유어 메이저 인 칼리쥐

3504. 뭘 전공하십니까?
What are you majoring in?
왓 아 유 메이저링 인

3505. 어떤 학위를 가지고 계십니까?
What degree do you have?
왓 디그리 두 유 햅

3506. 전공이 뭔가요?
What's your major?
왓츠 유어 메이저

3507. 저는 대학에서 경제학을 전공했습니다.
I majored in economics at university.
아이 메이절드 인 이커너믹스 앳 유니버서리

3508. 저는 영문학을 전공하고 있습니다.
I'm majoring in English Literature.
아임 메이저링 인 잉글리쉬 리터러처

Unit 03
학년과 선후배에 대해서

3509. 너 몇 학년이니?
What grade are you in?
왓 그레이드 아 유 인

3510. 저보다 3년 선배이시군요.
You're three years ahead of me.
유어 쓰리 이얼즈 어헤드 어브 미

3511. 그는 제 학교 선배입니다.
He's ahead of me in school.
히즈 어헤드 어브 미 인 스쿨

3512. 그녀는 나의 3년 후배입니다.
She is three years my junior.
쉬 이즈 쓰리 이얼즈 마이 주니어

Unit 04
학교 생활에 대해서

3513. 나는 오늘 미팅했어요.
I had a blind date today.
아이 해더 블라인드 데잇 투데이

3514. 아르바이트를 하고 있나요?
Do you have a part time job?
두 유 해버 팟타임 잡

3515. 아르바이트하는 학생들이 많아요.
Many students are working part time jobs.
매니 스튜던츠 아 워킹 팟타임 잡스

3516. 이번 학기에는 몇 과목이나 수강신청을 했습니까?
How many courses are you taking this semester?
하우 매니 코시스 아 유 테이킹 디스 씨메스터

3517. 그는 수업 준비하느라 바쁩니다.
He's busy preparing for class.
히즈 비지 프리페어링 훠 클래스

3518. 그게 무슨 책이죠?
What's the book about?
왓츠 더 북 어바웃

3519. 저는 수학적인 머리가 없는 것 같아요.
I don't think I have a mathematic brain.
아이 돈ㅌ 씽크 아이 해버 매쓰매틱 브레인

3520. 나는 장학금을 신청했습니다.
I applied for a scholarship.
아이 어플라이드 훠러 스칼라십

학교 생활에 대해서

3521. 이건 제게 어려운 학과였어요.
This has been a hard course for me.
디스 해즈 빈 어 하드 코스 훨 미

3522. 우리는 그것을 암기하지 않으면 안 되었어요.
We had to learn it by heart.
위 해드 투 런 잇 바이 허트

3523. 그는 물리학에 뛰어난 사람이에요.
He's a bear for physics.
히즈 어 베어 훨 휘직스

3524. 게시판에 뭐라고 씌어 있는 거예요?
What does the board say?
왓 더즈 더 보드 쎄이

3525. 나는 맨 뒷자리에 앉기를 좋아해요.
I like to sit way in the back.
아이 라익투 씻 웨이 인 더 백

Unit 05
수업에 대해서

3526. 그 수업은 제 수준에 비해 너무 어려워요.
The class is way too advanced for me.
더 클래스 이즈 웨이 투 어드밴스드 훨 미

3527. 이 수업은 제겐 너무 벅찹니다.
This class is beyond me.
디스 클래스 이즈 비욘드 미

3528. 그 문제에 대한 답을 알겠어요.
I know the answer to that problem.
아이 노우 디 앤써 투 댓 프라블럼

3529. 역사 과목은 누구 수업을 받나요?
Who did you get in history?
후 디쥬 겟 인 히스토리

3530. 교수님 수업을 청강해도 됩니까?
Can I audit your class?
캔 아이 어딧 유어 클래스

3531. 오늘 수업이 없어.
There is no class today.
데어 이즈 노 클래스 투데이

3532. 학교 수업이 끝났어.
School is over.
스쿨 이즈 오버

3533. 우리 땡땡이치자.
Let's play hooky.
렛츠 플레이 후키

수업에 대해서

3534. 저는 제 전공을 위해 이 수업을 들어야 돼요.
I need this class for my major.
아이 니드 디스 클래스 훠 마이 메이저

3535. 이번 주에는 수업이 몇 개나 있습니까?
How many classes do we have this week?
하우 매니 클래시스 두 위 해브 디스 윅

3536. 오늘 아침 수업에 갈 수가 없군요.
I can't come for my lesson this morning.
아이 캔트 컴 훠 마이 레슨 디스 모닝

3537. 그는 지금 수업 중이야.
He is at school now.
히 이즈 앳 스쿨 나우

3538. 수업 중에 떠들지 마라.
Don't make a noise at school.
돈트 메이커 노이즈 앳 스쿨

3539. 언제 수업이 끝나요?
When do you get out of school?
웬 두 유 게라우럽 스쿨

3540. 수업은 어땠어요?
How were your classes?
하우 워 유어 클래시스

3541. 그 수업에서 정말 많은 걸 배웠어요.
I really got a lot out of it.
아이 리얼리 갓 어 랏 아우러빗

3542. 그냥 금요일에 수업을 듣기가 싫습니다.
I just don't want to have Friday classes.
아이 저슷 돈트 원투 햅 후라이데이 클래시스

3543. 전 10시부터 1시까지 수업이 있어요.
I have class from ten to one.
아이 햅 클래스 후럼 텐 투 원

Unit 06
시험과 성적에 대해서

3544. 공부를 해야겠어요.
I better hit the books.
아이 베러 힛 더 북스

3545. 이제 공부를 좀 해야 할 것 같아요.
I think I have to hit the books now.
아이 씽크 아이 햅투 힛 더 북스 나우

3546. 시험결과는 어떻게 되었나요?
How did the test turn out?
하우 디드 더 테스트 턴 아웃

시험과 성적에 대해서

3547. 난 그 실험결과에 큰 기대를 걸고 있어요.
I'm bent on the outcome of the experiment.
아임 벤트 온 디 아웃컴 어브 디 익스페리먼트

3548. 수학 성적은 어땠어?
What was your score in math?
왓 워즈 유어 스코어 인 매쓰

3549. 그는 학교 성적이 매우 좋아진 것 같아요.
He seems to be getting on very well at school.
히 씸즈 투 비 게링 온 베리 웰 앳 스쿨

3550. 그녀는 반에서 1등이에요.
She is at the top of her class.
쉬 이즈 앳 더 탑 어브 허 클래스

3551. 내가 우리 반에서 제일 뒤떨어진 것 같아요.
Looks like I'm far behind my classmates.
룩스 라익 아임 화 비하인드 마이 클래스메이츠

Chapter 05 — 직장 생활

흔히 직장생활은 조직에서의 인간관계와 업무를 중심으로 전개된다고 한다. 특히 회의(meeting), 업무 지시(orders), 보고(report), 협의(discussion, conference) 따위를 통하여 직장생활이 전개된다. 회사(company), 직업(occupation), 직종(job), 업무(business, duty, operations, affairs), 실직(unemployed), 부서(department), 직책(position), 야근(overtime), 보수(salary, pay, wage), 연봉(annual salary), 승진(promotion), 사직(resign), 퇴직(retire), 해고(fired) 등의 명칭을 알아보자.

My boss is really depressed these days.

What's eating him?

Maybe it's the business slump.

Conversation

사장님은 요즘 정말로 기운이 없어 보여.
그는 왜 힘들어하는 거지?
아마 일이 잘 안되는 게 아닐까?

Unit 01
직장에 대해서

3552. 어디서 근무하세요?
Where do you work?
웨어 두 유 워크

3553. 어느 회사에 근무하십니까?
What company are you with?
왓 컴퍼니 아 유 위드

3554. 회사는 어디에 있습니까?
Where's your office?
웨얼스 유어 어휘스

3555. 직책이 무엇입니까?
What's your job title?
왓츠 유어 잡 타이틀

3556. 직위가 어떻게 되십니까?
What position do you hold?
왓 포지션 두 유 홀ㄷ

3557. 그 회사에서 무슨 일을 하십니까?
What do you do at the company?
왓 두 유 두 앳 더 컴퍼니

3558. 저는 기획부에서 일해요.
I work in the planning department.
아이 워ㅋ 인 더 플래닝 디파트먼ㅌ

3559. 무역 회사에서 근무합니다.
I work for a trading company.
아이 워ㅋ 훠러 트레이딩 컴퍼니

3560. 저는 판매부에서 근무하고 있습니다.
I work in the sales department.
아이 워ㅋ 인 더 쎄일즈 디파트먼ㅌ

Unit 02
출퇴근에 대해서

3561. 어떻게 출근하세요?
How do you get to work?
하우 두 유 겟 투 워ㅋ

3562. 대개 지하철을 이용해서 출근해요.
I usually take the subway to work.
아이 유절리 테익 더 써브웨이 투 워ㅋ

3563. 출근하는 데 시간이 얼마나 걸려요?
How long does it take you to commute?
하우 롱 더즈 잇 테이큐 투 커뮤트

출퇴근에 대해서

3564. 몇 시까지 출근합니까?
What time do you report to work?
왓 타임 두 유 리폿 투 워크

3565. 8시까지 직장에 출근해.
I get to work by 8 o'clock.
아이 겟 투 워크 바이 에잇 어클락

3566. 몇 시에 직장 일이 시작되니?
When does your work start?
웬 더즈 유어 워크 스타트

3567. 아파서 직장에 지각했어.
Since I was sick, I got to work late.
씬스 아이 워즈 씩 아이 갓 투 워크 레잇

3568. 사무실이 집에서 가까워요.
The office is near my house.
디 오휘스 이지 니어 마이 하우스

3569. 지각한 적은 없습니까?
Haven't you ever been late for work?
해븐츄 에버 빈 레잇 훠 워크

3570. 몇 시에 퇴근하십니까?
What time do you punch out?
왓 타임 두 유 펀치 아웃

Unit 03
근무에 대해서

3571. 거기서 근무하신 지는 얼마나 됐습니까?
How long have you worked there?
하우 롱 해뷰 웍트 데어

3572. 근무 시간이 어떻게 됩니까?
What are your working hours?
왓 아 유어 워킹 아워즈

3573. 근무 시간이 어떻게 됩니까?
What are the regular work hours?
왓 아 더 레귤러 워카워즈

3574. 9시부터 5시까지 근무합니다.
I work from nine to five.
아이 워크 후럼 나인 투 화이브

A : How shall we proceed with our discussion?
B : Well, in the interest of saving time, let's break up into task groups.

토의를 어떤 식으로 진행하면 될까요?
그럼, 시간을 아끼기 위해서 직무별 그룹으로 나눕시다.

근무에 대해서

3575. 우리는 3교대제로 근무해.
We work on a three-shift system.
위 워코너 쓰리 쉬프트 씨스템

3576. 내달부터 난 격주제로 근무를 해.
I'll work every other week from next month.
아일 워ㅋ 에브리 아더 윅 후럼 넥스트 먼쓰

3577. 저희는 격주로 토요일에는 쉽니다.
We get every other Saturday off.
위 겟 에브리 아더 새러데이 어프

3578. 내일은 쉬어요.
I'll have tomorrow off.
아일 해브 투마로우 오프

3579. 저는 오늘 밤 야근이에요.
I'm on duty tonight.
아임 온 듀리 투나잇

Unit 04
상사와 부하에 대해서

3580. 상사가 누구입니까?
Who is your boss?
후 이즈 유어 보스

3581. 당신 상사와의 사이가 어때요?
How do you stand with your boss?
하우 두 유 스탠드 위쥬어 보스

3582. 저는 제 상사를 존경합니다.
I respect my boss.
아이 리스펙트 마이 보스

3583. 그분은 매우 관대합니다.
He's very generous.
히즈 베리 제너러스

3584. 그는 잔소리가 심해요.
He nags too much.
히 낵스 투 머취

3585. 그는 정말 괜찮은 상사입니다.
He's the best kind of boss there is.
히즈 더 베스트 카인덥 보스 데어리즈

3586. 이 문제는 상사와 상의해 봐야 하는데요.
I have to consult my boss about it.
아이 햅투 컨썰트 마이 보스 어바우릿

3587. 그는 자기 부하들 앞에서 창피를 당했어.
He has lost face before his employees.
히 해즈 로스트 훼이스 비훠 히즈 임플로이즈

Unit 05
급여에 대해서

3588. 급여를 어떤 식으로 받으세요?
How do you get paid?
하우 두 유 겟 페이드

3589. 연봉이 얼마나 됩니까?
What's your yearly salary?
왓츠 유어 이얼리 쌜러리

3590. 임금을 주급으로 받습니까? 월급으로 받습니까?
Do I get paid by the week or by the month?
두 아이 겟 페이드 바이 더 윅 오어 바이 더 먼쓰

3591. 봉급날이 언제입니까?
When is your payday?
웬 이즈 유어 페이데이

3592. 오늘이 월급날이에요.
Today is payday.
투데이 이즈 페이데이

3593. 월급날은 매달 30일입니다.
Our payday is the 30th of every month.
아워 페이데이 이즈 더 썰티쓰 어브 에브리 먼쓰

3594. 제 급여는 쥐꼬리만 해요.
My salary's chicken feed.
마이 쌜러리즈 치킨 휘드

3595. 일하는 시간에 비하면 매우 낮아요.
It's very low for my work hours.
잇츠 베리 러 훠 마이 워카워즈

3596. 그는 월급쟁이입니다.
He has a white collar job.
히 해즈 어 와잇 칼라 잡

Unit 06
승진에 대해서

3597. 내년에는 승진하길 바랍니다.
I hope you will be promoted next year.
아이 호프 유 윌 비 프러모티드 넥스트 이어

3598. 저 부장으로 승진했어요.
I was promoted to manager.
아이 워즈 프러모티드 투 매니저

3599. 우리 회사에서는 승진하기가 어려워요.
It's hard to move up in our company.
잇츠 하드 투 무법 인 아워 컴퍼니

승진에 대해서

3600. 그에게는 강력한 후원자가 있어요.
He has a powerful supporter.
히 해즈 어 파워풀 써포터

3601. 그의 승진은 이례적이었어요.
His promotion was unusual.
히즈 프러모션 워즈 언유절

3602. 승진은 성적에 달렸어요.
Promotion goes by merit.
프러모션 고즈 바이 메릿

3603. 당신이 다음 승진 대상자입니다.
You're next in line for a promotion.
유어 넥스트 인 라인 훠러 프러모션

3604. 당신이 승진될 차례가 아닌가요?
Aren't you due for a promotion?
안츄 듀 훠러 프러모션

3605. 승진 축하해.
Congratulations on your promotion.
콩그래츄레이션스 온 유어 프러모션

3606. 그녀는 승진을 위해서 노력을 아끼지 않아.
She will stop at nothing to get her promotion.
쉬 윌 스탑 앳 나씽 투 겟 허 프러모션

Unit 07
휴가에 대해서

3607. 휴가는 며칠이나 됩니까?
How many vacation days do you have?
하우 매니 베이케이션 데이즈 두 유 해브

3608. 휴가 기간은 얼마나 됩니까?
How long does your vacation last?
하우 롱 더즈 유어 베이케이션 라스트

3609. 당신의 휴가는 언제 시작되죠?
When does your vacation start?
웬 더즈 유어 베이케이션 스타트

3610. 휴가는 언제 떠나세요?
When are you leaving for your vacation?
웬 아 유 리빙 훠 유어 베이케이션

3611. 너무 바빠서 휴가를 가질 여유가 없어요.
I'm too busy to take holidays.
아임 투 비지 투 테익 할러데이즈

3612. 휴가 계획을 세우셨어요?
Have you planned your vacation yet?
해뷰 플랜드 유어 베이케이션 옛

휴가에 대해서

3613. 그녀는 지금 출산 휴가 중인데요.
She is on maternity leave.
쉬 이즈 온 머터너티 리브

3614. 휴가 재미있게 보내세요.
Have a good vacation.
해버 굿 베이케이션

3615. 휴가를 신청해도 되나요?
May I take a leave of absence?
메이 아이 테이커 리버브 앱센스

3616. 휴가로 어디 갔으면 좋겠어요?
Where do you want to go for vacation?
웨어 두 유 원투 고 훠 베이케이션

Unit 08
사직과 퇴직에 대해서

3617. 도대체 왜 사직하셨어요?
What's all this about resigning?
왓츠 올 디스 어바웃 리자이닝

3618. 나는 사표를 내겠습니다.
I'm turning in my resignation.
아임 터닝 인 마이 레지그네이션

3619. 당신 회사는 정년이 몇 살입니까?
What's the age of retirement in your company?
왓츠 디 에이지 어브 리타이어먼트 인 유어 컴퍼니

3620. 그만두기로 결심했어요.
I've decided to quit my job.
아이브 디싸이디드 투 큇 마이 잡

3621. 이 일에는 안 맞는 것 같아요.
Maybe I'm not suited to this business.
메이비 아임 낫 수티드 투 디스 비지니스

3622. 언제 퇴직하십니까?
When are you going to retire?
웬 아 유 고잉 투 리타이어

3623. 저는 지금 놀고 있습니다.
I'm out of a job now.
아임 아우러버 잡 나우

3624. 그는 해고됐어요.
He was fired.
히 워즈 화이얼드

3625. 당신 해고예요.
You're fired.
유어 화이얼드

사직과 퇴직에 대해서

3626. 그는 해고당했나요?
Was he fired?
워즈 히 화이얼드

3627. 많은 직원들이 작년에 면직되었어요.
Many workers were laid off last year.
매니 워커스 워 레이드 오프 라스트 이어

Chapter 06 대중교통의 이용

오늘날 대중교통은 택시(taxi), 버스(bus), 기차(train), 지하철(subway), 배(ship), 항공기(plane) 등 다양하여 각자의 여행 목적이나 편리성에 의해 선택하게 된다. 대중교통을 이용할 경우에는 교통카드(multi-trans card)가 널리 활용되는 편이며, 교통수단끼리 상호 연계되어 이용자 중심으로 서비스가 다양해지고 있다. 시간의 소요를 물을 때 How long does it take?, 요금을 물을 때 How much does it cost? / What's the fare?, 거리를 물을 때 How far is it from here?, 매표소를 물을 때 Where is the ticket office? / Where can I buy a ticket? 등과 같은 표현은 반드시 외워 두자.

I wonder whether we can get there in time with all this traffic.

In the interest of saving time, let's leave the car and take the subway.

Conversation

이런 교통 상태로 저쪽에 시간 안에 도착할 수 있을지 모르겠어요.
시간을 줄이기 위해서 차를 내려 지하철을 타지요.

Unit 01
택시를 이용할 때

3628. 택시 승강장은 어디에 있습니까?
Where's the taxi stand?
웨얼즈 더 택시 스탠드

3629. 어디서 택시를 탈 수 있습니까?
Where can I get a taxi?
웨어 캔 아이 게러 택시

3630. 공항까지 요금이 얼마나 됩니까?
How much will it cost to the airport?
하우 머취 윌 잇 코스트 투 디 에어포트

3631. 택시로 얼마나 걸립니까?
How long does it take by taxi?
하우 롱 더짓 테익 바이 택시

3632. 트렁크를 열어 주시겠어요?
Would you open the trunk?
우쥬 오픈 더 트렁크

3633. 어디까지 가십니까?
Where to?
웨어 투

3634. 어디로 가십니까?
Where are you going?
웨어 아 유 고잉

3635. 다 왔습니다, 손님.
Here we are, sir.
히어 위 아 써

3636. 여기서 세워 주세요.
Stop here, please.
스탑 히어 플리즈

3637. 다음 신호에서 세워 주세요.
Please stop at the next light.
플리즈 스탑 앳 더 넥스트 라잇

3638. 요금은 얼마입니까?
How much is it?
하우 머취 이짓

3639. 감사합니다. 잔돈은 가지세요.
Thanks. Keep the change.
땡스 킵 더 체인지

Unit 02
시내버스를 이용할 때

3640. 버스 정류소는 어디에 있습니까?
Where's the bus stop?
웨얼즈 더 버스 스탑

> 유사한 표현으로 Where's the nearest bus stop?(가장 가까운 버스 정류장은 어디입니까?)라고 해도 무방하다.

3641. 어느 버스가 시내로 가죠?
Which bus goes to downtown?
위치 버스 고즈 투 다운타운

3642. 어떤 버스를 타야 되나요?
Which bus should I take?
위치 버스 슈다이 테익

3643. 버스 정류장에 가려면 이리로 가면 됩니까?
Is this the way to the bus station?
이즈 디스 더 웨이 투 더 버스 스테이션

3644. 버스 정류장은 저쪽에 있습니다.
The bus station is over there.
더 버스 스테이션 이즈 오버 데어

3645. 표는 어디서 살 수 있습니까?
Where can I get a ticket?
웨어 캔 아이 게러 티킷

3646. 이 버스가 센트럴 파크 앞에 섭니까?
Does this bus stop at Central Park?
더즈 디스 버스 스탑 앳 센트럴 파크

3647. 시청에 가려면 어디서 내리죠?
Where do I get off for City Hall?
웨어 두 아이 게로프 훠 씨리 홀

3648. 여기서 내릴게요.
I'll get off here.
아일 게로프 히어

Unit 03
고속버스를 이용할 때

3649. 버스 터미널은 어디에 있습니까?
Where is the depot?
웨어 이즈 더 디팟

3650. 버스 터미널은 저쪽에 있습니다.
The bus terminal is over there.
더 버스 터미널 이즈 오버 데어

3651. 서울행 다음 버스는 몇 시에 떠납니까?
What time does the next bus for Seoul leave?
왓 타임 더즈 더 넥스트 버스 훠 서울 리브

고속버스를 이용할 때

3652. 매표소는 어디에 있습니까?
Where is the ticket office?
웨어 이즈 더 티킷 어휘스

3653. 거기에 가는 직행버스는 있나요?
Is there any bus that goes there directly?
이즈 데어 애니 버스 댓 고즈 데어 디렉틀리

3654. 버스 요금이 얼마입니까?
How much is bus fare?
하우 머취 이즈 버스 훼어

3655. 라스베이거스까지 두 장 주세요.
Two for Las Vegas, please.
투 훠 라스 베이거스 플리즈

Unit 04 관광버스를 이용할 때

3656. 돌아오는 버스는 어디서 탑니까?
Where is the bus stop for going back?
웨어 이즈 더 버스 스탑 훠 고잉 백

3657. 라스베이거스를 방문하는 투어는 있습니까?
Do you have a tour to Las Vegas?
두 유 해버 투어 투 라스 베이거스

3658. 여기서 예약할 수 있나요?
Can I make a reservation here?
캔 아이 메이커 레저베이션 히어

3659. 셔틀버스가 있습니까?
Do you have shuttle buses?
두 유 햅 셔틀 버시스

3660. 버스는 어디서 기다립니까?
Where do we wait for the bus?
웨어 두 위 웨잇 훠 더 버스

3661. 몇 시에 돌아옵니까?
What time are we returning?
왓 타임 아 위 리터닝

3662. 호텔까지 데리러 옵니까?
Will you pick us up at the hotel?
윌 유 픽 어스 업 앳 더 호텔

Unit 05
지하철을 이용할 때

3663. **이 근처에 지하철역이 있습니까?**
Is the subway station near here?
이즈 더 써브웨이 스테이션 니어 히어

> 유사한 표현으로 Where's the nearest subway station?(가장 가까운 지하철역이 어디죠?)이라는 표현도 활용된다.

3664. **지하철역 가는 길 좀 가르쳐주세요.**
Where is the subway station?
웨어 이즈 더 써브웨이 스테이션

3665. **센트럴파크로 가려면 어디로 나가면 됩니까?**
Which exit should I take for Central Park?
위치 엑시트 슈다이 테익 훠 센트럴 파크

3666. **몇 호선이 시청으로 가죠?**
Which line goes to City Hall?
위치 라인 고즈 투 씨티 홀

3667. **어디서 갈아탑니까?**
Where should I change trains?
웨이 슈다디 체인지 트레인스

3668. **표는 어디서 살 수 있습니까?**
Where can I buy a ticket?
웨어 캔 아이 바이 어 티킷

> 유사한 표현으로 Where is the ticket office?(매표소가 어디죠?)라고 표현해도 무방하다.

3669. **자동매표기는 어디에 있습니까?**
Where is the ticket machine?
웨어 이즈 더 티킷 머신

3670. **다음 역은 어디입니까?**
What's the next station?
왓츠 더 넥스트 스테이션

3671. **여기가 어디입니까?**
Where are we now?
웨어 아 위 나우

3672. **표를 잃어버렸습니다.**
I lost my ticket.
아이 로슷 마이 티킷

3673. **지하철에 가방을 두고 내렸습니다.**
I left my bag in the subway.
아이 레프트 마이 백 인 더 써브웨이

3674. **나는 지하철로 출근합니다.**
I take the subway to work.
아이 테익 더 써브웨이 투 워크

416

Unit 06
열차를 이용할 때

3675. 열차 시간표를 어디서 구할 수 있을까요?
Where can I get a railroad timetable?
웨어 캔 아이 게러 레일로드 타임테이블

3676. 매표소는 어디에 있습니까?
Where's the ticket window?
웨얼스 더 티킷 윈도우

3677. 예약 창구는 어디입니까?
Which window can I reserve a seat at?
위치 윈도우 캔 아이 리저브 머 씻 앳

3678. 뉴욕까지 편도 1장 주세요.
A one-way ticket to New York, please.
어 원 웨이 티킷 투 뉴 욕 플리즈

3679. 편도입니까, 왕복입니까?
One-way or round-trip?
원 웨이 오어 라운드 트립

3680. 일등석입니까, 이등석입니까?
First or second class?
퍼스트 오어 쎄컨드 클래스

3681. 이 열차는 어느 플랫폼에서 출발합니까?
Which platform does this train depart from?
위치 플랫폼 더즈 디스 트레인 디파트 후럼

3682. 이 열차는 급행입니까, 완행입니까?
Is this train an express or a local?
이즈 디스 트레인 언 익스프레스 오어 어 로컬

3683. 어디서 갈아탑니까?
Where should we change trains?
웨어 슈드 위 체인지 트레인스

3684. 이 열차는 예정대로 출발합니까?
Is this train on schedule?
이즈 디스 트레인 온 스케쥴

> on time(정각에) 이라는 어휘를 사용해도 무방하다.

3685. 열차를 놓쳤습니다. 다음 출발은 언제입니까?
I missed the train. When does the next one depart?
아이 미스트 더 트레인 웬 더즈 더 넥스트 원 디파트

3686. 이 자리는 비어 있나요? / 앉아도 될까요?
Is this seat taken?
이즈 디스 씻 테이큰

3687. 창문을 열어도 되겠습니까?
May I open the window?
메이 아이 오픈 더 윈도우

열차를 이용할 때

3688. 식당차는 어디에 있습니까?
Where's the dining car?
웨얼스 더 다이닝 카

3689. 표를 잃어버렸습니다.
I lost the ticket.
아이 로슷 더 티킷

3690. 내릴 역을 지나쳤습니다.
I missed my station.
아이 미스트 마이 스테이션

Unit 07
항공기를 이용할 때

3691. 비행기 예약을 부탁합니다.
I'd like to reserve a flight.
아이드 라잌투 리저버 플라잇

3692. 로스앤젤레스행 비행기가 있습니까?
Do you have a flight to Los Angeles?
두 유 해버 플라잇 투 로샌젤러스

3693. 출발시간을 확인하고 싶은데요.
I'd like to make sure of the time it leaves.
아이드 라잌투 메익 슈어러브 더 타임 잇 립스

3694. 요금은 어떻게 됩니까?
What's the fare?
왓츠 더 훼어

3695. 지금 체크인할 수 있습니까?
Can I check in now?
캔 아이 체킨 나우

3696. 항공권은 가지고 계십니까?
Do you have a ticket?
두 유 해버 티킷

3697. 금연석 통로 쪽으로 부탁합니다.
An aisle seat in the non-smoking section, please.
언 아일 씻 인 더 넌-스모킹 섹션 플리즈

3698. 몇 번 출구로 나가면 됩니까?
Which gate should I go to?
위치 게잇 슈다이 고 투

3699. 여기가 샌디에이고행 출구입니까?
Is this the gate to San Diego?
이즈 디스 더 게잇 투 샌디에이고

Chapter 07 자동차 운전

상대방에게 〈동사 + 부사〉 문형으로 간단하게 하고 싶은 말을 표현할 수 있다. 가령 Behave carefully!라고 하면 '조심성 있게 행동하라!'는 충고이다. 또한 여행을 떠나거나 작별을 할 때 상대방에게 Drive safely!라고 말할 수 있어야 한다. '졸음운전'을 영어로 표현하면 falling asleep at the wheel이지만 doze off at the wheel처럼 표현하기도 하므로 안전수칙 관련 용어나 교통 관련 표현을 익혀두자. 자동차 운전 면허증을 미국에서는 driver's license라고 부르며, 자동차 보험을 automobile insurance라고 하며, 교통정체를 traffic jam 혹은 traffic congestion이라고 부른다.

Conversation

Well, I'd better be going.
Okay. Drive safely.

그럼 실례해야겠어요.
그러세요. 조심해서 운전하세요.

Sentence Patterns

- Behave carefully.
- No talking while driving a car.
- Have a safe trip.
- Drive safely.
- Don't go dozing off at the wheel.

Unit 01
렌터카를 이용할 때

3700. 렌터카 회사가 이 근처에 있습니까?
Is there a car rental company near here?
이즈 데어러 카 렌탈 컴퍼니 니어 히어

3701. 어디에서 차를 빌릴 수 있을까요?
Where can I rent a car?
웨어 캔 아이 렌트 카

3702. 렌터카 영업소(회사)는 어디에 있습니까?
Where's the rent-a-car firm?
웨얼즈 더 렌터카 펌

3703. 렌터카 카운터는 어디에 있습니까?
Where's the rent-a-car counter?
웨얼스 더 렌터카 카운터

3704. 예약을 한 사람인데요.
I have a reservation.
아이 해버 레저베이션

3705. 어느 정도 운전할 예정이십니까?
How long will you need it?
하우 롱 윌 유 니딧

3706. 차를 3일간 빌리고 싶습니다.
I'd like to rent a car for three days.
아이드 라익투 렌트 가 훠 쓰리 데이즈

3707. 이것이 제 국제운전면허증입니다.
Here's my international driver's license.
히얼즈 마이 인터내셔널 드라이버스 라이센스

3708. 렌터카 목록을 보여 주시겠어요?
Can I see your rent-a-car list?
캔 아이 씨 유어 렌터카 리스트

3709. 어떤 차를 가지고 있습니까?
What kind of cars do you have?
왓 카인덥 카즈 두 유 해브

3710. 어떤 타입의 차가 좋으시겠습니까?
What type of car would you like?
왓 타입 어브 카 우쥬 라익

3711. 오토매틱밖에 운전하지 못합니다.
I can only drive an automatic.
아이 캔 온리 드라이브 언 오토매릭

3712. 선불이 필요합니까?
Do I need a deposit?
두 아이 니더 디파짓

렌터카를 이용할 때

3713. 보증금은 얼마입니까?
How much is the deposit?
하우 머취 이즈 더 디파짓

3714. 1주간 요금은 얼마입니까?
What's the rate per week?
왓츠 더 레잇 퍼 윅

3715. 특별요금은 있습니까?
Do you have any special rates?
두 유 해브 애니 스페셜 레이츠

3716. 그 요금에 보험은 포함되어 있습니까?
Does the price include insurance?
더즈 더 프라이스 인클루드 인슈런스

3717. 종합보험을 들어 주십시오.
With comprehensive insurance, please.
윗 컴프리헨시브 인슈런스 플리즈

Unit 02
차를 운전할 때

3718. 운전 조심하세요.
Drive carefully.
드라이브 케어훌리

3719. 운전하실 줄 아십니까?
Do you know how to drive?
두 유 노우 하우 투 드라이브

3720. 전 운전할 줄 몰라요.
I don't know how to drive.
아이 돈트 노우 하우 투 드라이브

3721. 운전면허증 있으세요?
Do you have a driver's license?
두 유 해버 드라이버스 라이센스

3722. 긴급연락처를 알려 주시겠어요?
Where should I call in case of an emergency?
웨어 슈다이 콜 인 케이서브 언 이머전씨

3723. 도로지도를 주시겠습니까?
Can I have a road map?
캔 아이 해버 로드 맵

3724. 샌디에이고는 어느 길로 가면 됩니까?
Which way to San Diego?
위치 웨이 투 샌디에이고

3725. 직진입니까? 아니면 왼쪽입니까?
Straight? Or to the left?
스트레잇 오어 투 더 레프트

차를 운전할 때

3726. 몬트레이까지 몇 마일입니까?
How many miles to Monterey?
하우 매니 마일즈 투 몬트레이

3727. 차로 디즈니랜드까지는 어느 정도 걸립니까?
How far is it to Disneyland by car?
하우 화 이짓 투 디즈니랜드 바이 카

3728. 가장 가까운 교차로는 어디입니까?
Where's the nearest intersection?
웨얼스 더 니어리스트 인터섹션

3729. 안전벨트를 매세요.
Please fasten your seat belt.
플리즈 패슨 유어 씻 벨트

3730. 에어컨 좀 켜 주세요.
Please turn on the air conditioning.
플리즈 턴 온 디 에어 컨디셔닝

3731. 문 잠금 장치를 찾을 수 없어요.
I can't find the door latch.
아이 캔트 파인드 더 도어 래치

3732. 밤에는 운전을 잘 못합니다.
I don't drive well at night.
아이 돈트 드라이브 웰 앳 나잇

3733. 좀 천천히 운전하세요.
Drive a little more slowly.
드라이브 어 리틀 모어 슬로우리

3734. 속도 좀 줄이세요.
Slow down.
슬로우 다운

3735. 조심해요!
Watch out!
와치 아웃

3736. 조금 더 빨리 운전해 주시겠어요?
Could you drive a little faster?
쿠쥬 드라이버 리틀 패스터

3737. 속도 좀 내 주실래요?
Could you speed up?
쿠쥬 스피덥

3738. 길을 잃은 것 같아요.
I seem to be lost.
아이 씸 투 비 로숫

차를 운전할 때

3739. 우측 차선으로 가 주세요.
Get over in the right lane.
겟 오버 인 더 라잇 레인

3740. 우리가 어디에 있는지 알아요?
Do you know where we are?
두 유 노우 웨어 위 아

3741. 저 사람 운전매너가 빵점이구만.
I'd give that person's driving manners zero points.
아이드 기브 댓 펄슨스 드라이빙 매너스 제로 포인츠

Unit 03
주차를 할 때

3742. 주차장이 어디에 있습니까?
Where is your parking lot?
웨어 이즈 유어 파킹 랏

3743. 여기에 주차할 수 있습니까?
Can I park here?
캔 아이 팍 히어

3744. 잠깐이면 됩니다.
It'll just be a minute.
잇일 저슷 비 어 미닛

3745. 시간당 주차료가 얼마입니까?
How much is it per hour?
하우 머취 이짓 퍼 아워

3746. 주차장이 꽉 찼어요.
The parking lot is full.
더 파킹 랏 이즈 풀

3747. 주차할 곳을 못 찾겠어요.
I can't find a place to park.
아이 캔트 파인더 플레이스 투 파크

3748. 차를 뒤로 빼 주시겠어요?
Would you mind backing up, please?
우쥬 마인 배킹 업 플리즈

3749. 어디에 주차하셨어요?
Where did you park your car?
웨어 디쥬 팍 유어 카

Unit 04
주유와 세차를 할 때

3750. 기름은 충분한가요?
Do you have enough gas?
두 유 햅 이넙 개스

3751. 이 근처에 주유소가 있는가요?
Is there a gas station near here?
이즈 데어러 개스 스테이션 니어 히어

3752. 20달러어치 넣어 주세요.
Fill her up to 20 dollars.
필 허 업 투 트웬티 달러스

3753. 가득 채워 주세요.
Top it up.
탑 잇 업

3754. 세차 좀 해 주세요.
Wash it down, please.
워시 잇 다운 플리즈

3755. 세차를 해 주시겠습니까?
Would you give the car a wash?
우쥬 기브 더 카 어 워시

Unit 05
자동차가 고장 났을 때

3756. 차에 펑크가 났어요.
I have a flat tire.
아이 해버 플랫 타이어

3757. 시동이 안 걸립니다.
My car won't start.
마이 카 오운트 스타트

3758. 오일이 샙니다.
The oil is leaking.
디 오일 이즈 리킹

3759. 차에 배터리가 나갔어요.
The battery is dead.
더 배러리 이즈 데드

3760. 가속기가 고장 났어요.
My accelerator is stuck.
마이 엑셀레이러 이즈 스턱

3761. 차가 고장이 나서 잠시 멈춰 있어요.
The truck broke down so it can't move.
더 트럭 브로ㅋ 다운 쏘 잇 캔트 무브

자동차가 고장 났을 때

3762. 전구 하나가 나갔어요.
One of the bulbs is burned out.
원 업 더 벌브스 이즈 번드 아웃

3763. 차에서 이상한 소리가 납니다.
My car's making strange noises.
마이 카스 메이킹 스트레인지 노이지스

3764. 제 차를 점검해 주시겠어요?
Could you give my car a check up, please?
쿠쥬 기브 마이 카 어 체컵 플리즈

3765. 지금 고쳐 줄 수 있나요?
Can you fix it right now?
캔 유 픽싯 라잇 나우

3766. 엔진오일 좀 봐 주세요.
Check the oil, please.
첵 디 오일 플리즈

3767. 타이어 공기압 좀 점검해 주시겠어요?
Could you check my tire pressure?
쿠쥬 첵 마이 타이어 프레셔

Unit 06
교통위반을 했을 때

3768. 차에서 내리세요.
Step out of the car, please.
스텝 아우러브 더 카 플리즈

3769. 운전면허증을 보여 주세요.
I need to see your driver's license, please.
아이 니투 씨 유어 드라이버스 라이센스 플리즈

3770. 여기 음주 측정기를 부십시오.
Please blow into this breath analyzer here.
플리즈 블로우 인투 디스 브레쓰 애널라이저 히어

3771. 선생님, 정지 신호에서 멈추지 않았습니다.
Sir, you didn't stop for that stop sign.
써 유 디든트 스탑 훠 댓 스탑 싸인

3772. 출근길에 교통위반 딱지를 받았습니다.
I got a ticket on my way to work.
아이 가러 티킷 온 마이 웨이 투 워크

Chapter 08 은행

현대인에게 은행은 결코 없어서는 안될 만큼 중요한 생활의 일부가 되어 버렸는데, 은행 계좌(account)에서부터 환전(change), 예금(deposit), 송금(remittance), 결제(settlement) 등까지 다양하다. 은행과 관련된 용어로는 수표(check), 여행자수표(traveler's check), 신용카드(credit card), 현금(cash), 환율(exchange rate), 현금 자동 지급기(ATM; automated teller machine) 등이 있다. 뿐만 아니라 상식으로 1센트(one cent, penny; 링컨), 5센트(nickle; 제퍼슨), 10센트(dime; 루스벨트), 25센트(quarter; 워싱턴), 50센트(half dollar; 케네디), 1달러(one dollar; 앤서니)도 익혀 두자.

Conversation

You shouldn't waste money on a vacation. You should put it in the bank.

Hey, don't tell me what to do! I'll spend my money any way I like.

휴가 때 돈 쓰지 마. 은행에 저금해야지.
이봐, 이래라저래라 하지 마! 내 돈은 내 멋대로 쓸 거야.

Conversation

Opening a new account? Why, it's a piece of cake.

I'm glad it's easy to do.

예금계좌를 개설하시는 겁니까? 그건 누워서 떡먹기지요.
그렇게 간단하다니 반갑네요.

Unit 01 은행을 찾을 때

3773. 거기 은행이죠?
Is this the bank?
이즈 디스 더 뱅크

3774. 은행은 어디에 있습니까?
Where can I find the bank?
웨어 캔 아이 화인 더 뱅크

3775. 은행 바로 건너편에 버스 정류장이 있습니다.
The bus stop is exactly opposite the bank.
더 버스 스탑 이즈 이그잭틀리 어퍼짓 더 뱅크

3776. 은행에 좀 다녀와 줄 수 있겠어요?
Could you go to the bank for me?
쿠쥬 고 투 더 뱅크 훠 미

3777. 은행 영업시간을 알려 주세요.
Please tell me the business hours of the bank.
플리즈 텔 미 더 비지니스 아워스 어브 더 뱅크

Unit 02 환전을 할 때

3778. 환전은 어디에서 합니까?
Where can I change money?
웨어 캔 아이 체인지 머니

3779. 여기서 환전할 수 있을까요?
Can I change some money here?
캔 아이 체인지 썸 머니 히어

3780. 원을 달러로 환전하고 싶습니다.
I would like to exchange Korean won for dollars.
아이 우드 라익투 익스체인지 코리안 원 훠 달러스

3781. 이것을 달러로 바꿔 주십시오.
Change these to dollars, please.
체인지 디즈 투 달러스 플리즈

3782. 오늘의 환율은 얼마입니까?
What's the current exchange rate today?
왓츠 더 커런트 익스체인지 레잇 투데이

3783. 현재 환율은 얼마입니까?
What's the current exchange rate?
왓츠 더 커런트 익스체인지 레잇

3784. 이 한국 돈을 미국달러로 바꾸어 주세요.
Please exchange this Korean currency for American dollars.
플리즈 익스체인지 디스 코리안 커런시 훠 아메리칸 달러스

환전을 할 때

3785. 여기 외환환산표가 있습니다.
Here is the exchange rate table.
히어 이즈 디 익스체인지 레잇 테이블

Unit 03
잔돈을 바꿀 때

3786. 소액권으로 바꾸어 주시겠어요?
Can you give me some small bills?
캔 유 기브 미 썸 스몰 빌스

3787. 10센트짜리로 바꾸어 주시겠습니까?
Can I have a dime, please?
캔 아이 해버 다임 플리즈

3788. 100달러짜리로 바꿔 주십시오.
Could you change a 100 dollar bill for me?
쿠쥬 체인지 어 원 헌드레드 달러 빌 훠 미

3789. 여행자 수표를 현금으로 바꾸고 싶습니다.
I would like to cash a traveler's check.
아이 우드 라익투 캐쉬 어 트레블러스 첵

3790. 여기서 여행자 수표를 현금으로 바꿀 수 있겠습니까?
Can I cash a traveler's check here?
캔 아이 캐쉬 어 트레블러스 첵 히어

3791. 이 여행자수표를 현금으로 바꾸어 주시겠어요?
Will you cash this traveler's check for me, please?
윌 유 캐쉬 디스 트레블러스 첵 훠 미 플리즈

3792. 현금으로 얼마나 바꾸시겠어요?
How much would you like to cash, sir?
하우 머취 우쥬 라익투 캐쉬 써

Unit 04
계좌를 개설할 때

3793. 보통예금 계좌로 해 주세요.
A regular savings account, please.
어 레귤러 쎄이빙스 어카운트 플리즈

3794. 계좌를 개설하고 싶습니다.
I would like to open an account.
아이 우드 라익투 오픈 언 어카운트

3795. 당좌예금을 개설하고 싶습니다.
I would like to open a checking account.
아이 우드 라익투 오픈 어 체킹 어카운트

3796. 어느 은행과 거래하십니까?
Who do you bank with?
후 두 유 뱅크 위드

계좌를 개설할 때

3797. 나는 오늘 은행에 계좌를 개설했어.
I opened an account with the bank today.
아이 오픈드 언 어카운트 윗 더 뱅크 투데이

3798. 은행 계좌를 해지했어.
I closed my account.
아이 클로우즈드 마이 어카운트

3799. 저희 은행에 통장이 있습니까?
Do you have an account with us?
두 유 해번 어카운트 위더스

3800. 통장을 만들고 싶습니다.
I'd like to open an account.
아이드 라익투 오픈 언 어카운트

3801. 통장을 해약하고 싶습니다.
I'd like to close the account.
아이드 라익투 클로우즈 디 어카운트

3802. 입출금이 가능합니다.
I can deposit as easily as I can withdraw.
아이 캔 디파짓 애즈 이질리 애즈 아이 캔 위드드러

Unit 05 예금과 송금을 할 때

3803. 돈을 좀 찾고 싶습니다.
I'd like to withdraw some money from my account.
아이드 라익투 위드드러 썸 머니 후럼 마이 어카운트

3804. 저희 은행에 예금이 있으십니까?
Do you have an account with us?
두 유 해번 어카운트 위더스

3805. 예금을 하고 싶습니다.
I'd like to make a deposit.
아이드 라익투 메이커 디파짓

3806. 제 정기적금을 해약하고 싶습니다.
I'd like to annul my time deposit.
아이드 라익투 어널 마이 타임 디파짓

3807. 현금을 제 통장으로 직접 입금시킬 수 있을까요?
May I have money sent directly to my account?
메이 아이 햅 머니 센트 디렉틀리 투 마이 어카운트

3808. 송금 수수료는 얼마입니까?
What's the remittance charge?
왓츠 더 리밋턴스 차지

3809. 은행 마감 시간이 지났습니다.
Transactions are closed for the day.
트랜잭션스 아 클로우즈드 풔 더 데이

예금과 송금을 할 때

3810. 현금자동인출기에서 돈을 좀 인출해야 합니다.
I have to withdraw some money from the ATM.
아이 햅투 위드드러 썸 머니 후럼 디 에이티엠

Unit 06
신용카드

3811. 신용카드 하나 신청하고 싶습니다.
I'd like to apply for a credit card.
아이드 라익투 어플라이 훠러 크레딧 카드

3812. 연간 이자율은 얼마나 됩니까?
What's your APR?
왓츠 유어 에이피알

APR= annual percentage rate

3813. 연간 회비는 얼마입니까?
What's your annual fee?
왓츠 유어 애뉴얼 휘

3814. 다른 은행도 알아봐야겠습니다.
I think I'll shop around.
아이 씽ㅋ 아일 샵 어라운ㄷ

3815. 당신은 신용카드를 물 쓰듯 쓰는군요!
You spend plastic money like water!
유 스펜드 플래스틱 머니 라익 워러

Chapter 09

우체국

우체국(post office)에서 하는 업무의 종류나 범위는 편지(letter), 엽서(post card), 전보(telegram), 택배(courier), 보험(insurance), 예금(deposit), 공과금(utility charges) 등을 다룬다. 우편(mail)의 종류와 서비스는 편지(letter), 엽서(post card), 전보(telegram), 항공우편(airmail), 소포(package) 등을 취급한다. 그밖에 우편번호(zipe code), 사서함(post-office box; P.O.B.), 우표(stamps), 우편료(postage), 보통(regular mail), 등기(registration), 속달(special delivery), 특급 (express mail) 등의 용어도 익혀 두자. 우체통(mail box)의 색깔은 나라마다 다른데 우리나라와 영국, 호주, 일본은 빨간색이며, 미국과 러시아는 파란색, 독일과 스위스, 프랑스는 노란색, 중국은 초록색이다.

I'll drop your packages off at the post office.

Thanks, Gloria. I owe you one.

Conversation

제가 소포를 우체국에서 부쳐 드릴게요.
고마워, 글로리아. 신세 져서 어쩌나.

Unit 01
우체국을 찾을 때

3816. **우체국을 찾고 있어요.**
I'm looking for the post office.
아임 루킹 풔 더 포스트 어휘스

3817. **우체국으로 가는 길을 알려 주시겠습니까?**
Will you show me the way to the post office?
윌 유 쇼 미 더 웨이 투 더 포스트 어휘스

3818. **가장 가까운 우체국은 어디에 있습니까?**
Where is the nearest post office?
웨어 이즈 더 니어리스트 포스트 어휘스

3819. **우체통은 어디에 있나요?**
Where is the mailbox?
웨어 이즈 더 메일박스

3820. **우체국은 몇 시에 닫습니까?**
What time does the post office close?
왓 타임 더즈 더 포스트 어휘스 클로우즈

Unit 02
우표를 살 때

3821. **우표는 어디에서 살 수 있습니까?**
Where can I buy stamps?
웨어 캔 아이 바이 스탬스

3822. **13센트 우표 5장 주십시오.**
Five 13-cent stamps, please.
화이브 핍틴 센트 스탬스 플리즈

3823. **1달러짜리 우표 3장 주십시오.**
Please give me three one-dollar stamps.
플리즈 기브 미 쓰리 원 달러 스탬스

3824. **기념우표를 주세요.**
Can I have commemorative stamps?
캔 아이 햅 커메머레이티브 스탬스

3825. **항공우편 봉투는 있습니까?**
Do you have airmail envelopes?
두 유 햅 에어메일 인벨롭스

Unit 03
편지를 부칠 때

3826. **이걸 한국으로 부치고 싶습니다.**
I'd like to send this to Korea.
아이드 라익투 센드 디스 투 코리아

3827. **이걸 한국으로 보내려면 얼마나 듭니까?**
How much would it cost to send this to Korea?
하우 머취 우딧 코스트 투 센드 디스 투 코리아

편지를 부칠 때

3828. 속달로 보내 주세요.
Express mail, please.
익스프레스 메일 플리즈

3829. 이 우편 요금은 얼마입니까?
How much is the postage for this?
하우 머취 이즈 더 포스티지 훠 디스

3830. 한국에는 언제쯤 도착합니까?
How long will it take to get to Korea?
하우 롱 윌 잇 테익 투 겟 투 코리아

3831. 항공편입니까, 선편입니까?
By airmail or surface mail?
바이 에어메일 오어 써훼이스 메일

3832. 항공편으로 부탁합니다.
By airmail, please.
바이 에어 메일 플리즈

3833. 한국까지 며칠이면 도착합니까?
How long will it take to reach Korea?
하우 롱 윌 잇 테익 투 리치 코리아

3834. 이거 우편요금이 얼마예요?
How much is the postage for this?
하우 머취 이즈 더 포스티지 훠 디스

3835. 엽서를 보내고 싶습니다.
I want to send a post card.
아이 원투 센더 포스트 카드

3836. 그 편지는 오늘 아침 발송됐습니다.
The letter went out this morning.
더 레러 웬트 아웃 디스 모닝

Unit 04
소포를 부칠 때

3837. 이 소포를 한국으로 보내고 싶습니다.
I'd like to send this parcel to Korea.
아이드 라익투 센드 디스 파슬 투 코리아

3838. 내용물은 무엇입니까?
What's inside?
왓츠 인사이드

3839. 선편으로 며칠 정도면 한국에 도착합니까?
How long will it take by sea mail to Korea?
하우 롱 윌 잇 테익 바이 씨 메일 투 코리아

3840. 깨지기 쉬운 것이 들어 있습니다.
This is fragile.
디스 이즈 프래질

소포를 부칠 때

3841. 소포를 보험에 들겠어요.
I'd like to have this parcel insured.
아이드 라익투 해브 디스 파슬 인슈얼드

3842. 소포용으로 포장해 주시겠어요?
Will you wrap this as a parcel?
윌 유 랩 디스 애즈 어 파슬

Chapter 10 이발과 미용

우리나라는 이발소(barbershop)와 미장원(hairdressing)이 별반 차이가 없을 정도로 기능의 차이가 없다. 모두 면도(shaved) / 염색(touch-up) / 이발(hair cut) / 마사지(massage) 등을 하기 때문인데 점차 남자들도 중성적(common gender, epicene)인 스타일을 추구하는 것 같다. 이발소나 미장원에 가면 May I help you?라고 반갑게 맞이한 다음 '어떻게 해 드릴까요?'라는 뜻으로 What will it be? / How would you like your hair style? / What kind of hair style would you like? 등과 같은 표현을 하게 될 것이다. 파마는 perm(permanent)이며, 브리지는 highlight라 한다. 머리손질 후에는 Looks good!(좋은데요!) / Looks sharp!(예뻐 보이는데요!) 등과 같은 말을 한다.

How would you like your hairstyle?

Just a trim, please.

Conversation

헤어스타일을 어떻게 해 드릴까요?
그냥 다듬어 주세요.

Sentence Patterns

- Just trim it, please.
- Take just a little off the top.
- Just take a little off the sides, please.
- Cut it short, please.

Unit 01
이발소에서

3843. **어떻게 해 드릴까요?**
What will it be?
왓 윌 잇 비

3844. **어떻게 해 드릴까요?**
How do you want it done?
하우 두 유 원트 잇 던

> 이럴 경우엔 What do you want ~?의 문형을 사용하지 않도록 하자.

3845. **이 근처에 이발할 곳이 있나요?**
Is there a place to get a haircut in this area?
이즈 데어러 플레이스 투 게러 헤어컷 인 디스 에어리어

3846. **헤어스타일 책이 있으면 보여 주세요.**
Do you have a hair style book? Can I see it?
두 유 해버 헤어 스타일 북 캔 아이 씨 잇

3847. **머리 깎는 데 얼마죠?**
How much do you charge for a haircut?
하우 머취 두 유 차지 훠러 헤어컷

3848. **이발 의자에 앉으세요.**
Please get into the barber chair.
플리즈 겟 인투 더 바버 체어

3849. **끝만 조금 잘라 주세요.**
Just a trim, please.
저스터 트림 플리즈

A : What will it be today?
B : Just a trim, please.
오늘은 어떻게 깎아 드릴까요?
약간만 쳐 주세요.

3850. **이발과 면도 부탁드립니다.**
Haircut and shave, please.
헤어컷 앤 쉐이브 플리즈

3851. **이발만 해 주세요.**
Haircut only, please.
헤어컷 온리 플리즈

3852. **어떤 스타일로 해 드릴까요?**
How should I style it?
하우 슈다이 스타일 잇

3853. **머리카락을 조금 잘라 주시겠어요?**
Will you thin it out a little?
윌 유 씬 잇 아웃 어 리를

이발소에서

3854. 윗머리는 어떻게 해 드릴까요?
How about the top?
하우 어바웃 더 탑

3855. 너무 짧지 않도록 해 주세요.
Not too short, please.
낫 투 숏 플리즈

3856. 면도는 하시겠어요?
Would you like a shave?
우쥬 라이커 쉐이브

3857. 면도를 해 주세요.
Give me a shave, please.
기브 미 어 쉐이브 플리즈

3858. 머리 좀 감겨 주세요.
I want a shampoo, please.
아이 원터 샴푸 플리즈

3859. 그냥 드라이기로 말려 주세요.
Just blow-dry it, please.
저슷 블로우드라이 잇 플리즈

3860. 요금은 얼마입니까?
How much is it?
하우 머취 이짓

Unit 02
미용실에서

3861. 오늘 파마를 하려고 해요.
I need a perm today.
아이 니더 펌 투데이

3862. 오늘 오후 세 시로 예약을 하고 싶습니다.
I'd like an appointment for 3 P.M.
아이드 라이컨 어포인먼ㅌ 풔 쓰리 피엠

3863. 나중에 거기 갈 수 있게 예약 좀 할 수 있어요?
Can I make an appointment for later today?
캔 아이 메이컨 어포인먼ㅌ 풔 레이러 투데이

3864. 우리 예약을 몇 시에 해 놓을까?
What time shall I make our appointments for?
왓 타임 쉘 아이 메이카워 어포인먼츠 풔

3865. 난 새로운 머리 모양이 필요해요.
I need a new hair style.
아이 니더 뉴 헤어 스타일

3866. 지금과 같은 머리 모양으로 해 주세요.
Keep my current style, please.
킵 마이 커런ㅌ 스타일 플리즈

미용실에서

3867. 커트해 주세요.
I'd like a cut.
아이드 라이커 컷

3868. 어느 정도 자를까요?
How would you like your hair cut?
하우 우쥬 라익 유어 헤어 컷

3869. 옆을 좀 더 잘라 주세요.
Please cut a little more off the sides.
플리즈 컷 어 리틀 모어 오프 더 싸이즈

3870. 끝을 다듬어 주시겠어요?
Could you trim around the edges?
쿠쥬 트림 어라운디 엣지스

3871. 샴푸와 헤어 젤을 부탁합니다.
A shampoo and hair-gel, please.
어 샴푸 앤 헤어젤 플리즈

3872. 그냥 드라이어로 말려 주세요.
Just blow dry it.
저스트 블로우 드라이 잇

3873. 약하게 파마를 해 주세요.
A soft perm, please.
어 소프트 펌 플리즈

3874. 강하게 파마를 해 주세요.
A tight perm, please.
어 타잇 펌 플리즈

3875. 손님 머리가 정말 건조하시군요.
Your hair is really dry.
유어 헤어 이즈 리얼리 드라이

3876. 손님한테는 좋은 컨디셔너가 필요해요.
You need a good conditioner.
유 니더 굿 컨디셔너

3877. 내 머리를 탈색시키는 건 좀 싫은데요.
I'm afraid of bleaching my hair.
아임 어후레이더브 블리칭 마이 헤어

3878. 밝은 색으로 해 주면 아주 자연스러워 보일 거예요.
If you get highlights, it will look very natural.
이퓨 겟 하이라이츠 잇 윌 룩 베리 내츄럴

3879. 내 머리는 너무 곱슬이에요.
My hair is so curly.
마이 헤어 이즈 쏘 컬리

미용실에서

3880. 내 머리는 너무 직모예요.
My hair's so straight.
마이 헤어스 쏘 스트레잇

3881. 난 타고난 빨강머리예요.
I'm a natural redhead.
아임 어 내츄럴 레드헤드

3882. 내 머리를 옅은 갈색으로 염색해 주실 수 있어요?
Can you dye my hair brown?
캔 유 다이 마이 헤어 브라운

3883. 정말 멋진 자연스러운 웨이브를 갖고 계시군요.
You have a really nice natural wave.
유 해버 리얼리 나이스 내츄럴 웨이브

3884. 난 당신이 날 금발로 만들어 줬으면 좋겠어요.
I want you to make me a blonde.
아이 원츄 투 메익 미 어 블론드

3885. 가르마를 어느 쪽으로 타세요?
Where do you wear your part?
웨어 두 유 웨어 유어 파트

3886. 어디에서 머리를 가를까요?
Where shall I part your hair?
웨어 쉘 아이 파트 유어 헤어

3887. 이 사진처럼 내 머리 좀 잘라 주실 수 있어요?
Can you cut my hair like this picture?
캔 유 컷 마이 헤어 라익 디스 픽처

3888. 난 오늘 손톱 손질을 받으려고 해요.
I'm going to get my nails done today.
아임 고잉 투 겟 마이 네일스 던 투데이

3889. 너도 손톱 손질하려고?
Do you want to have your nails done, too?
두 유 원투 해뷰어 네일스 던 투

3890. 어떤 색깔의 매니큐어가 있죠?
What colors of nail polish do you have?
왓 칼라스 업 네일 폴리쉬 두 유 해브

3891. 발톱도 칠해 드릴까요?
Do you want your toenails polished, too?
두 유 원츄어 토네일스 폴리쉬드 투

3892. 난 이 색깔이 마음에 안 들어요.
I hate this color on me.
아이 헤잇 디스 컬러 온 미

439

미용실에서

3893. 이 손톱 좀 줄칼로 다듬어 주시겠어요?
Could you file this nail down, please?
쿠쥬 화일 디스 네일 다운 플리즈

3894. 손톱을 깎아 드릴게요.
Let me trim your nails.
렛 미 트림 유어 네일스

Chapter 11

세탁소

흔히 세탁소를 laundry, cleaner's, laundromat라고 하며, 요즘 말하는 빨래방은 launderette라고 부른다. 세탁 관련 용어로는 드라이클리닝(drycleaning), 세탁물(laundry), 다림질(ironing), 얼룩(marks, stains, spots) 등과 같은 표현이 있으므로 익혀 두도록 하자. '수선하다'의 표현은 사역동사인 get을 활용하여 〈get + 명사(목적어) + repaired〉, 〈get + 명사(목적어) + mended〉라는 문형으로 표현하면 된다. 또한 옷의 길이나 치수를 줄일 경우에는 shorten을 사용하며, 늘일 경우에는 extend로 표현한다.

Could I get these clothes dry-cleaned?

Sure. When do you need them by?

Conversation

이 옷 좀 세탁해 주세요?
네. 언제까지 해 드리면 될까요?

Unit 01
세탁을 맡길 때

3895. 세탁 서비스를 해 주십니까?
Do you have laundry service?
두 유 해브 런드리 써비스

3896. 이것은 세탁소로 보내고 싶습니다.
I want to send this to the laundry.
아이 원투 센드 디스 투 더 런드리

3897. 이 옷들을 세탁소로 보내 주실 수 있습니까?
Would you please send these clothes to the laundry?
우쥬 플리즈 센드 디즈 클로우쓰 투 더 런드리

3898. 이것을 세탁하고 싶습니다.
I would like to have this washed.
아이 우쥬 라익투 해브 디스 워시드

3899. 이 양복을 세탁 좀 해 주세요.
I'd like to have this suit washed, please.
아이드 라익투 해브 디스 수트 워시드 플리즈

3900. 이 셔츠에 있는 얼룩을 좀 제거해 주시겠어요?
Could you remove the stain on this shirt?
쿠쥬 리무브 더 스테인 온 디스 셔츠

3901. 언제 찾아갈 수 있죠?
How soon can I get it back?
하우 순 캔 아이 게릿 백

3902. 언제 다 됩니까?
When will it be ready?
웬 윌 잇 비 레디

3903. 이 코트를 수선해 주시겠어요?
Could you mend this coat?
쿠쥬 멘드 디스 코트

3904. 옷 길이 좀 줄여 주세요.
Please have my dress shortened.
플리즈 해브 마이 드레스 쇼튼드

3905. 얼마나 걸리겠습니까?
How long will it take?
하우 롱 윌 잇 테익

Unit 02
세탁물을 찾을 때

3906. 세탁물이 아직 안 왔습니다.
I'm still waiting for my laundry.
아임 스텔 웨이링 풔 마이 런드리

3907. 제 세탁물이 다 됐습니까?
Is my laundry ready?
이즈 마이 런드리 레디

3908. 제 세탁물이 다 됐는지 확인하고 싶은데요.
I'd like to check if my laundry is ready.
아이드 라익투 첵 이프 마이 런드리 이즈 레디

3909. 세탁물을 찾고 싶습니다.
I'd like to pick up my laundry.
아이드 라익투 피컵 마이 런드리

3910. 이거 다리미질이 잘 안 됐군요.
This hasn't been ironed well.
디스 해즌ㅌ 빈 아이런드 웰

3911. 이 셔츠는 얼룩이 안 빠져 있어요.
The stain on this shirt didn't come out.
더 스테인 온 디스 셔츠 디든ㅌ 컴 아웃

3912. 세탁비는 얼마예요?
What's the charge for cleaning?
왓츠 더 차지 풔 클리닝

Unit 01
부동산에서

3913. 안녕하세요. 무얼 도와드릴까요?
Good morning. May I help you?
굿 모닝 메이 아이 헬퓨

3914. 침실이 두 개인 아파트를 찾고 있습니다.
I'm looking for a two-bedroom apartment.
아임 루킹 훠러 투 베드룸 아팟먼ㅌ

3915. 어떤 지역에 살고 싶으세요?
What area would you like to live in?
왓 에어리어 우쥬 라익투 리빈

3916. 아파트에 언제 입주하고 싶으세요?
When would you like the apartment?
웬 우쥬 라익 디 아팟먼ㅌ

3917. 주거자용 주차장이 있습니까?
Do you have a resident's parking lot?
두 유 해버 레지던츠 파킹 랏

3918. 햇볕이 충분히 드는 방을 원합니다.
I want a room that gets enough sunlight.
아이 원터 룸 댓 겟츠 이넙 썬라잇

3919. 근처에 전철역이 있나요?
Is there a subway station in the neighborhood?
이즈 데어러 써브웨이 스테이션 인 더 네이버후드

3920. 시설은 어떤가요?
What are the facilities?
왓 아 더 퍼실리티스

3921. 이 지역의 집값은 얼마나 됩니까?
What does housing go for in this area?
왓 더즈 하우징 고 훠 인 디스 에어리어

3922. 교통은 어떤가요?
What's the transportation like?
왓츠 더 트랜스포테이션 라익

3923. 아파트 좀 보여 주시겠어요?
Would you mind showing us the apartment?
우쥬 마인ㄷ 쇼잉 어스 디 아팟먼ㅌ

3924. 언제 지어진 거죠?
When was it built?
웬 워짓 빌ㅌ

3925. 아주 튼튼한 집입니다.
It's a very solid house.
잇처 베리 쏠리드 하우스

부동산에서

3926. 쓸 만해 보이는데요.
It looks like it's in good shape.
잇 룩스 라익 잇츠 인 굿 쉐입

3927. 이 방은 햇볕이 잘 들어요.
This room gets a lot of sun.
디스 룸 겟츠 어라러브 썬

3928. 이 아파트는 방이 몇 개죠?
How many rooms does this apartment have?
하우 매니 룸스 더즈 디스 아팟먼트 해브

3929. 이 아파트를 임대하겠습니다.
I'd like to rent this apartment.
아이드 라익투 렌트 디스 아팟먼트

3930. 보증금은 (나중에) 되돌려 받을 수 있나요?
Is the deposit refundable?
이즈 더 디파짓 리훤더블

3931. 임대청약서를 주시겠어요?
May I have the lease application form?
메이 아이 햅 더 리스 어플리케이션 휨

3932. 부동산에 좀 투자하고 싶어요.
I'd like to invest some money in real estate.
아이드 라익투 인베스트 썸 머니 인 리얼 이스테잇

Unit 02
이사를 할 때

3933. 이사 가시나요?
Moving out?
무빙 아웃

3934. 오늘 이사 들어오시나요?
Are you moving in today?
아 유 무빙 인 투데이

3935. 이사 갈 준비는 다 됐어?
Are you all ready to move out?
아 유 올 레디 투 무바웃

3936. 그는 아마도 이사를 해야 할 거예요.
He may have to move.
히 메이 햅투 뭅

3937. 그는 한 달 전에 이사했습니다.
He moved a month ago.
히 뭅드 어 먼쓰 어고

이사를 할 때

3938. 그분은 서울로 이사 온 지 얼마 안 됐어요.
He just moved to Seoul.
히 저슷 뭅드 투 서울

3939. 그녀는 이사 갈 건가요?
Is she moving out?
이즈 쉬 무빙 아웃

3940. 내가 이사한 이후로 우리는 멀어졌어요.
After I moved we drifted apart.
애프터 아이 뭅드 위 드리프티드 어파트

Unit 03
구청에서

3941. 담당 부서를 가르쳐 주시겠습니까?
Would you direct me to the right department?
우쥬 디렉트 미 투 더 라잇 디팟먼트

3942. 부서를 바로 찾아오셨습니다.
You came to the right department.
유 케임 투 더 라잇 디팟먼트

3943. 이 일은 어느 분이 담당하십니까?
Who am I supposed to see about this?
후 앰 아이 써포우즈드 투 씨 어바웃 디스

3944. 기다리게 해서 죄송합니다.
Sorry to keep you waiting.
쏘리 투 킵 유 웨이링

3945. 그분은 지금 안 계십니다.
He is not here at the moment.
히 이즈 낫 히어 앳 더 모먼트

3946. 신속하게 도와드리지 못해 죄송합니다.
Sorry we couldn't help you quickly.
쏘리 위 쿠든트 헬퓨 퀴클리

3947. 문서로 작성하셔야 합니다.
You have to put it down in writing.
유 햅투 풋잇 다운 인 라이팅

3948. 우선 신청부터 하셔야 합니다.
You have to apply for it first.
유 햅투 어플라이 훠 잇 퍼스트

3949. 제가 작성해야 할 서류가 뭐죠?
Which form am I supposed to fill out?
위치 훰 앰 아이 써포우즈드 투 필 아웃

3950. 번호를 받으시고 자리에 앉아서 기다리세요.
Please take a number and have a seat.
플리즈 테이커 넘버 앤 해버 씻

구청에서

3951. 여기에 서명하시고 날짜를 쓰세요.
Just sign here and date it.
저슷 싸인 히어 앤 데잇 잇

3952. 다음 손님!
Next in line, please.
넥스트 인 라인 플리즈